精要新解

纪效新书

中国历代兵书精要新解丛书

刘常 著

新时代出版社

图书在版编目（CIP）数据

纪效新书精要新解 / 刘常著 . -- 北京：新时代
出版社, 2025. 6. -- ISBN 978-7-5042-2661-7

Ⅰ. E892.48

中国国家版本馆 CIP 数据核字第 2025BX6619 号

※

新时代出版社 出版发行

（北京市海淀区紫竹院南路 23 号　邮政编码 100048）

雅迪云印（天津）科技有限公司印刷

新华书店经售

*

开本 710×1000　1/16　　**印张** 20¾　　**字数** 240 千字

2025 年 6 月第 1 版第 1 次印刷　　**定价** 59.00 元

————————————————————————

（本书如有印装错误，我社负责调换）

国防书店：（010）88540777　　书店传真：（010）88540776

发行业务：（010）88540717　　发行传真：（010）88540762

总　序

中国古代兵书卷帙浩繁、汗牛充栋，据统计，从先秦到清末共有 3380 部，23503 卷，其中存世兵书 2308 部，18567 卷。如此众多的兵书，既是中华优秀传统文化的重要组成部分，又是一座神秘又耀眼的文化宝库。这座宝库历经数千年的沉淀，是由无数兵家战将的鲜血凝成的兵家圣殿，是经过无数思想巨匠之手建筑起来的智慧殿堂。在这座宝库里，珍藏着不可胜数的制胜秘笈，也陈列着不计其数的泣血篇章。由于长期被尘封在石室金匮之中，使其更添一份神秘色彩，一般人难以窥视其貌。随着文明的进步和社会的发展，这座宝库的大门逐渐敞开，人们惊奇地发现，那些朽蚀的简牍、发黄的卷帙上的文字仍然鲜活，仍然充满生命力。如果按照现代军事科学的分类加以解读，其内容涵盖了战争性质及其基本规律、指导战争的战略谋略及战法、国防建设和军队建设、保障和辅助战争行动等各种专门知识的理论。如此广博的思想内容，经过千百年的战争实践检验，以及一代又一代兵家战将的不断补充，日臻完善。这些兵书为中国传统军事文化奠定了坚实的根基，注入了鲜活的灵魂。

在 2023 年 6 月 2 日召开的文化传承发展座谈会上，习近平总书记发表了重要讲话，他强调："中华文明的连续性，从根本上决定了中华民族必然走自己的路。"当今世界，随着军事技术的飞速发展，战争理论、作战方式、建军思想、国防观念、后勤保障都在发生巨大的变化。同时，东西方军事文化日益交融、渗透，互相影响，互相借鉴，大有趋同之势。在此过程中，如果我们掉以轻心，盲目地模仿或照搬西方的模式，必然失去自我，失去中国军事文化的根基和灵魂。如果剑不如人，剑法也不如人，势必每战必殆。毛泽东军事思想充分吸收了中国传统军事文化的养料，其活的灵魂就是"你打你的，我打我的"，绝不按对手的思路打仗，绝不随对手的节奏起舞。在险象环生、强敌如林的当代世界战略格局中，要想在军事上形成有效的威慑力，在战场上稳操胜券，在平时确保国家安全，我们必须做到"两手都要硬"。一手是加速发展先进军事技术和武器装备，提升国家军事硬实力；另一手则是继承中国传统优秀军事文化的根与魂，结合马克思主义军事理论，以习近平强军思想为指导，创新和发展具有中国特色的军事理论，加强军事软实力。思想是行动的先导和指南，吸收前人智慧、创新军事理论十分重要和必要，正是基于这一紧迫的时代要求，我们编写了《中国历代兵书精要新解》丛书，以期为推动军事理论的创新和发展作出贡献。

《中国历代兵书精要新解》丛书，共计 14 本，300 余万字。所谓"历代"，是指所选兵书上至先秦，下至民国，纵跨历朝历代。所谓"精要"，是指对精选的每本兵书择其思想精髓和要点加以评述。所谓"新解"，至少包含三"新"：一是作者队伍以新时代培养出来的具有军事博士学位的教研骨干为主体，思想新、观念新、文笔新；二是写作方法有所创新，突破原文加注释的传统模式，按照兵书逻辑思路，层层提炼要点，再加以理论评述，点、线、面有机结合；三是材料新，基于兵书原典，参照前人学术成果，大量吸收古今战例，甚至社会竞争、企业经营、体育竞赛的案例，以新的视角诠释兵家思想观点。

整套丛书有总有分，纵向排序。第一部《中国历代兵书精要通览》作为总览，总体上介绍了中国古代兵法的发展概况、基本特点和现实价值，并从浩如烟海的兵书宝库中精选约40部有代表性的兵书，提炼其精华，评说其要义。第二部至第十四部则是对各部兵书的细致解析，依次是《孙子兵法精要新解》《吴子精要新解》《司马法精要新解》《孙膑兵法精要新解》《尉缭子精要新解》《鬼谷子精要新解》《六韬精要新解》《三略精要新解》《将苑精要新解》《唐李问对精要新解》《纪效新书精要新解》《三十六计精要新解》《曾胡治兵语录精要新解》。这些兵书基本上涵盖了中国古代军事思想的精髓，各有千秋，颇具代表性。每位作者在深入研究、吃透精髓的基础上，以深入浅出的文笔展现其思想精华，并将古代军事智慧与现实军事斗争、社会竞争相结合，深入剖析其现实价值和借鉴意义。

任何事物都是时代的产物，不可避免地带有时代的印记。古代统治阶级不断把封建迷信、腐败落后的东西强加到社会生活的意识形态领域中，限制着人们的思想进步，阻碍着科学的发展。形成于中国古代社会的兵书，自然会留下一些时代烙印。虽然这套丛书的所有书目都是从中国古代兵书宝库中精心挑选出来的，堪称精品中的精品，作者也尽力展现其思想精要，但某些篇章或段落中难免隐含一些糟粕的内容。因此，我们建议军事领域的广大读者在品读本套丛书时，既要注重取其精华，又要注重去其糟粕，这是我们对包括古代兵书在内的一切传统文化的根本态度。惟有如此，方能从古老悠久的兵书宝库中获得创新中国特色军事理论的启示，方能继承和发展中华民族优秀军事思想的根与魂，为推进当代中国军事文化向前发展做出积极的贡献。对于非军事领域的广大读者而言，也不妨秉持这一根本态度，方可从战争之道领悟竞争之妙，从制胜秘诀寻觅智赢神方，从统军之法发现管理奇招，为追求卓越、实现人生理想提供智慧的启示和方法的指引。

经国防大学出版社原总编刘会民老师举荐，本套丛书由我们团队倾心打造，集结了众多专家和学者的智慧与心血。在选题立项过程中，我们得到了新时代出版社领导的大力支持，他们基于全面弘扬中国传统优秀军事文化的初心，紧扣时代的要求，果断立项，并与我们共同策划选题。在写作过程中，我们得到了新时代出版社诸位编辑的大力协助，他们严谨的工作态度和卓越的专业素养，为本书从构思走向现实提供了坚实的保障。同时，各位社领导和编辑也提出了许多宝贵和中肯的意见，为本书的完善提供了关键的指导。在此，我谨代表整个编写团队，向他们表达最衷心的感谢。

这套丛书的出版，是我们共同努力的成果，也是我们共同智慧的结晶。它不仅仅代表着我个人的努力，更凝聚了整个团队的心血和付出。我深信，这套丛书将会为读者带来新的思考和启示，为繁荣中国特色军事文化增光添彩。

薛国安

2023 年冬至

目　录

附录

前　言

历史为什么选择了戚继光

有人说，中国历史上最为耀眼的两颗军事思想之星，一位是春秋时期的孙子，一位是中华人民共和国的开国领袖毛泽东。在西方世界里，他们二人的画像常常被并挂在军事院校的教室墙上，接受无数后人的敬礼和膜拜。从孙子到毛泽东，这其间跨越了二千多年的时光。在这段漫长的历史中，军事思想的长河辉光熠熠、浪潮迭起，出现了无数风姿卓绝、震铄古今的人物，但真正连接起古代与近代，对当时和后世的军事实践和军事理论都产生了巨大影响的历史人物，则非明代的戚继光莫属。明代军事思想家茅元仪评价《孙子》十三篇的成就，曾用"前孙子者，孙子不遗；后孙子者，不能遗孙子"来形容其承前启后的地位，如果用这句话转而评价戚继光，也是同样适用的。戚继光不仅继承了孙子"前事不遗"的特点，即对明代之前历代兵家著述事迹进行了系统的学习借鉴，而且同样开启了一个属于自己的兵法时代。更为难能可贵的是，戚继光与孙子一样，是一位集理论与实践于一身的兵家，这一点为许多书生谈兵者所不及。戚继光是站在巨人肩膀上的一代实战名将，也是为中国古代兵学开创新篇的一代思想巨匠。之所以得出以上结论，大致基于以下原因。

一是戚继光完成了对中国古代军事思想的批判性继承。春秋之后，《孙子》问世。北宋之后，作为武经七书之首的《孙子》便被历代兵家奉为论兵圭臬。大多数后起的兵家对于《孙子》的态度，均是述而不作，注解者有之，假借者有之，反思者和批判者却寥寥无几。戚继光从自己阅读《孙子》及诸将传的经历中，感悟到将不可无学，兵法是用兵者的武库，善于用兵的将帅大多是善于运用兵法的能手。然而从自己浙东抗倭的实践中，他又感到《孙子》虽然"纲领精微莫加"，但多是舍事而言理，谈理论层面的原则，"至于下手详细节目，则无一及焉"，在操作层面缺少具体的方法指南。戚继光对《孙子》的反思，在当时是十分大胆和独到的，他的反思基于自身的军事实践，也契合了冷兵器时代向热兵器时代演进的时代大势。在批判继承前代兵学的基础上，戚继光结合自己的战争实践经验，编著《纪效新书》，从选募、号令、技艺、实战等各个环节对治军作战的有效方法进行精选汇编，作为战斗教本。戚继光强调了《纪效新书》的特点，亦即题名之义：首先是试之战场切实有效，"非口耳空言"；其次是结合时代有所创新，"合时措之宜"。为了提高《纪效新书》对实战的指导功能，戚继光对内容和使用做了精心的编排和设计，这体现在三个方面：第一是编写刊印时按训练战斗职能单独成篇成册；第二是使用时按重要程度和职责范围分类教习。第三是由易到难循序渐进。正是这种安排，使《纪效新书》达到了易于实际操作、练兵事半功倍的效果。

二是戚继光的军事思想来源于实战而非纸上。清代纪昀在编修四库全书时曾对明代军事思想的一些内容评价到："明代谈兵之家，自戚继光诸书外，往往掊摭陈言，横生鄙论……凭虚理断，攘袂坐谈"(《四库全书总目提要·阵纪》)。纪昀评语虽然尖刻，却从另一侧面折射出戚继光军事思想的独特光辉。军事思想来源于军事实践，又对军事实践发挥着不可替代的指导作用。有明一代，战事纷纭，伴随着军事实践领域对垒双方的激烈拼杀与舍命相搏，明代的军事思想领域也出现了兵书竞作、兵家争鸣的局面。回顾明代军事思想的历史激流，不难发现其中有许多书生谈兵之作，其价值止于学术研究，对于实战缺少裨益。而戚继光则代表着另一流派，即立足现实战争实践的实战派。戚继光在他"一年三百六十日，多是横戈马上行"的戎马生涯中，对军事思想与军事实践相结合的问题认识深刻，如他在《纪效新书·自叙》中认为"天下之事难者多矣，至于兵则难之尤者也"，那些认为"弓马为末技""行伍为愚民"的观点皆因不知兵学根本所致。兵学绝非粗率之学，而是精微之学，所谓"迹至粗也，而用至神"，根本在于将理论与实践相结合，创造出既领先时代与对手，又能用于实战且克敌制胜的军事学说。戚继光身体力行，以实战为基础，为后世留下了独树一帜的思想利刃。据《戚少保年谱耆编》记载："春正月(嘉靖三十九年，1560年)，创鸳鸯阵，著纪效新书""自选伍以至号令、战法、行营、武艺、守哨、水战，皆择其实用有效者，分别先后次第之，各为一卷……凡十四卷"。《纪效新书》成书之初只有十四卷和附卷，成书后又经过了修订和补充，于嘉靖四十五年(1566年)之前形成了十八卷本流行于当时。《纪效新书》吸收了古代军事思想的成果并结合了戚继光的实战经验，从整体上看卷帙详尽，为治军训练乃至实战的各个环节提供了具体入微的操作指南，书中内容都是经过精心选裁提炼并且验之于实践有效的用兵条目，对于补救当时兵卒多而不精、战事复杂繁重的现实情况大有裨益。

三是戚继光军事思想经受住了实战的检验。戚继光于嘉靖二十三年（1544年）十七岁时便嗣袭参军，任登州卫佥事，司职屯田事宜，每年负责率领所部更番戍守蓟镇。嘉靖二十九年（1550年）戚继光乡试中武举后赴京参加会试，正好遇到俺答进犯京城，戚继光受任旗牌官，协助官军防御九门，登上城墙参加卫戍京城的战斗。戚继光的军事才干受到了明朝军事官员的关注，兵部主事计士元曾评价戚继光"留心韬略，奋迹武闱。管屯而俗弊悉除，俸职而操持不苟。"（《戚少保年谱耆编》卷一）俺答退兵后，戚继光继续带兵戍守蓟镇，三年后的嘉靖三十二年（1553年），戚继光"因荐擢署都指挥佥事"，节制登州、文登、即墨三营二十五卫所，肩负起山东备倭抗倭的职责。嘉靖三十四年（1555年），由于东南沿海抗倭形势严峻，戚继光被调任浙江都司佥书，负责屯局事宜。三十五年（1556年）秋七月，擢任宁绍台参将。经过与倭寇在龙山所的二次交战，戚继光深感卫所军战斗力衰弱，"兵无专统，谋佥不同"（《筹海图编》卷七），于是三次提出练兵建议：嘉靖三十四年冬，他提议练精兵三千"时加操备，居常教练"（《纪效新书·任临观请创立兵营公移》）；由于建议未被采纳，嘉靖三十五年二月，戚继光再次提议练兵，十二月总督胡宗宪调兵备佥事曹天祐所部3000人参加训练；由于所拨士兵积习难除，战力不堪，嘉靖三十八年（1559年）戚继光第三次提议练兵，并从义乌矿工农民中招募新兵四千人组建戚家军，经过训练投入抗倭战场。戚继光东南抗倭主要战场在浙江和福建。嘉靖四十年（1561年），戚家军在浙江取得台州大捷；嘉靖四十一年（1562年）横屿之战取胜；嘉靖四十二年（1563 年）平海卫大捷、仙游大捷；嘉靖四十四年（1565 年）取得南澳大捷。至此，戚继光东南抗倭"计全胜八十余战"（《止止堂集·横槊稿下·祭大司马谭公》），戚家军名闻天下。隆庆元年（1567 年），为解北部边患，首辅张居正授意给事中吴时来调戚继光北上，于隆庆二年（1568 年）二月担任神机营副将，"会谭纶督师辽蓟"，在蓟、辽、保定总督谭纶主持下，"乃集步兵三万，征浙兵三千，请专属继光训练"（《明史列传第一百戚继光传》），在得到隆庆帝许可后，戚继光获任"以都督同知总理蓟门、昌平、保定三镇练兵事，总兵以下悉受节制"。戚继光到蓟镇上任后，上疏陈述了蓟兵虽多亦少之原七、士卒不练之失六、虽练无益之弊四，并针对蓟镇地形提出"寇入平原，利车战；在近边，利马战；在边外，利步战。三者迭用，乃可制胜"的策略。张居正、谭纶等当国大臣和督抚大臣全力支持戚继光，将蓟镇原总兵郭琥调离，"专任继光"为总兵官。戚继光在总兵官任上修长城、建敌台，北部边墙"精坚雄壮，二千里声势联接"；立车营、练精兵，蓟镇兵"节制精明，器械犀利""军容遂为诸边冠"，实现了他北上之初"驻重兵以当其长驱，而又乘边墙以防其出没"（《重订批点类辑练兵诸书》卷二《戚少保奏议·请兵破虏疏》）的战略设想。

四是戚继光军事思想提炼了独特的制胜之道。文无第一，武无第二，疆场胜负之间，代价是鲜血和生命。正因为战争的残酷性，如何克敌制胜便成为兵家需要思考和解决的核心问题。戚继光军事思想最为鲜明的特点，就是他所寻得的真实管用的制胜之道。不同于古代兵书中对于制胜之道的文言表述，戚继光的表述更加明白易懂，概言之可归结为两组关键词："算定战"和"大创尽歼"。算定战思想是戚继光提出的胜战要道。他认为"大战之道有三：有算定战，有舍命战，有糊涂战"(《练兵实纪杂集》卷四《登坛口授》)。"算定战"即知彼知己、知地知天，在战前做好庙算得胜、用间先知、先胜后战等一切战争准备；"舍命战"即置之死地而后生、投之亡地而后存，虽然准备不足，但凭的是战时的勇敢拼杀；"糊涂战"即对敌我双方情况皆不明晰，所谓先败而后求胜。在三种战法中，最为戚继光推崇的是算定战，"须是未战以前，件件算个全胜"(《练兵实纪杂集》卷四《登坛口授》)。首先是战略算定。战略算定类似于《孙子》中的庙算，即战前通过对制胜要素的量化分析对战争胜负做出预测。戚继光在担任总理蓟昌保镇练兵事务一职时，对明军与鞑靼的制胜要素从武器装备、军心士气等方面进行对比，找出双方优劣、修复边城、增建敌台、清理兵员、打造新军，并对热兵器如虎蹲炮、佛郎机等进行升级改造和标准操作训练，这一系列措施使明军获得了对敌的综合优势。其次是情报算定。"算定战"的有效实施很大程度上依赖于对情报的掌握，为此戚继光十分重视战前侦察，战前经常派出百人以上侦察力量，力求做到战场单向透明，完全掌握敌人的"分合、出入、多寡、向往、进兵路径"等，对作战空间也要做到"了然如素履"(《纪效新书》卷首《纪效或问》)。再次是战术算定。未战之前，对战争进行精密设计，将预定战法精确运用于战场。在与鞑靼作战时，戚继光广布明哨暗哨，联结烽燧预警，布设埋伏奇兵，妙用截击追击，将敌军牢牢网罗在自己的作战设想之中，时刻掌控战场主动权。"算定战"之外，在实战中，戚继光还十分注意集优作战，力求保存自己、消灭敌人，对敌实施"大创尽歼"(《戚少保年谱耆编》卷一，嘉靖三十六年二月《条练土兵》)，争取做到一劳永逸，使敌败军破胆，不敢再战。所谓集优，就是集中自己的优势，对敌形成压倒性态势。如戚继光通过严格的选拔和训练，建立了一支精干能战的军队，同时在日常治军和临战战后的每个环节，都充分做好实战准备，以此为基础，在战争指挥上采取集中兵力的战法，先为不可胜而不失敌之可胜，确保在己方战损最小的前提下实现战果最大化。"倭奴鸷悍技精，须用素练节制劲兵，以五当一，始为万全"（《戚继光文集·重订批点类辑练兵诸书》卷一《请重将权益客兵以援闽疏》）。针对倭寇单兵战斗力强的特点，他在实战中以数量上的优势压制敌人，通过作战单位的整体配合减少己方伤亡、合围剿杀敌军。在台金严参将任上抗倭时，他在海门和松门分两部驻扎精兵 4000 人，与倭寇作战时则并力一向，集中力量消灭多路中的一路，而后移兵消灭另一路，直到将敌一一击垮。从面上来看，戚继光的总体兵力不如倭军；但从点上来看，则每战戚家军都会以超过敌人数倍的兵力投入战场。集中兵力造成的局部优势，使戚家军常处胜势。戚继光从不在兵力不足时贸然出战，如嘉靖四十二年（1563 年）的仙游之战，在通过一系列行军调动后，局部优势已十分明显时才痛歼了倭寇。

五是戚继光军事思想对后世产生了深远影响。说到戚继光兵法对后世的影响，我们可以先引用一段毛泽东的评语："吾于近人独服曾文正"。毛泽东所说的曾文正，是晚清名臣曾国藩，也是他的湖南同乡。曾国藩之所以为后世所记取，除了他的修齐治平之术，还有一个很重要的方面就是他在军事上所取得的成功。清道光三十年（1851 年），太平天国运动爆发，洪秀全带领太平军从广西大山中走出，突破清军围困后，一路向北疾进，以迅疾之势进入湖南境内。这时清朝的八旗军已经不堪一战，朝廷命令能臣干吏募兵训练，以图自保。曾国藩此时正在湖南家乡丁忧闲居，接到朝廷命令后，他以保卫名教为旗帜，召募湖湘子弟建立团练武装。曾国藩本是一介书生，他的高级幕僚也多是科场同道和学生故旧，对于如何组建军队、如何治军训练、如何运用指挥，经验严重不足。这时湘军的高层想到了一位距离他们年代不算久远的军事人物戚继光。斯人已逝，但好在戚继光的兵法以文字的形式流传了下来。戚家军当年遇到的种种难题，正是此时的湘军所面临的现实挑战。曾国藩"略仿戚元敬成法，束伍练技"（《曾国藩全集·诗文·湘乡昭忠祠记》），在选兵方面，戚继光选用乡野老实之人，摒弃城市油滑之徒，曾国藩也是如此，强调兵员"技艺娴熟、年轻力壮、朴实而有农夫土气者为上。其油头滑面，有市井气者，有衙门气者，概不收用"（《曾国藩全集·诗文·杂著营规》）。在练兵方面，戚继光教导士兵"你武艺高，决杀了贼，贼如何又会杀你。你武艺不如他，他决杀了你"（《纪效新书（十八卷本）·卷四·谕兵紧要禁令篇》），曾国藩也是这样训导士兵："你们平日如不早将武艺练得精熟，将来遇贼打仗，你不能杀他，他便杀你"（《曾国藩全集·诗文杂著·晓谕新募乡勇》）。在军队的编制、阵法、军礼等方面，曾国藩也无不踵戚继光之成法而改良之。历史总是那样相似，循着戚继光的足迹，曾国藩开始了他最初的尝试，把一支由淳朴农民为主的武装力量训练成为一支纵横疆场的劲旅，在屡败屡战、越战越强的征程中走向了当时军队战力的顶峰。最终，湘军在清同治三年（1864 年）取得了战场上的决定性胜利。明代的抗日援朝战争，中朝联军在平壤大捷和露梁海战中均实践了戚继光的水陆战法，最终将日军逐出半岛。以戚继光兵法训练出的南兵在战场上摧锋破阵、拨旗先登，南兵将领吴维忠、骆尚志作战猛悍，戚继光侄子戚金任车兵将领、旧部陈蚕为水军将领，可谓"皆公（戚继光）之余烈也"（邢玠《纪效新书序》）。戚继光兵法随之传入朝鲜和日本，在东亚地区产生了广泛影响。"封侯非我意，但愿海波平"，戚继光之后，凡是遇到外敌入侵、民族危难，人们都会想到他，想到他所著录的兵书。在清道光二十年（1840 年）之后的鸦片战争时期和 1931 年日本发动"九·一八事变"加紧侵华之际，戚继光的《纪效新书》等著作被大量刊刻，成为后起者振军尚武、抵御外侮的思想武库。

戚继光已经离开人世四百多年了，但他的思想和兵法仍旧不朽，其精神内核和兵家之道，仍然具有重大的历史意义和现实价值。清代的古典文化集大成之作《四库全书》共收录兵书 20 部，其中戚继光的《纪效新书（十八卷本）》和《练兵实纪》便名列其中。《纪效新书》的版本流传较为复杂，目前所知最早传世本为明隆庆三年（1569 年）李邦珍刊刻十八卷本，现为美国国会图书馆所藏。大体而言，《纪效新书》分为十四卷本和十八卷本，本次新解以中国国家图书馆郑振铎旧藏明十八卷本为底本，参校中国台湾商务印书馆影印的清文渊阁四库全书本、清嘉庆十年（1805 年）张海鹏刻照旷阁本、清道光十年来鹿堂刻本、清道光二十一年（1841 年）朱寿昌刻本和清道光二十三年（1843 年）许乃钊刻本，并参考明万历十六年（1588 年）李承勋所刻十四卷本。附图除复制郑振铎旧藏十八卷本外，兼取文渊阁四库全书本。让我们再次走近戚继光军事遗产的思想武库，去解读蕴含在《纪效新书》中的卓越精神和制胜之道。

卷之一

《束伍篇》
逻辑脉络及经典思想

一、篇题解析

戚继光在《纪效新书》第一篇《束伍篇》的题头写下的按语如下："治众如治寡，分数是也。分数者，治兵之纲也，束伍者，分数之目也。故以束伍为第一。由此而十万一法，百阵一化，咸基于此。"

"治众如治寡，分数是也"，这句话出自《孙子·势篇》，原文为："凡治众如治寡，分数是也。斗众如斗寡，形名是也。三军之众，可使必受敌而无败者，奇正是也。兵之所加，如以碬投卵者，虚实是也。"在《纪效或问》中，戚继光曾将打造节制之师的"节制工夫"做过简要说明，认为有三件事最为要紧，并按照重要程度对这三件事进行了排序，即"束伍为始，教号令次之，器械次之"。从《纪效新书》的整体篇目排列，我们也可以看出这样一种由组建部队、训练部队再到运用部队的内在逻辑，之所以将《束伍篇》置于诸篇之首，一方面是由事物产生、发展、壮大的客观规律所致，另一方面也是戚继光在自身的军事实践中得到的经验所致。

当戚继光初赴东南抗倭前线，他所面临的第一个棘手问题便是如何在明朝卫所制军制的基础上，打造出一支堪战胜战的新军。"束伍"，即编制队伍，"束"含有树立、约束之意，"伍"则指伍、什、队、哨等组织单位，这个过程又可细分为三个阶段，分别为征集兵员、配发装备、编派序列。戚继光认为"束伍"之法是孙子所言"分数"之法的具体落实，在《孙子·计篇》中曾对战争的"五事"即五大战略要素进行过阐述，分别为道、天、地、将、法，"分数"可归入"法"的范畴之内，孙子对"法"的解释为："法者，曲制、官道、主用"也，作为编组部队的分数之法，对应的即为其中的"曲制"，意谓编组队伍的制度。与编组部队相对应的，则是形名，意谓指挥部队的手段。由此可见，戚继光与孙子一样，皆是重法度的兵家，或可谓之为"法兵家"。《束伍篇》包含原选兵、原授器、原束伍三个部分，这既是按照军事力量建设内在客观规律谋篇布局，也是戚继光在军事思想和军事实践中崇尚节制和法度的具体体现。

二、精要新解

（一）兵员选取：材力胆气兼备，威严恩信叠加

从哪里选人组建部队，选什么样的人组建部队，这是古今中外所有军事家均要面临的第一个重要问题。戚继光在面对这一问题时，结合当时的军事实践，进行了一番系统的思考。在《束伍篇》的《原选兵》中，戚继光从选人之别、得人之法、取人之术三个层次对这一问题进行了剖析和论述，其核心要义在于蕴含其中的精兵思想。

要打造一支精锐部队，就要从组建部队的第一步——选兵做起，打好基础，才能循序渐进。百尺之台，起于垒土，千里之行，始于足下。我们打个形象的比喻，选兵就像是农业耕作中的选种，种子没有选好，就是第一粒扣子没有扣好，日后的劳作即便再辛苦，也会在收获的成效上大打折扣。关于选兵的重要性，戚继光是十分明了的，但他在论述这一问题的重要程度时，并没有讲大而化之的原则，而是从不同历史背景和现实需求对选兵的不同要求论起，从整体上对这个关键步骤加以具体把握。这种具体问题具体分析的方式，所体现的是戚继光实

事求是、善于应变的思维特征。戚继光从总体上将选兵分为四类：第一类是历史上的选兵方法，以春秋战国为例，这一时期诸侯争霸、兼并纷争，许多兵家和兵书应运而生，对乱世之中的选兵方法进行了探讨记录。戚继光之所以以春秋战国为例，是因为这一时期是中国历史上军事思想有丰富确切文献可考的第一个初始期和高峰期，加之这一时期军事实践所呈现出的多样性和对抗性，使之具备了研究战争史的典型意义。第二类是现实中的选兵方法，戚继光所生活的年代距离明朝创建已经过去了二百多年时间，其间天下承平，虽然也曾出现过应对北部边疆游牧民族侵扰、平息南部边境藩属政权动荡的局部战争，甚至经历过"靖难之役""土木之变""北京保卫战"等政权生死攸关的历史时刻，但总体保持了社会的平稳安定。长期的和平使民间的尚武精神和危机意识开始淡化，在这种"编民忘战"的环境下编组军队，应对来自海上的新的战争威胁，则需要变更旧制，选新人、练新军以图自强。第三类是政权变更时期的选兵之法，即戚继光所言"大端创立之选"，要点是广纳兼收，随才任用，团结一切可以团结的力量，动员一切可以动员的要素，为应对大规模战争和全面决战蓄势聚力，以完成建立统一政权的时代大任。第四类是应对局部战争的选兵方法，这一类是戚继光将要探析的重点，也是他在实践中遇到的现实问题，即如何为东南抗倭量身定制一支因地制宜、因敌制胜的军队。关于承平日久背景下应对"边腹之变"的兵员选取，戚继光认为虽然在将领任用、编制规模和后勤补给方面都要着力讲求，但最重要的一点是"其法惟精"，即从选兵的第一关就要把精兵思想牢固地树立起来。

戚继光不仅给出选取精兵的原则，还给出了具体的操作指南，这正是戚继光编著《纪效新书》的初衷，不只要说明一般性原则，更要使学者熟知"下手着实工夫"。在论述挑选精兵的流程时，戚继光采取了由表及里、由此及彼的方法。第一步是先从体形体貌等外表判断兵员素质优劣，区分出"第一可用之人"与"第一不可用之人"。戚继光认为最不可用的是城市油滑之人，这些人的体表特征是"面目光白，形动伶便"，精神特征是"神色不定"，藐视官府。最可用的是乡野老实之人，这些人的体表特征是"黑大粗壮""手面皮肉坚实"，精神特征是"有土作气"。在区分出两类可用与不可用的兵员后，戚继光进一步对可用之人的选用标准进行精确分析，勾勒了丰伟、武艺、力大、伶俐四项标准，并分析了以四项标准选兵的有利与不利因素，指出隐含在表象之下的关键因素是兵员的胆气。体型硕大而无胆气，在战场上反为肥硕的身体所累。武艺精湛而无胆气，则临敌时慌乱怕死。心思灵活而无胆气，则接战时退避逃跑。身强力大而无胆气，则交兵时足软眼花。只有在胆气充足的前提下，才能真正做到艺高人胆大。然而胆气是无形的，不好通过外在观察轻易判断，因此戚继光提出要用两种办法来遴选身俱胆气之人。一是要用熟人来进行筛选，所谓"试玉要烧三日满，辨材须待七年期"，任用同乡素有胆气威望的人来出任哨长和队长，再由他们从乡里亲识故旧中挑选手下的兵员，这样即可以较好地做到知人善任。二是要通过人的精神面貌来判断内在胆气是否充足。在这里戚继光提到了"相法"，也就是相人、相面的办法，这其中当然包含着封建迷信的落后因素，但也包含着阅人无数的经验和规律。况且戚继光主张"第一选人以精神为主，而当兼用相法"，主要强调的还是通过一个人所流露出的客观精神状态来判断胆气的有无。

选得精当的兵员后，还要运用"取人之术"来整肃队伍，树立威信。取人之术，源自《孙子·行军》的治军思想，原文为"兵非益多也，惟无武进，足以并力、料敌、取人而已""故令之以文，齐之以武，是谓必取"。取人即取得下属的拥戴，能够令行军中、同生共死。戚继光认为取人的关键在于收心，而收心的关键是运用恩威并施的手段。结合自己治军的心得，戚继光总结了先威后恩的取人之法，先以威严整肃军纪，再以恩信厚结人情。值得注意的是，戚继光强调了威严在恩信之前这一"万试万效"之方，二者的顺序不能颠倒，否则所属军士不仅不会感恩，反而会怨怼丛生。威严不能"永行无阻坏"，这就需要济之以恩信，而后能使军士心服，也就是戚继光所言"以重恩收其心，结之以至诚作其威，则为我用命无疑。"

（二）武器配备：长短刺卫相合，少长因材授器

按照乡野老实之人、精神胆气兼收的标准选定兵员后，组建军队面临的第二个问题便是如何为部队装备武器，以形成战斗力。决定战争胜负的是人，而不是武器，但没有好的武器抑或武器配备不得其法，便会对人的因素形成负面影响。正确的做法是将人与武器完美结合，发挥出武装后的人对于战争胜负的决定性作用。戚继光认为二十岁至四十岁的精壮男子皆是健儿，为他们配备武器时要根据战场需要"长短相杂，刺卫结合"，不可不加分别地随意编配武器，而要以不同个体的材力差异分别授以与之相匹配的武器。例如，藤牌应当授予年轻力壮者，狼筅、长牌应授予高大雄伟者，长枪、短兵应授予短小有杀气者。如果不加分别随意配备，就会造成人与武器的矛盾，影响战斗力的发挥，甚至导致战场上的人员伤亡。如四十岁左右的战士筋力已成，不宜授以直径矮小的藤牌，因为战场上无

法有效防护全身且影响战术动作的灵活性。长兵器则不宜授以筋力未成的少年战士，因为他们气力有限，在战场上不够老成持重，无法有效翼蔽三军。

在讲清楚大的原则后，戚继光具体开列了编配人员和武器的方法。因为戚继光的军事理论均来自他亲身所经历的军事实践，故而在展开关于编组部队的论述时，他的笔触显得十分真切详尽。根据自身的经验，或说是教训，戚继光提示身后的武将在选兵配器时要做到毕其功于一日之内。之所以会有这个提示，是因为戚继光深刻体察了新选兵员的情绪和心理。如果不能在一日之内编组完成，使新兵各有约束，那么很可能当新兵现场感受到从军的威严和军纪的严肃，便会心中产生动摇，第二天所选中之人中的一半可能会逃跑回家，"日选日更，无时可定"。戚继光对戚家军编组部队的方法进行了翔实记录，其文字极具文学性和画面感。首先分立六牌，每牌下摆放桌椅，安排专人负责登记新兵营伍、籍贯、年龄、体貌、身高、体能、居住地等档案信息。

六处登记牌立定后，所选之兵开始排队登记。首先选出哨长，再由哨长选出队长，之后由队长选出本队所属士兵。队长先行至六个登记牌下完成信息录入，而后开始为本队所选的十一名士兵编配武器，年长力大者一人持长牌，年少灵便者一人持藤牌，健壮老成者二人持狼筅，有杀气、有精神，年龄三十岁左右者四人持长枪，较长枪手材力稍次者二人持短兵，之后选一名老实有力气，且性情甘为人下者为伙夫。人员选定后，依次按照先前队长至各牌下登记的流程完成身份信息录入。编完一队续编一队，依次类推，编完一哨再接着编下一哨。所有人员编入队哨后，即为每位成员配发带有身份信息和基本战术队形的腰牌，使每位成员的姓名与战位一一对应，挂于腰间，时刻温习不忘。

戚继光详细叙述编伍授器的方法，一方面是为了使后学者在初创部曲时有迹可循，另一方面是要说明一个十分重要的道理，即编制明确乃是治兵纲领，百万节制之师，始于一队一哨的精干坚强。编制确定后，便要认真地贯彻落实在军队治理的每一个时刻。戚继光的这一方法是十分高效的，也是十分严密的。即使是"生兵乌合"，只要一日之内编入行伍，便可约束以成军容。编好的行伍不容丝毫更换，如果发现有人私自更换兵员和战位，主将便要重治其罪，同时各级军官俱要连坐。这是一个编组队伍的过程，也是一个树立威信的过程，从此主将治下官兵便"惟我号令是听"，练兵的任务已成功了一半。

（三）战阵之基：十万营阵之众，伍法队哨为首

之所以将《束伍篇》置于诸篇之首，是因为此为营阵的基础。虽然表面上看，如何选兵、如何授器只是最基本的军队建设工作，但一队之兵却是十万大军的基干组成单元，只有把基层建设做扎实，才能保证规模化建军的质量和效果。古代军事思想家常常论述阵法，如八阵、九军、十二辰等，虽然名目繁多，但其核心要义皆是基于基本作战队形的分合变化，因此戚继光认为营阵之法寓于伍什队哨之法当中，人们往往只重视已然成形之营阵，却不知编伍时无形的营阵之法已然大体定型。编伍得法，则十万之众可一鼓而就列，虽然新军是以农民为主体组建的，但很快便能根据编组进入战位，进而在不断强化的训练中形成战斗力。

在《束伍篇》中，戚继光以新军中最小的基层组织队为出发点，展开论述了新军的编制体制，为后世所称道的鸳鸯阵，就是戚家军一个最小的战术队形。鸳鸯阵一队十二人，包括队长一名，长牌手一名，藤牌手一名，狼筅手二名，长枪手四名，短兵手二名，火兵一名。其中长牌手、藤牌手负责防守，狼筅手攻防兼备，长枪手负责进攻，短兵手负责近战和防护长枪手。这种武器上的长短相资起到了阵形上的攻守相协。一队的编制是营阵变化的基础，由此"方而为九，直之为二伍，分而为三才，为五花"，二仪阵、三才阵均是在这个基础上演变而来，也都是攻防一体的战斗队形。在队的编制之上，四队为一哨，设哨长指挥。四哨为一官，设哨官指挥，配备鸟铳和火器。前哨、后哨、左哨、右哨为一总，设把总指挥。戚家军的编制里有两点值得注意，一是配备了火器，小型火铳为鸟铳，单兵使用；大型火器为边铳，因专为边境守城使用而得名，需多人合作使用。在运用火器时，戚继光已经在实战中考虑到了火力的连续性，单兵使用火器以多排轮射保持火力连贯，炮手编组使用火器则以操炮手和换药手分工合作来保持火力连贯。其后戚继光在北方镇守蓟辽时使用的车营也成功运用了火器，车营成为发挥步骑火综合威力的移动战斗堡垒，战车环结成为遏制敌方突骑、庇护我方步骑的城墙，而车墙之后的步骑则是守中之攻，在敌军的冲锋被火力压制打击后见机而作、迅即出动，给敌以沉重打击。二是戚家军中出现了大量保障作战的后勤工程兵，限于时代认识的局限性，这些士兵被称为"杂流匠役"，包括火药线匠、木匠、铁匠、医士、医兽等，作战人员的装备中每队也配备杴或镢一把。戚继光对器械的重视，可视为对中国古代军事思想中"道器并重"传统的继承和发扬。举凡单兵和队哨的武器装备，旗帜金鼓等军队的指挥器具，在《束伍篇》中都有关于它们的形制和数量的详细阐述。

从更大的历史视角来看，此一时代，西方的荷兰统帅莫里斯对军队的队形进行战术改革，以2~3排的横队代替密集的长矛方阵，为火器的使用拉开空间，打败了西班牙。瑞典的古斯塔夫以莫里斯横队为基础，组建线式队形，运用步骑炮兵协同的战术增强军队机动防御能力，改进骑兵配合步兵作战的线式战术队形，进一步增强了部队的机动力、防御力和协同作战能力，赢得了三十年战争。而戚继光作为优秀的军事家，也敏锐地察觉到冷兵器向热兵器加速过渡的历史大潮即将到来，这充分体现了他重视军事技术、敏于军事变革的思想观念。

三、《束伍篇》全文

原选兵

兵之贵选，尚矣，而时有不同，选难拘一。若草昧之初，招徕之势，如春秋战国用武日久，则自是一样选法。方今天下承平，编民忘战，车书混同，卒然之变，自是一样选法。大端创立之选，势在广揽、分拣等，率均有所用。天下一家，边腹之变，将有章程，兵有额数，饷有限给，其法惟在精。

第一切忌不可用城市游滑之人，但看面目光白、形动伶便者是也。奸巧之人，神色不定，见官府藐然无忌者是也。第一可用，只是乡野老实之人。所谓乡野老实之人者，黑大粗壮，能耐辛苦，手面皮肉坚实，有土作之色，此为第一。然有一等司选人之柄者，或专取于丰伟，或专取于武艺，或专取于力大，或专取于伶俐，此不可以为准。何则？丰大而胆不充，则缓急之际，脂重不能疾趋，反为肉累，此丰伟不可恃也；艺精而胆不充，则临事怕死，手足仓卒，至有倒执矢戈，尽乃失其故态，常先众而走，此艺精不可恃也；伶俐而胆不充，则未遇之先爱择便宜，未阵之际预思自全之路，临事之际，除已欲先奔犹之可也，又复以利害恐人，使诈他辈为己避罪之地，此伶俐不可恃也；力大而胆不充，则临时足软眼花，呼之不闻，推之不动，是力大不可恃也。

兴言至此，则吾人选士之术荒矣。夫然则废四者而别图之，亦不可也，盖四者不可废，而但不可必耳。谚曰：艺高人胆大。是艺高止可添壮有胆之人，非懦弱胆小之人苟熟一技而即胆大也。惟素负有胆之气，倘其再加力大、丰伟、伶俐，而复习以武艺，此为锦上添花，又求之不可得者也。然此辈不可易得，思其次，则武艺尚可以教习，必精神、力、貌兼收。三者兼收，又不若凭各亲识乡里哨队长举首，盖渠皆生长同，观其所忽也久矣，此又不可以凭选者之目也。

所奈此数者，皆选兵之一筹，而必胆为主。胆之包在人心腹中，不可见，何以选为？殊不知人之精神露于外，第一选人以精神为主，而当兼用相法，亦忌凶死之形、重福气之相，此尽选人之妙矣。最勿使伶俐油滑，宁用乡野愚钝。乡野愚钝之人，畏官府，畏法度，不测我之颠倒之术，诚信易于感孚，忾气易于振作。先以异出常情之威压之，使就我彀中，而即继之以重恩收其心，结之以至诚，作其威，则为我用命无疑，此万试万效之方也。若爱先玩于前，而后继之以威，则怨丛而恩不感矣。

是故遵令奉法，临事用命，所以成天下之功，办天下之事，虽小而家人父子邑里之细，毕竟克济者，威严而已。但威不能自行永守，保无阻坏，而所以使威严之永行无阻坏者，恩与信也。彼天下之至亲、至情，莫慈父之于孝子若也，子之听命于父者，以其生我也、育我也，设使父必于杀子，虽孝子且不能无私言，况乌合之众、行伍之兵耶？是以必须恩以佐使其威严，庶威严为之畏为有济，不然，则威之反为怨，严之反为敌矣。如载人者舟之功，而所以使之载者，则舵也，威严其舟乎，恩信其舵乎？此予数年之独秘，虽后日名将之出，必不易予言也。

原授器

选兵既得其道矣，其法不过相貌精健，而四十上下皆健也，二十以上皆健也。所用之器，必长短相杂，刺卫兼合。而我之选士，若无分辨，一概给之，则如藤牌宜于少壮便健，狼筅长牌宜于健大雄伟，长枪短兵宜于精敏有杀气之人，皆当因其材力而授习不同。苟一概给之，则年近四旬，筋力已成，岂能以圆径二尺之牌、而跪伏委曲、蛇行龟息、以蔽堂堂七尺之躯，伸缩进退出没、以纵横于锋镝耶？若狼筅长牌等，授之以少年健儿，则筋力未成，岂能负大执重，若老成之立于前行，以为三军之领袖翼蔽也哉？今将编选授器之法开条于后：

编立队伍、籍记年貌贯址之法，必在选时一日内了当，若待次日，则我所选中之人又更换一半矣。何则？新集乡民，不知法度，惟听熟人之言，倏起投兵之思，则一时恨不入选；威严之临，或有人恐以祸福，倏生畏悔之念，便就又要回家。渠盖此时既未受约束，又未食钱粮，不惟无所系，抑且无所畏，日选日更，无时可定矣。

其法：一面用白牌上书"一号编营伍在此"，"二号记县分都图在此"，"三号记年貌疤记在此"，"四号记尺寸筋力在此"，"五号记居住地名、填年月在此"，"六号登录文册在此"；又在空地别立一旗标，以待后项选过者。

将此六号白牌分为六处，挨号顺摆在于丹墀两边，务每牌下留空地可容一二队人，以便编记。每一号牌下，用桌一张、凳二条，与官生坐。书手一二名，俱分立停当，然后坐堂照前法选兵。约足勾一哨官所管之数，又照后开条，编次一哨官毕，又选一哨官者。

将选中兵，先尽哨官自定部下，哨长几名，就将几名内定第一哨哨长。当前立讫，余几名且在坐后，不许行动。又听前立第一哨长于兵内自举抽出队长几名，又于队长内定出第一队长，前立，余亦在坐后立。将第一队长令在选中兵中带愿入队兵十二名，在公座前面横一字立，先将队长用束伍内腰牌纸一张，于习艺空内填领队二字，照束伍篇内给与方色队旗一面，连人先送至填营伍处。其填营处先给定成营伍无姓名行伍册一本，遇送人到，将腰牌纸内照营伍填毕，又连人牌送与填县分都图处，照腰牌纸内空处填毕，又连人牌送至填年貌疤记处，照腰牌纸内空处填毕，又连人送至填尺寸筋力处，照腰牌纸内空处填毕，又送至的当乡土之官管填所住地名处，照腰牌纸内空处填住处地名毕，乃将本队长带过十二名兵内先择年力老大一人，付以长牌，长牌无甚花法，只欲有胆有力，赖之遮蔽其后兵前进耳。次将年少便捷、手足未硬一名为藤牌，藤牌如前说之谓也。次将年力健大老成二人为狼筅，狼筅枝繁重，足以蔽身而壮胆，故用法明直易习，便于老成手足已硬之人。次将有杀气、有精神、三十上下、长健好汉四人为长枪手；又长枪之次者二人为短兵。长枪用法多习学，非身手眼俱活者不可用。此器又专主于刺，故选授又贵于精中取精。次老实有力、能肩负、甘为人下者一人，充为火兵，欲负锅裹之重，性下肯为同类所役。每定完一人为某器，即填于腰牌内习艺空内，连人一照先编记队长之法，挨次挨送各所立挨记牌下。处处填完，一队毕通，令队长带赴又一处，抄录腰牌纸内所填格限在册，即将一队兵送于空地立标之所坐听。

第二队照第一队法编给挨填完毕，又坐如此。一哨内各队皆毕，将哨长亦照队长挨填，照束伍篇内给与该方色大旗一面，即执于先编过本哨该管几队头坐定。又如此唤过先已发放在坐后立著的第二个哨长来编出队长，又照一哨之法，挨队如前选编。俟一哨官的完了，授以约束，责令哨长管队长，队长管兵，每队互相识认。亦照束伍篇内腰牌阴面之式刷来，将全队姓名填于式内，每名给一张，粘在腰牌阴面。

自此为始，凡行动立止，俱照式内鸳鸯次序前后左右，恁是如何，不许时刻错乱行立。如有一人更换，俱连坐治罪，换了兵，责队长；换了队长，责哨长。约在某日阅营可以选完发放，到日前来对读腰牌。如此选兵，选中即成行伍，即有统束，虽生兵乌合，今日入彀，今日即可钤束，即成军容，即不能更换，而制驭分散即在我矣。选中一名，就得一名实人在行伍中操练。若再至通完，仍照选兵法分立牌所，总对读腰牌一遍，差者、换者即便以重法连坐其一二人，便要立重信。此时重信一立，如古人徙木云者，以后顺手牵羊，惟我号令是听，而方可言练也。此一节，已于练兵有五分工夫矣。心之精微，尽于此说，识者详之。此一篇乃治兵之始，初下手工夫，百万之纲领也，节目由兹而寓，幸勿略焉，敢告同志。

原束伍

夫营阵之法，全在编派伍什队哨之际。计算之定，若无预于营阵，然伍什队哨之法则或为八阵，或九军、七军、十二辰，古人各色阵法皆在于编伍时已定，一加旌旗立表，则虽畎亩之夫，十万之众一鼓而就列者，人见其教成之易，而知其功出于编伍者，鲜矣！故营阵以伍法队哨为首，乃以束伍贯诸篇，庶使知次第也。

今法：长牌一面、藤牌一面、狼筅二把、长枪四枝、短兵二件、火兵一名为一队，方而为九，直之为二，伍分而为三才、为五花。四队为一哨，虚其中，哨长居之。四哨为一官，虚其中，鸟铳、火器、哨官居之。每前后左右四哨为一总，把总居之。设与五方旗一副、高招一副、巡视旗四件、掌号一名、金鼓十二名。初谓铳手自装自点放，不惟仓卒之际迟延，且火绳照管不及，每将火药烧发，常致营中自乱；且一手托铳，一手点火，点毕且托之，即不中矣。令炮手另聚为伍，四人给炮四管，或专用一人擎、一人点放，二人专管装药、抽换其点火，一人兼传递，庶无他失，可以成功。但此法只可施于城守，若临阵，不无人路错乱、引军夺气，边铳可用此法，鸟铳还是单人自放又便。

器械

长牌手腰刀一口；藤牌手腰刀一口；火头每名给铜锅一口、夹枪棍一根，行即负五人预备攻围乾粮，止即专司炊爨。每短兵叉头各带火箭六枝，其挨牌藤牌上各带蒺藜十串，每串六个，接连式开于后。每小队轮带拒马六副，轮带布城一堵。铳手每名装药筒皮袋一个，布油单一张，锡鳖一个，盛线药。每队或锹或镢一把，该添或铳手、或毒弩手、或精健能行，或大刀，收入中军，专备冲锋、探报等项之用。前开该用，中军把总是也，此兵并不带拒马、蒺藜等项。每弓一把，长箭一百枝，边箭一百枝。每弩一张，弩箭一百枝，弩药一瓶。每哨大铳三门，不用木马，止用新制极便合口大铅子；每三门如式送子一根，铁锤一把。中军九门。中哨内火箭一百匣，匣如式；箭如新制。又如千里雷等铳，系中军巧法，相机出奇所用，此不载。以上图式用法俱开后册。

杂流匠役

每一营，火药线匠一名，木匠一名，铁匠一名，大铳手三名，各带全副器具。每把总，竽罗一名，喇叭一名，号笛一名，鼓四名，锣手一名，摔钹一名。中军台上下营吹鼓手共三十八名，医士二名，医兽一名，精占筮者验留，裁缝二名，弓匠二名，箭匠五名，火药匠十名，大铳手一队三十名。

旗帜

每伍小旗一面，各随方色。每队中旗一面。每哨官蓝旗一面，门旗三面。每总蓝旗四面，五方旗五面，高招五方五面，每杆灯一个。

中军五方旗三副，五方招十面，蓝旗一十二面，门旗一十面，背上小招督战军令旗十二面，清道旗二面，金鼓二面。赏号官二员，坐纛一面。

夜营应备中军大将旗鼓，上各黄油纸、铁丝灯一盏，俱粗四寸、长一尺五寸；五方旗十面，十盏。吹鼓手三十八名，三十八盏；角旗八面，八盏；将纛一面，上灯四盏。凡各杂流官生人等每起头目，各带灯一盏，粗同，但长止用六寸，低执，随身。前总哨旗上红油纸、铁丝灯一个，高招一个，俱圆一尺五寸；每一队旗上一个，色同，圆八寸。

左总同前总数，但用蓝油纸，长二尺，粗五寸。队灯长一尺，粗同。

右总同前总数，但用白油纸，方形，一尺二寸。队灯八寸。

后总同前总数，但用黑油纸，匾形，高一尺二寸，横二尺，匾四寸。队灯高八寸，横一尺六寸，匾四寸。

中总塘报等灯俱圆而黄小，止用八寸。

凡各每灯一盏，用黑油布四层罩盖一个，以备一时遮隐，使寸明不露，或明营暗徙，或暗营候明，为莫测之巧也。

罩盖图

营哨 哨长下 队长
下兵 年 岁
县 都人身长 尺寸
面 上有 处力
髭
百斤 地方住习 艺
隆庆 年 月 日给

兵腰牌阳面

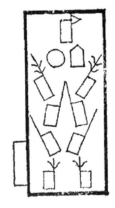

兵腰牌阴面

营哨 哨长下 队长
年 岁 县
都人身长 尺寸面
髭 上有 处力百
斤 地方住习 艺
隆庆 年 月 日给

队长腰牌阳面

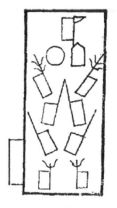

队长腰牌阴面

营哨哨长 年
长 岁县 都人身
尺寸面 髭上
有 处力 百勋
地方住习 艺
隆庆 年 月 日给

哨长腰牌阳面

哨长腰牌阴面

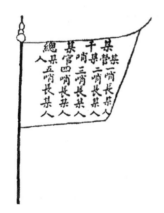

哨官腰旗

杆高四尺，径六分，旗方
二尺，随方色。

把总腰旗

杆高三尺，径五分，
旗一尺五寸，依方色。

中军腰旗

杆高三尺，径二分，旗一尺二
寸，带长一尺五寸，随方色。

主将腰旗

杆高一尺八寸，径三分，
旗八寸，带五色旗。

卷之二

《号令篇》
逻辑脉络及经典思想

一、篇题解析

《号令篇》全称《紧要操敌号令简明条款篇》。之所以称之为"紧要",乃是因为戚继光所召集的抗倭新军必须在很短的时间内做好战斗准备,没有太多的时间用于训练,必须在有限的时间内将最为要紧的训练内容优先纳入日程。在所有训练项目中,戚继光认为最首要的是要让士兵熟悉节制号令,在当时,也就是要熟悉金鼓旗帜等指挥手段。古今名将,无不是善用指挥手段的高明之士,未有指挥不明而能战场取胜者。《孙子》有云:"斗众如斗寡,形名是也",要想做到措三军之众如使一人,没有高效的指挥手段是绝无可能的。戚继光在制定新军的节制号令时,务求便宜简明,这一方面是因为练兵时间紧迫,马上要投入实战,另一方面是因为有很多士兵文化程度不高,太过繁杂的章程会严重影响训练效率。戚继光采取的具体方法是利用一切可能的时间对新军进行指挥训练,他要求军士在夜间休息时也要各队相聚一处学习号令,识字的军士自读自学,不识字的军士听本队识字之人教诵解说。戚继光还利用一切时机对军士的学习情况进行抽点检查,凡不能熟悉背诵号令者施以责罚,能够背诵号令者给予奖励。通过这种反复的训练,新军以最短的时间进入实战状态,达到"教桩之夫,可斗名艺"的效果。《号令篇》紧随《束伍篇》之后,足见其在戚继光治军思想中的重要程度。

二、精要新解

(一)练习通信指挥,整齐三军耳目

在战场上,一切行动听指挥是取得胜利的关键保障。然而

军士在近则数里，远则数十里的战场空间中，是无法依靠语言手势指挥大规模军团作战的。即使在冷兵器时代，古今名将对于有效指挥手段的不懈追求，也一直是其训练部队时的用心着力之处。"言不相闻，故为之金鼓，视不相见，故为之旌旗"，早在两千多年前，《孙子》便对此有所论及，但究竟如何以金鼓旌旗对部队进行统一指挥，孙子却未加详细说明和记录。戚继光在自己的实践中，以孙子兵法和冷兵器时代的用兵指挥手段为纲领，逐渐摸索出了自己的一套指挥方式，并经受了实战的检验。戚继光要求将士们在战场上两耳只闻金鼓，双目只看旗帜。旌麾所指，三军所向，只要看到某色旗点动，便相应地听候调发、行军出战。言语相传式的命令在大军作战时绝对禁止，只要旗帜金鼓不动，就是主将下令也不可依从，一切只看旗鼓号令。号令传递要层级明确，各营看把总，把总看中军。号令执行要一丝不苟，擂鼓催进，虽面对刀山火海亦不得退避；鸣金收兵，虽面对金银财宝亦不得留恋。务使三军共作一眼、一耳、一心，则三军可使之于战场而无守不固、无坚不摧。

历史上使用有效的指挥手段训练部属，以达到统一三军耳目的将领大有人在，这种训练不仅受到汉族将领的重视，也受到游牧民族领军者的高度重视，著名的鸣镝训练就是练习统一指挥的典型案例之一。鸣镝，又称响箭或嚆矢，是箭矢的一种，特点在于射出时会发出声音。这种箭矢在汉代即已出现，其外形多为小枣形，箭主体为铁制，常用兽骨、象牙等装饰，也有部分类型使用水牛角作为发声部位。据司马迁《史记·匈奴列传》记载，秦末汉初，匈奴的冒顿单于为了争夺王位，发明了一种骨箭，即"鸣镝"。这种箭矢在发射时会发出声音，冒顿单于专用它来号令部众。冒顿单于为了收服民心，证明自己的权威，采取了一系列极端的措施。他传令部众："汝等看我鸣镝所射，便当一齐射箭，不得有违，违者立斩！"他先用鸣镝射马，部下亦争相竞射，冒顿见状喜笑颜开，遍加奖赏。然而他并不满意，又先后用鸣镝射杀自己的爱妻，射杀国王头曼的好马，部众闻声急射，稍有迟疑者，立即丧命。冒顿单于通过这种方法，成功训练了他的部众，使其能够迅速响应他的号令，在部众中建立了自己的权威。冒顿单于认为时机已成熟，一日，他请国王头曼一同出猎。在狩猎过程中，他随在马后，用鸣镝对准头曼射去。部众闻声同射，匈奴国王头曼毙于乱箭之下。冒顿单于弑父自立为王，通过鸣镝成功实现了自己的野心。以鸣镝统一号令的方式，体现了古代军事训练中对于纪律和服从的重视，这一点与戚继光治军过程中对旗鼓号令的强调是一致的。

（二）指挥手段务求灵活多样

战场环境的复杂性和战争双方的对抗性，决定了将领的指挥手段必须灵活多样以适应随时变化的敌情态势。戚继光在设置指挥手段时，主要是从人的本体出发，以最为直接的视觉和听觉感知为基础，根据实际需要明确不同的指挥方式。以视听为基础的指挥手段主要有号笛、铳、喇叭、铜锣、哱啰、步鼓、旗帜等，具体指挥方法为：掌号笛，各级军官集合商议分派任务；军队行进中放铳，代表命令变更，须停止行进待命而发；休息时听到喇叭响一遍，伙夫备饭，喇叭第二遍，众人吃饭，喇叭响第三遍，各营官兵集合待命准备行军；喇叭吹奏天鹅声音，兵士呐喊；喇叭吹奏摆队伍号令，则以哨为单位全体集合；吹哨摆开号令，则以队为单位按规定的间隔依次疏散列队。用旗指点方面加喇叭长吹，代表向旗示方向转身；敲打铜锣，兵士坐地休息；吹哱啰，兵士起身执武器站立。步鼓响起，则依鼓点和旗次先进，一个鼓点走十步；大声擂鼓，是要全军跑步对敌冲锋。宿营时擂鼓并竖起中军旗旗帜，是派出后勤兵外出砍柴打水的信号，吹唢呐则是要后勤兵回营。部队行动和交锋时，只要听到鸣金一声，即行站立停止。再鸣金一声，各军退还。连续鸣金两声，向后行进的部队转身向前立定。击打金器的边缘，是要派出侦察部队。摔钹声响，是要各战斗单元收队，集合汇拢成原队形。如侦察部队摇动小黄旗，是发现了敌人。关于旗帜的识别，各队哨须熟识其总哨旗帜颜色并听其指挥，旗帜立起，便要准备行军作战，旗帜向左，全军向左；旗帜向右，全军向右；旗帜向前，全军向前；旗帜向后，全军向后。旗帜收卷在地，全军静止待命。

以听觉和视觉这些人体最直接的感官方式进行战场态势感知，即便到了热兵器时代，也依然具有不可替代的价值。以 20 世纪 50 年代初期的抗美援朝战争为例，在志愿军的指挥手段上，喇叭指挥仍然是一种重要的通信方式。面对武装到牙齿的"联合国军"，志愿军官兵充分发挥人的能动性，在夜战和近战中因地制宜地使用小喇叭作为通信设备，通过吹出长短声来传达暗语给战友。这种通信方式在当时是非常有效的，因为美军等敌方军队并不了解这些暗语，无法准确判断志愿军的意图。而志愿军官兵在多年的战争实践中早已对这套指挥方式了如指掌。每当月圆之夜，随着长短不一、调式不同的小喇叭在战场上四处吹响，志愿军将士向敌阵发起突袭，将不知所措的敌军分割包围，各个歼灭。在长期的恐慌中，"联合国军"在心理防线上开始出现动摇，甚至一听到喇叭声，就会产生莫名的紧张和恐惧。志愿军的小喇叭被"联合国军"视为"夜空中传来的东方魔笛",美军也对此感到害怕,因为他们依赖空中和地面的火力,但一听到小喇叭的鸣叫,就意味着短兵相接、刺刀见红,他们再强大的火力也难以发挥作用。而志愿军官兵却觉得那是美妙悦耳的音乐,预示着胜利在望。再以世界各国先进的武装直升机为例,其随视瞄准系统(也称为头盔瞄准系统或头瞄系统)利用了人类视觉生成的直接性,成为其武器系统中的重要组成部分,为飞行员提供了高效、精确的目标锁定和打击能力。随视瞄准系统结合了先进的头盔显示器和传感器技术,允许飞行员通过头部的自然运动来操控武器系统,实现目标锁定和打击。武装直升机的头盔显示器采用大曲面衍射镜片设计,为飞行员提供宽广的视野和清晰的图像显示。该显示器能够实时显示飞行数据、目标信息和武器状态等关键信息,帮助飞行员全面掌握战场态势。系统内置了高精度的陀螺仪、加速度计等传感器,能够实时检测飞行员头部的位置和姿态变化。通过与头盔显示器的配合,系统能够准确计算出飞行员的视线方向,实现精确的目标锁定。飞行员只需将视线对准目标,系统即可自动计算出瞄准线,迅速锁定并打击地面目标,为地面部队提供有力支援。这种直观的操作方式和快速的瞄准能力,大大缩短了从发现目标到发动攻击的时间,提高了作战的效率和飞行员的安全性。

(三)战场号令执行务求切实高效

尽管平时训练要求熟记各项号令,但戚继光强调训练要以实战为导向,因此在号令训练时要秉持高效简洁的原则。高效就是要一切以保存自己、消灭敌人为第一要义,什么战法最有效就用什么战法,在严格训练的基础上可以随机应变。戚继光结合军队对远程杀伤武器和长短兵器的配合使用,诠释了战场上的高效指挥。戚继光时代的远程兵器大致可分两类，一类是热兵器如铳、炮等火器，另一类是箭弩等冷兵器。鸟铳的使用最重要的是把握好射程和射击时机。戚继光规定遇到敌人不得惊慌，不得在射程之外提前放铳，也不得一次将所有火铳放尽。为了使火铳发挥最大效能，要在敌人距己方阵地一百步时听号令摆开战斗队形，每一哨前排列一队火铳，听哨官放铳为号，而后实施齐射。中军每吹喇叭一声，各哨依次射击火铳一遍。如果连续吹喇叭，则是敌情紧急，所有火铳一齐尽放，不再分层连射。当鸟铳打完，敌军更加靠近，距己方阵地六十步之内时，弩手和弓箭手看到指挥官发射火箭为号，才得向敌射击，无令则不得乱发。所有这些明确的要求都是要保证远程武器的打击效率发挥到最大。

实现高效杀伤敌军的另一个有效手段是戚继光创制的鸳鸯阵，它的战法核心在于长短兵器相互配合，全阵前后一体、攻守相救，以整体作战效能形成局部战力的绝对优势。戚继光详述了鸳鸯阵的作战方法：打头阵的是长牌和藤牌，用于防护遮蔽全队，保持队形向前推进。其后狼筅各跟一牌，防守持牌士兵的身后。随后长枪兵四员，每两员分别防护一牌一筅。其后短兵手两名，其主要职责是近战杀敌，防止敌人近身长枪无法收回造成的劣势。每一列的伍长要冲锋在前，其余士兵按阵法排列紧随牌手身后。牌手负责按照金鼓号令低头执牌前进，如有迟疑则军法从事。身后士兵按照各自职责与敌交锋，狼筅负责防护牌手，长枪负责防护狼筅手，短兵负责救护长枪手。如果冲在最前的牌手阵亡，其身后的所有士兵均要连坐问斩。以此施行，则前必顾后，后必救前，左必防右，右必护左，则全队率然一体，战无不胜。

（四）号令训练养成应当直观明白

旗帜是戚继光号令新军的重要手段，中军旗帜和各营把总旗帜是指挥军队行动的关键纲领，旗帜所立，即是军队集结之地；旗帜所掩，即是军队宿营之时。旗帜所指，即是军队行动方向。因此戚继光在《号令篇》的最后进一步强调了旗帜这一指挥手段的设计和运用方法，并阐明了战场指挥必须简明易辨、直观明晰这一重要原则。如果以八方旗指挥则旗色过多，会造成众目难辨。如果以东南西北为名制作四方旗，则缺少方位判别能力的士兵便会难以适从，以致迷失方向。戚继光的方法是以人的身体为依据，分左右前后设置旗帜，如此即使士兵文化程度不高，也能根据自己身体的左右前后轻易判明所处方位和行动方向。在中国的传统文化中，对于方向的判别对应着五方五行的制度，但这是读书人才能够掌握的知识，对于行伍之人而言，只要知道前后左右，能够闻令而动即可，不必要求每名士兵都掌握方向背后的五行原理。戚继光以简明实用为原则，创制了戚家军的五方旗帜体系。

凡士兵头面所向之处为前方，使用红色旗帜，方位为南方，五行属火，火的颜色为红色，对应神兽为朱雀，八卦卦象为离。这里要说明的是，传统文化中八卦对应着八个方位和八种自然界的事物，八卦分别为乾、坤、震、艮、离、坎、兑、巽，古人还有歌诀便于人们记忆八种卦象：乾三连，坤六断，震仰盂，艮覆碗，离中虚，坎中满，兑上缺，巽下断。离在八卦中象征火，所以代表南方。戚继光将人体面向、五行方位和八卦卦象进行联系，进而论述了士兵面向所背之处为后方，使用黑旗，方位为北方，五行为水，水的颜色为黑，对应的神兽为玄武，八卦卦象为象征水的坎卦。凡士兵左手所指之处为左方，使用青色的旗帜，方位为东，五行为木，木的颜色为青，对应的神兽为青龙，八卦卦像为震卦。凡士兵右手所指方向为右方，使用白色旗帜，方位为西方，五行为金，金的颜色为白，对应的神兽为白虎，八卦卦相为兑。凡士兵右脚所立之处为中央，使用黄色旗帜，五行为土，土的颜色为黄色，方位为中央，对应的神兽为勾陈，卦像为太极。如此一来，则士兵可以通过近在一身的前后左右判明方位。看到黄旗高举，则知道此为中军将有指令；看到举红旗，则知是前军将有变动；依次类推，只要看到不同颜色的旗帜挥动，便知要向对应的方向看齐行动。旗帜指向哪里，军队就打向哪里，旗帜不定行军不止，旗帜不伏军士不坐。这种简明易习的方式，戚继光认为是兵法中千载不传的秘文，经过自己的苦心钻研和具体实践，才得以使之重见天日。因此戚继光视之为自己的"独悟之妙"。当然，戚继光并没有否认对前人的学习，特别是对《孙子》的借鉴。戚继光对于孙子事迹和《孙子》进行了认真的学习借鉴，这从《纪效新书》中对《孙子》的多处引用可以得到直接的证明。在《号令篇》中，戚继光更是受到了孙子在吴宫教战时所用方法的启发。

　　公元前 512 年，由齐国来到吴国施展抱负的孙子得到了吴王阖闾的接见。吴王阖闾原本并不看重孙子，但在伍子胥的多次推荐下，阖闾同意接见孙子并考察其统兵能力。吴王提出以宫女为兵进行训练，以证明孙子的兵法之道。吴王挑选了 180名宫女由孙子操练。孙子将宫女分为左右两队，并指定吴王最为宠爱的两位美姬为左右队长。然而，在初次操练时，宫女们不听号令，嬉笑打闹，队形大乱。孙子召集军吏，根据兵法，决定斩两位队长以正军法。吴王见孙子要杀自己的爱姬，立即派人求情，但孙子坚持军法如山，斩杀了两位队长。之后任命两队的排头充当队长，继续练兵。在孙子的再次指挥下，众宫女前后左右、进退回旋、跪爬滚起，全都合乎规矩，阵形十分齐整。吴王阖闾见状，对孙子的军事才能深感佩服，任命其为将军。孙子练兵展现了其卓越的军事才能和严明的军法，他通过宫女练兵的方式，成功地证明了自己的兵法之道，并得到了吴王的认可。戚继光引用吴宫教战的事例，一方面是为了强调军队听从指挥的重要性，以及严明军法对于军队纪律和战斗力的提升作用。另一方面是为了证明自己所使用的号令之法深得孙子用兵之道，因为孙子在训练吴国宫女时，首先向她们提出了以下问题："你们知道你们的左右手、前心和后背的位置吗？"这个问题的提出，就是要宫嫔以自己的身体面向为依据判明接下来的行动方向，以便掌兵者发号施令，闻令者照令而行。《史记》中只是简要记载了这一过程，关于孙子在实战中如何具体进行金鼓号令的指挥，戚继光则给出了自己在学习和实践中摸索出的行之有效的答案。

三、《号令篇》全文

窃观古今名将用兵，未有无节制号令，不用金鼓旗幡，而浪战百胜者。但今新集生兵，春汛逼近，一切战阵法令，若逐次教来，何时是熟？今时紧要，必不可缓，各便宜简明号令，合行刊给。各于长夜，每队相聚一处，识字者自读，不识字者就听本队识字之人教诵解说，务要记熟，凡操练对敌，决是字字依行。各读记之后，听本府点背，若一条不记，打一板。若各兵有犯小过该责打之事，能背一条者免打一板。临阵军法不在此例。

凡你们的耳，只听金鼓，眼只看旗帜，夜看高招双灯，如某色旗竖起点动，便是某营兵收拾，听候号头行营出战。不许听人口说的言语擅起擅动；若旗帜金鼓不动，就是主将口说要如何，也不许依从；就是天神来口说要如何，也不许依从，只是一味看旗鼓号令。兵看各营把总的，把总看中军的。如擂鼓该进，就是前面有水有火，若擂鼓不住，便往水里火里也要前去；如鸣金该退，就是前面有金山银山，若金鸣不止，也要依令退回。肯是这等，大家共作一个眼，共作一个耳，共作一个心，有何贼不可杀，何功不可立？

凡掌号笛，即是吹唢呐，是要聚官哨队长来分付军中事务。

凡正行之间，放铳一个，就是要更变号令，即立定看听有何旗竖、有何令，再行。

凡歇处，吹喇叭一荡，火兵即做饭，众人收拾。吹喇叭第二荡，各兵吃饭。吹喇叭第三荡，各兵出赴信地扎营，候主将到，发放施行。

凡喇叭吹天鹅声，是要各兵呐喊。

凡喇叭吹摆队伍，是要各兵即于行次每哨一聚，各留空地摆定。

凡喇叭吹单摆开，是要各队即便挨队甲疏疏摆开，每一小队相平离一丈五尺。

凡旗点过，只吹喇叭一长声，是要各兵转身，照旗所向转过。

凡打铜锣，是要各兵坐地休息。

凡吹孛罗，是要各兵起身，执器械站立。

凡点步鼓，是要各兵照先树起的旗次发兵行营，每点鼓一声走十步。

凡擂鼓，是要各兵趋跑向前，对敌交锋。

凡下营定，擂鼓立中军旗，是放火兵出营樵汲，掌号是收回。

凡各举动与交锋，但闻鸣金一声，即便立止；又鸣一声，是要各兵退还；连鸣二声，是要各兵又于脚下便再转身，向前立定。

凡打金边，是发人探贼。

凡摔钹响，是要各收队，即将原单摆开的兵，照旧收成各哨，再收成每营一处。

凡塘报摇小黄旗，是有贼至。

凡旗帜，各兵认定各总哨颜色，但本总旗立起，即便收拾听令。若旗左点则即左行，右点即右行，前点即前行，后点即后行，随旗所指而往。本总旗收卷在地，即各听令立定；如旗不起，脚下即是信地，虽天神来叫移动，也不许依从擅动。夜看高招、火鼓，与昼一般。

凡鸟铳，遇贼不许早放，不许一遍尽放。每至贼近，铳装不及，往往误了众人性命。今后遇贼至一百步之内，听吹竹筒响，在兵前摆开，每一哨前摆一队，听本管放铳一个，才许放铳，每吹喇叭一声，放一遍，摆阵照操法；若喇叭连吹不止，及铳一齐尽放，不必分层。

凡弩手射手，候鸟铳打放将完，贼至六十步之内，起火放，方许继铳后射箭，无令不许擅发。

凡鸳鸯阵，乃杀贼必胜屡效者，此是紧要束伍第一战法。今开式于后：二牌平列，狼筅各跟一牌，以防拿牌人后身。长枪每二枝各分管一牌一筅。短兵防长枪进的老了，即便杀上。伍长执挨牌在前，余兵照鸳鸯阵紧随牌后，其挨牌手低头执牌前进，如已闻鼓声而迟疑不进，即以军法斩首。其余兵仗牌刀遮抵手后紧随牌进交锋，笼以救牌，长枪救笼，短兵救长枪，牌手阵亡，伍下兵通斩。要依此法，无不胜矣。

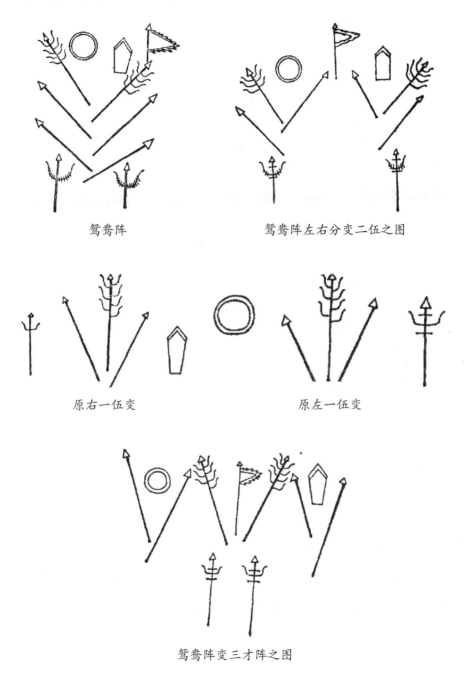

鸳鸯阵　　　　　　　　　鸳鸯阵左右分变二伍之图

原右一伍变　　　　　　　　　原左一伍变

鸳鸯阵变三才阵之图

凡旗帜，制八方则色杂而众目难辨；如以东南西北为名，则愚民一时迷失方向，即难认，惟左右前后属人之一身。但一人皆有左右前后，庶为易晓？而在读书有位者，自知即五方五行之制也，然不可以之责行伍之人。凡面所向谓之前，则用红旗，即方为南，行为火，火之色属红，神为朱雀，卦为离。凡面所背谓之后，则用黑旗，即方为北，行为水，水之色属黑，神为玄武，卦为坎。凡左手所指谓之左，则用青旗，即方为东，行为木，木之色属青，神为青龙，卦为震。凡右手所指谓之右，则用白旗，即方为西，行为金，金之色属白，神为白虎，卦为兑。凡脚下所立谓之中央，则用黄旗，即行为土，土之色属黄，方为中，神为勾陈，卦为太极。凡人一身，皆有左手、右手、前面、背后、中央，此人人可晓。若举点黄旗，则是中军欲变动，听号令施行；若举红旗，则是前营兵欲变动，听号令施行；若举白旗，则是右营兵欲变动，听号令施行；若举青旗，则是左营兵欲变动，听号令施行；若举黑旗，则是后营兵欲变动，听号令施行。仍不必拘五营之次，但见举黑旗，俱要往后看；但见举红旗，俱要往前看；但见举青旗，俱要向左看；但见举白旗，俱要向右看；但见举黄旗，四面俱要向中看；若见五方五旗俱举点，各营四方各照本方向外执立，听号令施行。凡旗点向何方，随其所点向往，旗不定不止，旗不伏不坐。善哉！孙武子教宫嫔曰：汝知而左右手心背乎？呜呼！此教战之指南，此千载不传之秘文，此余独悟之妙也！揭以示人，尤为可惜。凡新兵初集，束伍既完，即摘出此卷，每兵即与一本，使之诵熟，以知号令，方可言场操也。

卷之三

《阵令篇》
逻辑脉络及经典思想

一、篇题解析

《阵令篇》全名为《临阵连坐军法篇》。之所以将之放在《号令篇》之后,是因为此篇与前篇原为表里,《号令篇》是以金鼓旌旗统一军队耳目,而《阵令篇》则是以军法赏罚统一军队人心。从这个意义上讲,本篇原是前一篇的姊妹篇,但戚继光认为应专辟一卷讲求收治人心之术,因为如果将此篇与前篇相合,一则会使得条款过多,不利于文化程度不高的兵士记诵;二则无法突出赏罚条格对于收治人心的重要作用。先将有形的旗鼓号令使用之法教与兵士,再以战场赏罚之道深入诱导三军,则可以收到统一思想、威慑人心的效果。《阵令篇》详细论述了戚家军的战场军法,其要义一是连坐之法,二是抚恤之法。连坐之法的目的是对各级军官提出严格的军法要求,抚恤之法则是对用命军士的奖励之道。古代治军,讲求"刑上究,赏下流",这一思想源自武经七书之一的《尉缭子》之《武议篇》。作为古代兵法中的一条重要原则,它体现了赏罚分明的治军之术,对于古代和现代的管理与领导实践都具有重要的指导意义。连坐和抚恤相结合,正是"刑上赏下"的治军古法。"刑上究"的"刑"指的是刑罚或处罚,"上究"则意味着追究到上层或高位者。在军事管理中,"刑上究"意味着当有人犯下严重罪行,即使其地位高贵或权力重大,也必须受到应有的惩罚,以维护军队的纪律和威严。这一原则强调了军法的公正性和普遍适用性,将士无论地位高低,都应受到法律的约束和制裁。"赏下流"的"赏"指的是奖赏或赏赐,"下流"则指的是下层或基层人员。在军事管理中,"赏下流"意味着在进行奖赏时,应该注重基层人员的贡献和成就,给予他们应有的荣誉和奖励。这一原则体现了对基层人员的尊重和认可，有助于激发基层人员的积极性和创造力，提高整个军队的凝聚力和战斗力。戚继光正是通过连坐法压实了各级战斗人员特别是军官的主体责任，通过抚恤法深结了舍命沙场的将士之心，既使将士的身体服从号令，又使三军的心气专敌一向，这样的军队在战场上取得辉煌战绩也就不足为奇了。

二、精要新解

（一）申明战场纪律以威服众心

戚继光对战场军法的认识皆自实战中得到，因此每一条都十分切中要害，并且十分具体。戚家军因为战斗力强，常常在战斗中以较小的战损比获得较大的胜利。戚继光曾言："杀人三千，自损八百，此相敌说也。杀人三千，我不损人，则称比之术也。"（《练兵实纪杂集》卷五《军器解》）。南湾之战中，戚家军以战伤4人、无一人战亡的代价杀伤擒获敌军281人。花街之战中，戚家军以阵亡3人的代价俘虏杀伤敌军310人。上峰岭之战中，也是以阵亡3人的代价歼灭敌军2000人，斩获首级349枚。横屿之战，以阵亡13人的代价斩杀俘获敌军377人。牛田之战，以零伤亡俘虏斩杀敌军698人。平海卫之战，以阵亡16人的代价斩杀敌军2451人。仙游之战，以阵亡24人的代价斩取敌首498枚。这样的战损比足见戚家军战斗力的强大，但这也带来另一个问题，就是战场上军士为了报功而争夺首级所引发的混乱。戚继光在《阵令篇》的第一部分即专门论及了这个问题。

战场上的情况常常是每当斩获首级，便有数十人报功，造成了众兵相望，误以为是前军败走而引发后军溃散。如果斩获一个首级便有数十人报功，那么以戚家军的战斗力，其在战场上常常会斩取数十上百个首级，这样便会有数百上千人退走报功。阵形一旦松懈，敌军便会趁隙反攻，己方得胜之师反而自取败绩，这种情况是戚继光首先要禁止的。戚继光在解决这个问题时采用了专兵负责制。所谓专兵负责制，即是以专门的人负责收割首级，其余兵士一律向前作战，不得顾恋首级。按照鸳鸯阵的队形和武器配备，这一任务自然落在了队尾的短兵手身上。长兵在前作战，只管冲锋陷阵，不许佩带解首刀。短兵手在队后负责收割被杀倒之敌的首级，战后由队长当众公开论功申报。每颗首级三十两白银，在队前拼杀的长牌手、狼筅手和长枪手分取二十两，砍取敌首的短兵手分取二两，队中其他没有直接斩杀敌首者各分一两，负责后勤的伙夫尽管没有上阵作战，当本队有功时也可分取五银。如果本队配备了鸟铳手，也可分得二两。

除了首级，战场上往往还会遇到敌人遗留的金银、布帛和器械之类的财物，这些散落的财物往往是敌军有意为之，意在引诱戚家军因争财而自乱阵脚，敌军乘机带队反杀。戚继光对此采取了论功均分制。当发现敌军遗留在战场的财物时，每队只派一人看守，其他人照常前进杀敌。作战结束后，按照财物多少，全队兵士均分。队长和哨长等军官如指挥得当，则可在分发财物时增加一倍。如队长和哨长等军官因贪图财物而指挥不当贻误战机，致使军士陷入敌军圈套或敌军突出我方包围，则争抢财物的官兵不论首犯从犯，均以军法斩首。

（二）临阵退避的多种情形应对

对于临阵退避脱逃的种种情形，戚继光都在实践的基础上作了预先处置方案。如遇临阵退缩，各级均有战场处决逃兵的权力。最基层的甲长可对所属士兵实施割耳惩罚。依次类推，队长监督甲长，哨官哨长监督队长，把总监督哨官哨长，凡有下属临阵退缩，上级即处以割耳军法。如果发现逃兵不予惩罚，则战后追究不肯割耳、姑息纵容之人之罪，而退缩之人不予追究。这就要求各级切实负起阵前督战的责任，否则自身难免受到军法严惩。除了各级层层监督，在遇到大部队战斗失利败退战场的情况时，如发现被敌军杀死的兵士伤在后背，则以逃兵论处，不予抚恤，并要责罚召募兵士的人员。如遇到因不明号令而未能做到令行禁止，以致扰乱军阵、挤塞道路者，一并以军法处置。在实战中，戚继光还遇到了种种意想不到的情况，如有的兵士临战谎称疾病以避战，或破坏武器以便逃避冲锋，这些在生死考验面前偷奸使诈的行为一经查实，即刻斩首示众，以儆效尤。

（三）治军不严的后果连坐承担

戚继光在《阵令篇》中对戚家军的连坐法进行了详细的论述。连坐法是古代军队作战时一种严格的军事纪律制度，旨在确保军队在作战时的统一性和战斗力。连坐法规定，在作战时，如果某一作战单元的成员出现临阵退缩或违反军纪的行为，则不仅该成员会受到严厉的惩罚，其所在作战单元的负责人和其他成员也会受到相应的处罚。戚继光在实施连坐法时主要有两个维度，一个是上下连坐：从甲长到把总，各级军官都与其所管辖的作战人员共同承担连坐责任。如队长同全队退却，则队长会受到惩罚；如果哨长不退而全哨官兵皆退，以致哨长阵亡，则哨长所属的队长会受到惩罚。另一个是横向连坐，同一作战单元的人员之间也存在连坐关系，这种横向连坐古已有之，如商鞅的《商君书》即有行间之治连以五，五人编为一伍，登记在名册上，一人逃亡，其他四人就要受到处罚的记录。戚继光结合实战中遇到的情况，对连坐法进行了种种细化。凡是伏兵遇敌未能及时出战或出战过早暴露位置者，带领伏兵的队长和哨长均要处以斩首极刑。正兵见伏兵已起而不回应接战者，也以此律治之；每甲士兵中如一人当先作战而其余人员不予以配合以致当先者阵亡者，其作人员全部处以斩首。如能斩获一枚敌首，则可以将功补罪。如能斩获两枚敌首，则可以得到奖赏；如一甲或一队被围，同队各甲或同哨各队不发救兵，以致全军陷没者，依军法对队长或哨长予以斩首；如甲长属下兵士临敌退避则斩首甲长，甲长不退避而手下兵士退避，致使甲长阵亡，则所属兵士尽数斩首。依次类推，直到把总、领兵官等高级军官，如下级军官临阵退避而不加制止，则上级连坐斩首；如因下属作战不力而致上级军官阵亡，则所属下级军官均连坐斩首。除了退缩不前、作战失利要处以军法外，出现武器装备携行不齐或队形行列松散错乱等情况，从伍长、队长到哨官、把总，均以军法治罪。戚继光的连坐军法对违反军纪的行为采取了极为严厉的惩罚措施，以此确保军队在作战时保持高度的统一性、整体性、协调性，预防军中出现临阵退缩和违反军纪的行为，从而有效提高了戚家军的战斗力。

（四）保密是克敌制胜的重要条件

事以密成，语以泄败。戚继光在《阵令篇》中还论及了保密工作对军事行动成败的重要影响。戚继光在《阵令篇》中所论及的保密类似《孙子·用间》中的保密方法，是一种战役级别的保密措施。孙子曾言："间事未发，而先闻者，间与所告者皆死"，戚继光则将这一原则进行了具体运用，凡是侦察员得到的情报，在向主将汇报之前，一律不得向其他人员泄露，即使是侦察人员的直接上级在中途询问，也不得透露，否则传递情报之人与问知情报之人一律军法处置。军无密不成，战无密不胜，关于保密，中国古代的军事家和兵法中多有创制。早在先秦时期，古代中国就已经出现了保密意识。随着历史的发展，保密制度逐渐完善。在唐宋时期，保密制度达到一个相对成熟的阶段，包括机要部门、决策系统、奏议表章、人事任免、科举考试、军事情报、经济情报、司法系统等，每一个部门和系统都制定了相应的保密规定。古代军队的保密工作主要集中在军事情报上，包括军队现状、兵力部署、武器装备、将帅情况、地理形势、军需粮草等方面。这些信息的保密对于战争的胜利至关重要。古代的军事家们为此采取了严格的保密措施，如在军营管理中严禁外部人员随意出入军营，即使是朝廷重臣不受诏也不能随意出入军营，以防止军事信息的泄露。在重要军事文书的传递中，采用泥封、火漆等加密措施进行密封，防止他人随意拆阅。采用符契配合军令的执行，没有相应符契则军令无效，可以不予执行。在军事密码的使用中，采取"阴符""阴书"等特殊的符号或书信分解的方式来传递军事机密，提高信息的保密性。在信息加密技术方面，使用在战前事先约定的暗号、暗语，用一字或一句话代表不同的意思，防止信息被敌人截获后破解。同时采用类似于现代密码技术的隐语、字验等，通过特定的符号或文字组合来传递军事机密，增加信息的保密效果。古代军队对于泄密行为的处罚也是十分严厉的，如《唐律》规定，对泄露军事机密的人员将处以绞刑等重刑。历代还设立了专门机构来执行和监督保密制度，如御史台等，这些机构负责检查官员是否遵守保密规定，对违反规定的行为进行处罚，确保保密制度的有效执行。

三、《阵令篇》全文

凡临阵的好汉，只有数人，每斩获首级，常是数十百人丛来报功，再不想你一起人退来报功，使众兵相望误认是败走，大家都走了。况一个贼首，数十人报功，若斩数十贼首，就该数百人来报，不知这一阵上能有几个数百人，反是自误了性命。此临阵第一禁约。今后其长牌、长枪、狼筅，凡该当先，长兵之数决不许带解首刀，只管当先杀去，不许立定顾恋首级。其杀倒之贼，许各队短兵砍首，每一颗止许一人就提在阵后，待杀完收兵，有令催验，方许离阵赴验。其谁当先，谁有分，谁无分，俱听当先队长对众从公报审。敢有因其恩仇报不公者，军法。每颗首级以三十两论之，当先牌枪筅分二十两，砍首兵二两，余兵无分者分一两，火兵虽不上阵，本队有功，亦分五钱；每颗本队鸟铳手亦分二两。

凡战间贼遗财宝、金银、布帛、器械之类，此诱我兵争财，彼得乘机冲杀，往往坠此套中。今后临阵，遇有财帛，每队止留队中一人收拾看守，待贼平，照队收拾之，多寡各给本队兵均分，百哨队长加一倍，必不许他官克留及后进次到队伍仍留人浑赖。此正是贼当穷败之际，各兵照常奋勇前进，务要加力百倍，庶贼可灭。如违令图财，致兵陷没，或贼冲突得脱，抢财物之兵不分首从，总哨官俱以军法斩。

凡临阵退缩，许甲长割兵耳，队长割甲长耳，哨官哨长割队长耳，把总割哨官哨长耳。回兵，查无耳者，斩。若各故纵，明视退缩，不肯割耳者，罪坐不肯割耳之人，退缩之犯不究。

凡伏兵，遇贼不起及起早者，领伏兵队长通斩，各兵扣工食给恤，仍通捆打。如正兵见奇兵、伏兵已起，不即回应者，同例。

凡每甲，一人当先，八人不救，致令阵亡者，八人俱斩。阵亡一人，即斩获真贼一级，八人免罪；亡一得二，八人通赏。哨队照例。

凡当先者，一甲被围，二甲不救；一队被围，本哨各队不救；一哨被围，别哨不救，致令陷失者，俱军法斩其哨队甲长。

凡阵亡一人，本甲无贼级者，各扣工食一月，给亡者之家优恤，失队者扣一队，失哨长扣一哨，失官扣一枝。但系亡者属下头目仍斩获，功如其所失，通免究，亦不扣工食。亡兵亡官，官为给银优恤。

凡一人对敌先退，斩其甲长。若甲长不退而兵退，阵亡，甲长从厚优恤，余兵斩首。若甲长退走，或各甲俱退走，斩其队长。若队长不退而甲下并兵退走，致队长阵亡者，厚恤其队长之家，本队兵各扣工食二个月，给亡队长家领用，队下甲长俱斩。若一哨下各队长兵俱退走者，斩其哨长。如哨长不走，致被阵亡，而队兵弃之退走者，斩其各队长，兵通罚工食二月，恤哨长之家。若一哨官之兵与哨官俱退走，斩其哨官。如哨官不走而哨长以下甲兵退走，斩其各哨长，通罚工食，给恤哨官之家。由是而上，至把总、领兵将领等官，皆照此一体连坐行之。凡所谓罚工食者，仍以军法捆打，不死，而又罚其工食，非止于罚工食而免也。

凡所谓恤其家者，不止于罚兵工食以恤之，仍有题奏荫子世袭之恤也。

凡若大阵败走、被贼杀死、官兵伤在背后者，还以败事论，并不优恤，仍罪其各家并原募之人。

凡器械借代、顽钝欠利、私擅更易军装器械、入场忘带一件以上者，军法捆打，照临阵事例，伍队长总哨官连坐。

凡行列不齐，行走错乱，擅离队伍，点鼓不行，闻金不止，按旗不伏，举旗不兴，开旗不接，得令不传，传令不明，道路挤塞，言语喧哗者，俱治军法。

凡临战，布阵已定，移足回头，行伍挤拶，稀密不均，俱斩其哨官长牌手并所犯。

凡不拘昼夜，但系中军起火铳，炮齐起，即是忽然警急，各官兵不必待候常令，即各自扎营，遇敌即战，不必取禀中军号令。

凡差探贼塘报及官兵有闻贼中消息，不拘要紧不要紧，不许官兵于中途邀截问答，径自闭口，速赴主将陈说之后，许宣于众者，方可与把总等官说。若未见主将之先，敢于中途因人问起，即便说出，但有一人先知在主将之前，定以泄露军机，问者、答者皆坐军法。就是本管的把总哨伙伴问，也不许对他说。又或有已经禀知主将之后，蒙分付不许传说者，到底不许再泄，敢有以强固行要问者，许原人禀来，一体重治。

凡遇贼，各队严备听令，候探知贼人多寡，以凭发兵，不许违令争先，恐陷不测。

凡临阵抛弃军器者，及不冲锋官兵临战易换军士精利器械马匹者，各以军法从事。

凡临阵诈称疾病、畏避艰险者，及故将军器毁折、以图躲避者，斩。

此亦另为一卷，俟给旗鼓篇习熟之后，即给此卷习之。所以不同给者，盖初用偏裨，行伍下质，一阅其多，苦难自画矣，故次第给而习之，以诱其入。

一为禁革斩级，以保全胜事。照得冲锋之士，每因取级，致防战杀，以致失事。今该本府会同兵巡道，广集总哨头目名勇员役，当于教场公议。今后临阵大兵，只管整队杀将前去，止以冲锋杀败贼寇为功，务求全胜，不许斩取首级。如有故取首级者，当阵许头目巡视旗哨队长人等割耳，回兵，查无耳者，与各兵仍又持首级报功者，俱一听斩首。

为今之计，别选亲兵，每哨官三甲，每甲五名，两膊上缝有取功二字白布，印二片为号，各随派到本哨官兵阵之后；待兵杀倒贼人在地，又战过前卡，替兵割取贼级；收兵之后，将前项首级尽数派与本哨官部内冲锋兵勇，均分报功，其割级亲兵止是给赏，并不干预。若有隐藏不报者，及割取不完，亲兵官哨队伍长俱斩首。除割首级哨队长兵夫专委把总管束外，为此票，仰各该官役遵照施行，毋得自干重典未便。

计开：某营某哨哨官某人下，派该斩取首级哨官某人，哨长某人，队长某人，兵夫某人。

卷之四

《谕兵篇》
逻辑脉络及经典思想

一、篇题解析

此篇全称为《谕兵紧要禁令篇》，在申明了操敌号令和连坐军法后，戚继光又别立一卷以进一步强调号令军法，主要是考虑到如果将此卷内容加入前卷之中，则会导致号令条目太过繁复，不利于官兵掌握。尽管此篇位于旗鼓号令之后，但其重要性也是不言而喻的，不然便没有必要另辟一篇专门论述兵士禁约。如果说《号令篇》《阵令篇》所述内容偏重的是战时军事纪律，那么《谕兵篇》则更加强调了部队的平时军事纪律，包括训练管理、作风养成等，如规定军队在行军和驻扎期间，禁止随意喧哗和说话，不遵守规定的士兵将受到严厉的处罚。在行军过程中，士兵必须按照规定的路线、队形和速度前进，不得擅自离队或掉队。对于出现逃兵的队伍，同队的士兵将受到牵连和惩罚。规定士兵在驻扎时必须按照规定的住宿方式进行安排，每队士兵必须同住一家或相邻的住所，以便互相照应和监督。规定在行军过程中，必须按照预定路线行进，不得擅自改变或绕路。强调武艺训练的目的是实战杀敌，而不是表演，训练过程中要严格按照实战要求实施，反对只图好看的虚假的花架子招式或动作。规定在训练中要加强号令训练，使士兵平时能够熟悉各种号令并准确执行。规定在军队中要实行公正的赏罚制度，严格执行军法规定，不偏袒任何人，对于有功的士兵要给予奖励和提拔，对于违反军纪的士兵要依法给予相应的惩处。

二、精要新解

（一）行军纪律：军中不许喧哗说话为第一要紧事

戚继光认为，在军队行动时最重要的一条纪律就是绝对不允许喧哗和随意说话。当军队需要行动、停止、前进或后退时，会有旗帜和金鼓作为信号来进行指挥。如果没有上级允许说话的指令而擅自开口，那么同队的人都要受到严厉的处罚，特别是在夜间，更要严格遵守这条禁令，以保证军事行动的隐蔽性。在行军时，在没有命令允许的情况下不得擅自变更前后队伍。如果擅自行动或休息，或者在路上擅自离队，那么相关的哨队长将会受到连带惩罚。戚继光对行军纪律的重视使他对细节格外关注，士兵如需上厕所，只允许同队的一名士兵在路边等待，如厕完毕后要催促其归队，两人不允许离开太远，最多不超过二里地。

行军纪律的另一个重要方面是防止士兵逃跑。戚继光使用连坐法来加强对士兵的约束，如果有士兵逃走，与他同队的士兵将会被捆绑起来受到连带惩罚，具体的处理方式是将同队的士兵分成两部分，一部分加以监禁，另一部分则被派去抓捕逃走的士兵。如果逃走的士兵没有被捕获，那么同队的士兵将被监禁一年，并扣除他们的工资和食物供应，同时招募新的士兵来填补空缺。

行军中途宿营时，为保证队伍时刻保持备战状态，戚继光规定在驻扎的地方每队十二名士兵必须住在同一家或相邻的住所，并时刻成建制地聚集在一起，相互监督不得私自离队，以避免引起事端。如果一家住不下，可以住在对门或隔壁，但绝对不允许分散居住。如果不按照成建制宿营的规定住宿，队长和士兵都将受到军法制裁。每哨兵士必须在同一条街道上，每个营必须在同一个区域，各营之间、各哨之间、各队之间不得混淆。

　　为了让士兵更容易理解行军宿营纪律的重要性，戚继光以居家防盗作比喻，来通俗地教育官兵。戚继光将军队设立的营盘比作官兵自家的墙垣和屋舍，如果居家不谨慎地关好门户，或者轻易允许别人在墙上攀爬，那将会造成家中被盗的后果。同样的道理，凡是进入或离开军队营盘的人，不论是什么官员或其他人等，都必须经过门口，并遵循号令才能进出，绝对不允许私自进出。在行军时，也绝不允许其他军队或闲人穿过己方的队伍或与本队混行。如果不严加关防，己方军队很容易被敌人偷袭或欺骗。营盘的管理是极其重要的军务，凡有怠慢放纵者将会受到军法的严惩。

　　除了行军和宿营，军队在移动时还会经常遇到在行进中传递军令的情况。戚继光设想，如果一支三千人的部队行军二三十里，恰好途中有要事需要传达，这时确保信息能够准确及时地传达便成为首要军务。戚继光为上述情况制定了以下规定：无论军队从何处出发，如果有需要传达的信息，必须简明扼要，不超过两三句话。信息可以向前传或向后传。从出发点开始，每个队长都要高声地接传信息，直到传达到目的地并被确认接收，然后再将信息送达的消息传回原来说话的人。如果在传递过程中出现了错误或遗漏，可以原路传回要求重新传达，并指出哪里不清楚。队长要一律继续接传下去，如果在中途不继续接传或出现了错误，那么误事之人将会受到军法的严厉惩罚；如果因此耽误了军机大事，那么将会受到军法的当众严惩。除了传递信息的士兵外，其他士兵都不得开口帮助传递信息或插话，如果有多言者，将会被割去耳朵。

（二）群众纪律：借宿百姓家中不得混乱行伍扰民滋事

戚家军之所以屡战屡胜，除了军事上的优势外，还有政治上的优势，这就是戚家军是一支纪律严明的部队，特别是拥有严明的群众纪律。正是因为戚家军只是拯救民众于水火，却从不骚扰民众一丝一毫，老百姓才真心实意地支持戚家军，为戚家军在战场得胜奠定了深厚基础。戚继光教导士兵们要杀敌立功、报效国家，而杀敌报国的一个很重要的目的就是使民众受惠、百姓安宁。戚继光教育所属人员，士兵是用来杀贼的，而贼人是要杀害百姓的，百姓们热切希望部队能够杀贼来保护他们。如果军队真的愿意杀贼，遵守军法，不去骚扰百姓，百姓怎么会不尊敬士兵、不拥护军队呢？然而问题是当军队到达一个地方，百姓们原本只是害怕贼人抢劫和掳掠，但军队也抢劫和掳掠；百姓们害怕贼人焚烧和破坏，但军队也毁坏民生；百姓们害怕被贼人杀害，却在与士兵的争执中遭到杀害。如果是这样的情况，那么百姓们见到军队就只会关门锁户、设法躲避。

戚继光以自己前一年在台州的经历论述了军民团结的重要性。因为当时属下的士兵们并非直接归属戚继光管理，导致军纪不严，使沿途的百姓受到了伤害，结果士兵找不到住宿的地方，也没有做饭的地方，还因百姓告状被抓，连累很多官哨队长因此死去。当戚继光带领自己直属的士兵再次出征时，因为军纪严明，军队住宿有固定的地点，火头兵会先确定休息的地方，然后大家依次入住。行军时也有明确的号令，扎营时会点步鼓，依次而行。军队经过地方的百姓听说后，便杀猪宰牛，备酒备米以迎接戚家军。戚继光的军队行经商店时，不仅不扰乱商家经营，还会为其提供保护，给他们带来生意。戚继光认为这才是士兵和百姓和谐相处应有的景象。即使在炎热的天气里行军千里，戚家军也没有因为触犯群众纪律而对下属士兵使用过五棍以上的惩罚，军纪严明的结果是士兵和百姓皆大欢喜，一方面士兵避免受罚，另一方面百姓安居乐业。

戚继光还举了古人在处理军民关系时严以治军的例子为下属官兵阐述军民一体，军法无情的道理。古时曾有士兵因为雨天在民间拿了一个斗笠来遮挡铠甲而触犯群众纪律，结果被斩首示众。私取一笠尚且如此，更何况砍伐百姓的树木，破坏他们的田地，烧毁他们的房屋，奸淫作盗，割取阵亡士兵的头颅，杀害被掳男子，玷污被掳的妇女，甚至滥杀无辜的平民来冒充军功这些天理不容、国法难逃的行为。一旦有犯，必定按照军法严惩不贷，直至抵命。戚继光的爱民思想后来对曾国藩的影响很大，后者在训练指挥湘军作战时曾编写了《爱民歌》："三军个个仔细听，行军先要爱百姓，贼匪害了百姓们，全靠官兵来救生。第一扎营不贪懒，莫走人家取门板，莫拆民家搬砖石，莫踹禾苗坏田产，莫打民间鸭和鸡，莫借民间锅和碗。第二行路要端详，夜夜总要支帐房，莫进城市进铺店，莫向乡间借村庄，无钱莫扯道边菜，无钱莫吃便宜茶，更有一句紧要书，切莫掳人当长夫。第三号令要声明，兵勇不许乱出营，走出营来就学坏，总是百姓来受害，或走大家讹钱文，或走小家调妇人。爱民之军处处喜，扰民之军处处嫌，军士与民如一家，千记不可欺负他。"可以看出，其中很多段落可从戚继光的军事思想中找到源头。

（三）思想动员：精习武艺并服从管理

戚继光的《谕兵篇》中保留了他在对所属官兵进行训话时的一些训词，从中可以看到戚继光重视从思想上教育和动员官兵，善于现身说法、以小喻大，用普通士兵能够听得懂的语言和易于接受的方式，将忠诚精武等思想传播给整支队伍。如在教导士兵精习武艺时，他对士兵们讲道："关于武艺，这并不是你为了应付官府的公事而学的，而是你作为一名士兵，为了自我防卫、建立功勋、杀敌救命而必须掌握的。这是与你生命息息相关的技能。如果你的武艺高强，能够杀死敌人，那么敌人怎么可能反过来杀你呢？但如果你武艺不如敌人，那么你很可能就会被敌人杀死。所以，如果不学习武艺，那就是一个不要命的傻瓜。更何况，你现在吃着官府的俸禄，还有赏赐，如果不遵守军法，还有刑罚等着你。这比那些自己掏腰包请教师学习武艺的人要便宜多少倍呢？回想过去，你不学武艺，器械保养得也不精良，不肯穿重甲，这都是因为你过去打仗时，没有严明的纪律和号令，没有实施军法，所以你才敢安心地在战场上逃跑，因为你知道你不会真刀真枪与敌人对战。但现在，连坐法已经制定，号令已经明确，无论前进还是后退，都有明确的规定和军法约束。你们现在已经没有逃避的可能，如果还不想学武艺，那不是与自己的性命过不去吗？不是傻瓜，又是什么？身上穿着甲胄，即使敌人戳砍我一次，也不能伤害到我。即使我的武艺不精，第二次我也能够反击到敌人身上。想想看，没有甲胄的人可能会死，好好思考这个问题吧。对于我们这支部队中的士兵，如果谁能奋发学习，武艺精湛，那么就会得到晋升，成为军官；而在军中懒惰，不学习武艺，对号令不熟悉的人，将会被淘汰。我们每个月都会进行一次考核，平时也鼓励官兵自我报告和检查，以便及时纠正问题。"

再如戚继光在教导士兵尊敬官长、服从命令时说道："士兵们，你们在家时，有父母养育，有师长教导，每个家庭有户长，每个里（古代基层行政单位）有里长和老人。你们好好想想，做百姓的哪个人没有这些？现在你们来当兵，甲长就是你们的户长，队长就是你们的里长，哨长就是你们的老人，哨官和把总就是你们的父母官。那些能教导你们号令和武艺的人，都是你们的师长。你们再仔细想想，世间有没有里长老人不管的百姓？那么就知道在军队中有没有队哨长不管的兵；世间有没有父母不管的人？那么就知道在军队中有没有哨官把总不管的兵；世间有没有不经过师长教导就天生会识字念书的人？那么就知道在军队中有没有不听从教官和将领命令进行训练的士兵。这些都是你们心中不可或缺的道理，我现在明白地告诉你们：如果你们违抗哨队长的命令，那与百姓违抗里老的法度是不同的；如果你们不听从教官和将领的命令去学习和训练武艺，那与儿童不听从师训以及平常百姓犯法也是不同的。捆打还算小事，严重的就会被斩首，到那时你们还能复生吗？这是我真诚的教诲，如果你们不听，军法无情，一定要慎重对待。"

从以上训话中不难看出，戚继光在对士兵进行思想教育时从不讲大道理，不讲空话套话，而是用极生动的语言讲清楚最简单的道理，通过近在身边的例子，使士兵们产生情感的代入和价值的认同，从而起到冰冷的军法所起不到的教化作用。在教育士兵要牢记职责、疆场报国时，戚继光对下属说道："你们当兵的时候，即使刮风下雨，也不能袖手旁观，无所事事，因为你们每天还是有三分银子的俸禄要领取。这些银子每一分每一毫都是官府从你们地方的百姓那里征收来的。你们在家时，哪个不是耕种的百姓？你们如果能想到在家种田时缴纳赋税的痛苦和艰难，就应该想到现在领取俸禄的容易，而且还不需要你们亲自耕种劳作。养兵千日，用兵一时，养了你们一年，就是希望你们在关键的几场战役中能取得胜利。如果你们不肯杀敌保障百姓的安全，那养你们还有什么用呢？即使军法有漏洞，上天也会假借他人之手来惩罚你们。"戚继光在这里使用的语言和阐释的道理简洁而明确，在这种直接而真切的思想教导下，士兵们更能够感同身受、振作精神气魄。

（四）赏罚准则：不论亲疏贵贱令出必行

戚继光在《谕兵篇》还阐明了在军中执行赏罚的两个准则：一是公正无私，二是令出必行。赏罚在军队中的作用极其重要，公正无私就是在军法面前赏罚没有私情，当涉及奖励时，即使是平时与主将有过节，甚至是冤家的人，只要他们立下了功劳，主将也要给予应有的奖赏；在困难时刻，主将必须给予他们支持和关照。然而如果违反了军令，那即便是主将的亲生儿女或子侄，也要依法进行处罚，绝不能因为私人恩怨而有所偏袒或干预。

戚继光之前，由于军队中管理混乱，士兵们对赏罚都感到麻木，不以为意。戚继光担任主将后明确地告诉大家，他说出的每一句话都是军令，即使偶尔有误，也决不会更改。军中人员必须严格遵守号令，听从金鼓旗帜的指挥，看到就要行动，听到就要执行，令到就要遵守，不能抱有侥幸心理，希望存在改变或宽容的余地。戚继光强调军中无戏言，军令如山是所有军人应当知道的常识。戚继光举了南宋名将岳飞的例子来说明这个问题。对手在评价岳家军时曾说："撼山易，撼岳家军难。"这句话背后的道理就是因为岳飞的军队严格遵守将令，因此沙场无敌、令人畏惧。军令严明，将领能成就伟业，士兵们也能获得战功，同时还能保全三军性命，这是一支军队最大的利益所在。戚继光相信行胜于言，判断官兵是否令行禁止、勇猛忠义，不能看平时表态，而要看战场表现，只有在生死考验面前听从指挥、齐心作战的人，才真正称得上戚家军的一员。

三、《谕兵篇》全文

凡军中要紧的第一件，只是不许喧哗说话。凡欲动止进退，自有旗帜金鼓。若无令许说话，但开口者，都要著实重处；夜间尤是切禁，千万千万。

凡兵逃走，同队之人各捆打，分一半监固，分一半保拿。如不获，各监一年，通扣工食，另募。

凡征住地方，每队十二人务在一家安歇，时刻不许相离，别生事端，互相觉察。若一家难容，即分对门或间壁，不许挽隔。如不随本队住者，队长与各兵以军法治之。一哨在一街，一营在一隅，各营不许相混，各哨不许相混，各队不许相混。及行营，挽越前后，非令先行先歇，途中下路，一体连坐哨队长。若解手，许同队一人立在道旁候，毕，催上，不许过二里。

凡立成营盘，即是人家墙垣屋舍一般，若人家不谨门户，及容人墙上扒走的事，有也没有？但向营出入者，不拘何官何人，定要由门，奉号令，方准放出照入，决容不得各处挽进挽出。如行路时，决不容别人兵马闲人穿路与同路混行。倘是贼般的，却不被诈劫了？营盘此一节，又至紧至紧，临贼而故纵者，军法示众。

凡行营，三千人单行二三十里，有事如何传得到？今定约令：凡兵行，不拘从何处起，若有话该报来，务要简明，不过二三句，或往前传，或往后传。自起处，俱队长高声接传，挨传到止处明白，仍传称知道了，再传回原说之人回复。若传到半中途差错，许又传回，云才传的不明白，只传到原传话人再传明白。队长一例接传前去，若传至中途间，而不接传又差错者，挨出军法重治；因而误军机者，军法示众。余兵并不许开口接助传话，多言者割耳。

凡赏罚，军中要柄，若该赏处，就是平时要害我的冤家，有功也是赏，有患难也是扶持看顾；若犯军令，就是我的亲子侄，也要依法施行，决不干预恩仇。

凡武艺，不是答应官府的公事，是你来当兵，防身立功，杀贼救命，本身上贴骨的勾当尔。武艺高，决杀了贼，贼如何又会杀你？你武艺不如他，也决杀了你。若不学武艺，是不要性命的呆子。况吃著官银两，又有赏赐，又有刑罚，比那费了家私、请著教师学武艺的便宜多少？想你往日不学武艺，器械不整的精利，不肯著重甲，只是因自来临阵，原无纪律号令，不曾分别当先退后者施行军法，方才安心临阵要走，料定不用枪刀对手之故。今番连坐法已定，号令已明，进前退后都有个法子连坐管定，军法决照条内施行，你们既无躲身之法，不想学武艺，不是与性命有仇的人，不是呆子，是何物？身上有甲，就使他戳砍我一下，不能伤我，就手段不济，第二下我也杀到他身上了，敢是无甲的会死，思之思之！

一编过火兵，有能奋学、武艺精熟者，则升为兵将；兵内懒惰、不习武艺、号令生疏者，改之。每月一考，平时听各火兵自首，即与验更。

凡你们本为立功名报效而集，兵是杀贼的东西，贼是杀百姓的东西，百姓们岂不是要你们的杀贼？设使你们果肯杀贼，守军法，不扰害他，如何不奉承你们？只是你们到个地方，百姓不过怕贼抢掳，你们也曾抢掳；百姓怕贼焚毁，你们也曾折毁；百姓怕贼杀；你们若争起也曾杀他，他这百姓如何不避，如何不关门锁户？且如去年，我往台州，因是众人家兵难制，沿路百姓固也受害，兵们宿无处，炊无处，又被百姓告来拿著的，挨累官、哨、队长，打死了多少。如今年，我自己的兵，宿有程头，火兵先定歇处，挨次而入，起行依号，扎营点步鼓，挨次而行，经过百姓们闻说到，杀猪牛，贩酒米等待；是个店上，也要留住一日，他有生意，这方是兵民相体的光景。暑行千里，我不曾打一个兵五棍，可不也省了多少打杀？两家都有便宜，却不是好也。

凡古人驭军，曾有兵因天雨取民间一笠以遮铠者，亦斩首示众。况砍伐人树株，作践人田产，烧毁人房屋，奸淫作盗，割取亡兵的死头，杀被掳的男子，污被掳的妇人，甚至妄杀平民假充贼级，天理不容，王法不宥者，有犯，决以军法从事抵命。

凡军中，惟有号令，一向都被混帐惯了，是以赏也不感，罚也不畏。我今在军中，再无一句虚言与你说，凡出口就是军令，就说的差了，宁任差误底，决不改还。你们但遇号令金鼓旗幡是听、是看、是怕，不可还指望不便处，又告有改移，或望宽饶。将无还令，此在口之常谈，你们岂不知？宋时北兵称岳爷军曰：撼山容易，撼他一个军难。只是个畏将法、守号令之验，如此则将也成名，你们也得成功，又保全了性命，多少好处。今后不知学好的，若再平时用好言好语，个个说是勇猛忠义，你就说得活现，决不信你，只是临阵做出来，便见高低。改图改图。

凡冒名顶替入操者，正替身俱以军法捆打，所雇之人即充兵收操，工食即将原雇之人分支一半。

凡兵在家，生有父母，教有师长，户有户长，里有里长、老人，你们思量，那个做百姓的少得这内一件？你今既来当兵，甲长就是你的户长，队长就是你的里长，哨长就是你的老人，哨官把总就是你的父母官，但能教道你们的号令武艺者，都是你的师长。你再思量，世间有无里长老人管的百姓无有，就知在军中有无队哨长管的兵无有；世间有无父母生的人无有，就知在军中有无哨官把总管的兵无有；世间有无师长教训天生会识字念文的人无有，就知在军中有无不听教师将令训练的兵士无有。这都是就你心上少不得的去处晓谕，你若抗违哨队长，比做百姓抗违里老的法度不同；不听教师将令习武操练，比做童蒙时不听师训的法度、与平日牧民的法度不同，捆打尚是小事，重便割去头，再可复生否？此谆谆真正化诲，你若不听，军法无情，慎之慎之！

凡你们当兵之日，虽刮风下雨，袖手高坐，也少不得你一日三分。这银分毫都是官府征派你地方百姓办纳来的，你在家那个不是耕种的百姓，你肯思量在家种田时办纳的苦楚艰难，即当思量今日食银容易，又不用你耕种担作；养了一年，不过望你一二阵杀胜，你不肯杀贼保障他，养你何用？就是军法漏网，天也假手于人杀你。

卷之五

《法禁篇》
逻辑脉络及经典思想

一、篇题解析

《法禁篇》全称《教官兵法令禁约篇》，是《纪效新书》的第五卷，位列《谕兵篇》之后。此篇与前篇互为表里，如果说前一篇的重点是谕兵，也就是向士兵训示号令和军纪，那么这一篇的重点则是对军官进行军令和军纪的教导。《法禁篇》主要从军政的日常管理、军令的上下传递和军中的等级礼仪等三个方面，论述了军官应当在治军过程中加以特别注意的事项。当然，此篇并非全为军官而作，有很多内容是士兵也应当知悉和遵从的。但戚继光认为士兵大多相对愚钝，如果号令太过繁密则无法全面掌握理解，导致难以适从的后果，因此与其向士兵传授太多法令，不如以实际训练使其"无令而胆壮"，在战场上只要听从军官指挥即可。戚继光的上述思想不可避免地带有历史和认识的局限性，但将军官的号令意识和纪律素养专辟一章进行论述，则有益于突出管理者在团队建设中的重要作用。事实上，戚继光和孙子一样，十分重视将领的选拔和锻造。孙子论将，将之置于庙算决胜五要素"道、天、地、将、法"之一，并提出了"智、信、仁、勇、严"的为将标准。戚继光则继孙子这一思想而发扬之，将练将思想发展得更为明白和具体。在《孙子》十三篇中，几乎每一篇都有对将领素养的讨论；而戚继光的《纪效新书》则专辟《法禁篇》详论为将禁约，二位军事思想家可谓穿越千载，心意相通。

二、精要新解

（一）训练管理重在日常：形成合力才有战斗力

戚继光认为，官兵的关系维系，军中的训练管理等事务和工作，要注重日常、久久为功。戚继光总结了行之有效的一套方法，用以对军队的团结、员额、补给、操课、器械等进行常态化监管。在内部关系方面，他规定如果将领、官哨队长之间不相互协作，存在倾轧、嫉妒之心，散播谣言蛊惑人心，或者擅自传达军令导致误事，那么将被处以斩首的惩罚。在考勤方面，规定一旦各个军营的分配确定，就首先要按照腰牌的格式统一制作人员档案，并制作两本花名册，由主将加盖官印后，一本交给把总，另一本则留在将府。如果有士兵因故逃离或死亡导致队伍空缺，需要及时补充士兵。每月中旬，队长要按照规定的格式填写新补充的士兵名单，并呈交给哨官，哨官再呈交给总官，总官再上报给主将。主将核实并更改花名册，发放新的腰牌给士兵，然后经过总官、队长，最后交给队伍进行日常操练。一旦遇到士兵逃离或死亡的情况，同伍的士兵应立即报告给队长，队长再报告给哨长，哨长再报告给哨官，哨官再报告给把总。然后在当天开具报告并呈交上级。如果士兵生病了，当天同伍的士兵应立即报告给队长。队长要亲自查看病情的轻重，然后报告给哨官，哨官再报告给总官，总官接着立即报告给主将，获得批准后进行医疗救治。如果是在外执行驻守任务，主将应亲自前往慰问。在补给方面，规定日常生活中每名士兵每天应分发两升米，其中一升炒黄后包裹起来，另一升则研磨成细末并另外包装；还应分给两升麦面，一升用香油做成煤状；另一升蒸熟，其中六分之一麦面用好的烧酒浸泡，晒干后再浸泡，直到不再吸收为止，然后研磨成面粉并另外包装；其余四分之一麦面用盐醋浸泡并晒干研磨成末，再另外包装。在行军过程中，除非被敌人紧紧围困，否则不允许动用这些储备。如果出兵时忘记携带干粮，将视作丢失兵器并军法处理。

在操课方面，规定士兵如果在放静炮之后方进入训练场，将被视为迟到并追究责任。在军门封锁后，如果闲人随意出入或游兵擅自闯入军营，将视为巡视官的失职。每天进行操练时，等到扎营完毕后，各级军官应下到各自的区域，要求各自队伍的士兵填写出勤单。人员已经到达的只记录总数，人员未到达或有差错的都要记录具体人名。这些名单由把总官汇总并粘贴，等到扎营结束后，再呈送总部。如果主将没有进入训练场，操练结束后，各级军官应带着各自的名单回到总部，并在当天呈交。在器械方面，规定如果军队的器械不鲜明，责任主要在哨长；如果号令传达不明确，责任主要在把总；如果武艺不精熟，责任主要在哨官。如果发生逃兵、奸细、盗窃等事情而未能及时举报，责任主要在队长和同队的士兵。在追究责任时，无论是平时还是战时，只要存在违反命令、延误战机、畏缩不前、器械钝化等情况，都会按照连坐制度进行处罚。如果一甲中有三人以上违反规定，甲长将受到连坐处罚；如果一队中有一甲以上违反规定，队长将受到连坐处罚；如果一哨中有一队以上违反规定，哨长将受到连坐处罚；如果情况更为严重，超过五分之一的人违反规定，领兵官和哨官也将受到连坐处罚。

（二）号令传递重在简明

戚继光在长期的军事实践中总结出军中命令传达的要义，即务必要简洁明白。每当有号令需要传达时，巡视官传达给领兵官，领兵官再传给哨长，哨长传给队长，队长传给甲长，甲长最后传给每个士兵，层层传递，井然有序。如果有得到命令但不传达，或者传达了却执行不力的，在平时操练时导致军令延误者责打四十棍；在临阵征战时，则按照军法严肃处理。在军队中，主将只有一人，而其麾下官兵动辄成百上千，以一人之力，在没有发达的通信手段的冷兵器时代，将命令传递给千军万马，这属实是一项极大的挑战。戚继光在实战中找到了回应这个问题的答案：当主将有事情需要传达时，会先告诉把总和哨官，由他们一一将命令传达给哨队长，哨队长再一一传达给士兵。如果主将在传达命令时，有人因为一时记不全而忘记，他们可以复询，主将会再次说明并让他们去传达。主将会在队伍中随机抽取几名士兵来询问命令内容，以防止传达命令时表述不明确，或者忘记了而不复询的情况发生。如果士兵回答不出命令内容，主将会责问队长；如果队长也不知道，接着责问哨长，以此类推，直到追查到把总。如果发现各级在传达命令时都不明确，将对相关人员进行严厉的军法处罚。

（三）军中礼仪：兼顾情理以法为先

戚继光十分重视军队的礼仪，因为这不仅关系到内部关系的维系，更关乎军人服从意识和号令意识的养成。值得一提的是，戚继光在制定和执行军礼时是情理并重的，既重视军中礼法在融洽内部关系过程中的情感提升作用，也从未忽视军中礼法在规范上下级职别时的法定严肃性。在生活场合，如平时没有警报的情况下和长期驻扎的地方，哨官及以上级别的官员可以佩戴冠带，哨长和义士可以穿着青色的衣服，队长可以穿着青色布衫并系上绦带。在礼仪方面，把总对待哨官，哨官对待哨队长，哨队长对待士兵，可以按照地方的风俗习惯相互尊重，但是把总坐着时哨队长和士兵必须侧身侍立，不允许与上级平起平坐，即使是最基层的队长与士兵也是如此。

在军事场合，如在进行操练或出征在外时，以及掌管号令者发放命令时，把总官身着华丽的戎装，哨队长则穿着小袖，依据军队的规定颜色穿着戎衣并持旗，全体人员都要以正规的军容出现。在发放物品或命令时，哨官如果有需要禀报的事情，必须跪着听取把总的指示；哨长跪着听取哨官的指示；队长跪着听取哨长的命令并向下传达；士兵跪着听取队长的命令并向下传达。哨长以下的人员在把总面前要低头俯伏，队长以下的人员见到哨官也要如此。

在公共场所，哨官见到把总，需要行一跪一揖的礼节；哨长见到把总，需要行两跪一揖的礼节；队长则不允许作揖。哨长见到哨官要行一跪一揖的礼节，队长同样不允许作揖；队长见到哨长要作揖并侍立一旁。戚继光认为"军中立草为标"，治军必重朝廷正式名分，各级军官既然知道自己下属的抗拒会导致无法执行任务，就应该知道自己不能效仿这种做法去抗拒上级。绝对不能倚仗乡里的故交关系而无视军中礼法，军事是国家的重要事务，情感不能掩盖法律。如果有人因为亲友关系而纵容僚属故意违抗命令，纵容者和违抗者都将受到军法的严惩。

三、《法禁篇》全文

凡将领、官、哨、队长，不相和协，倾陷妒忌，煽惑妖言，妄传军令，因而误事者，斩。

凡各营分派已定，先照各腰牌格式共为一函，造书册二部，俱送本部印钤，一本发把总，一收本府。

凡有逃故缺伍，该召补兵勇，每月半，队长如式开新补手本呈哨官，哨官呈总，总呈府，验中改簿，给腰牌，发总，总改发队常操。

凡遇有逃故，本伍即刻报队长，队长报哨长，哨长报哨官，哨官报把总，即于本日开手本呈递。

凡各兵遇有疾病，本日同伙即报本队长，队长亲看缓急，报赴哨官，哨官报赴本总，本总即日报本府，以凭批医疗视。遇在客戍，本府亲诣抚视。

一常日，每一名各将米二升，炒黄包裹，一升研为细末，一升另包；麦面二升，一升用香油作煤，一升蒸熟，六合用好烧酒浸，晒干，再浸，以不入为度，研为面，另包；四合用盐醋晒浸，以不入为度，晒研为末，另包。行军之际，非被贼围困至紧，不许用。出兵随行，忘带者如失军器同。

凡各兵进教场，过放静炮后到者，俱开不到究治。各门封锁后，闲人出入及纵游兵闯营，皆巡视旗之罪。

凡每日进操，候下营毕，各官下地方，即将所部兵士，省令各队填到单，已到止开总数，未到及有差俱开花名，把总官类粘，候下营毕，赴台呈递。如主将不进教场，操毕，各官赍赴回操，即日呈递。

凡器械不鲜明，专罪哨长；号令不明，专罪把总；武艺不精习，专罪哨官。逃去、奸盗等事，不诘首，专罪队长与同队甲兵。

凡责成之例，不拘平时、临阵，凡违误迟玩、畏避退缩、器钝事犯等项，每甲三人以上，连坐甲长；每队一甲以上，连坐队长；每哨一队以上，连坐哨长；五分以上，连坐领兵官哨官。

凡遇传示号令，巡视旗止传各领兵官，领兵官传与哨长，哨长传队长，队长传甲长，甲长传各兵。若有得令不传，传到不遵者，常操，迟误打四十棍；临征，军法施行。

我一人，你们三四千，一句说话如何传得遍？知我有事要分付，只是传与把总哨官，把总哨官须要一一传说与哨队长，哨队长须要一一传说与兵勇。若是分付去，一时记不全了，还许来问我，我再说去分付他。若传说不明，或忘了不来再问，听我倏于队内抽取数兵来问；若问称不知，挨查队长；队长不知，挨查哨长，以次挨到把总，各传不明，军法重治。

凡平时无警，在久住地方，哨官以上许冠带，哨长义士许青衣，队长许青布衫系绦。其礼仪，把总之待哨官，哨官之待哨队长，哨队长之待兵，许以乡情从便相待，但坐须要侧侍，不许齐肩平列，虽下至队长与兵亦然。

凡进操及征调在外，与凡掌号笛发放，把总官即戎装锦绣，哨队长各小袖，依方色戎衣执旗，俱以军容承接。发放之际，哨官凡有禀白，跪听把总授成；哨长跪听哨官授成；队长跪听哨长传令发放；小兵跪听队长传令发放。哨长以下是把总门头俯伏，队长以下见哨官亦如之。

凡公所，哨官见把总，一跪一揖；哨长见把总，两跪一揖；队长不许作揖。哨长见哨官一跪一揖，队长亦不许作揖；队长见哨长作揖侍立。俗谚有军中立草为标，况朝廷堂堂名分？凡有属下者，既知恶属下抗违不能行事，即知己身不可又效属下之人复抗在上头目，决恃不得乡曲故交，军机乃国家重务，情难掩法。敢有亲识相容、故违明抗，容者、犯者通以军法重治。

卷之六

《比较篇》
逻辑脉络及经典思想

一、篇题解析

《比较武艺赏罚篇》是该书的第六卷，主要探讨了军队中武艺的比较和赏罚的标准，旨在通过公正的比较和严明的赏罚，提升军队的战斗力。戚继光认为在"号令既明，刑赏已悉"，也就是此前五篇所论述的与军队兵员征集、指挥训练、行军宿营、日常管理等相关的法令禁约已经开具完毕后，接下来要教导官兵的便是具体的"坐作进退"等营阵操练之道和"攻杀击刺"等作战技能方法。在进行这些实操型的军事训练时，一个很重要的环节就是加入对抗性要素，在两相比较中定出成败优劣。比较即比试较量，或说是比武较量，要遵循客观的规律，对军队而言，就是要遵循战争的规律。文无第一，武无第二，战场上的胜负事关国家兴亡和将士死生，因而训练中的比较必要科学严实，容不得半点花法和虚功。只有懂得比较之道的人，才能委以比较之责，否则军队在实战中便要付出鲜血和生命的代价。在《比较篇》中，戚继光所论述的主要内容可归纳为三个结合，即人与武器的结合，生活与战斗的结合，考核与评价的结合。在三个结合的论述中，戚继光相应地提出了三个标准，即武器标准、训练标准和考评标准。无论是三个结合还是三个标准，其最终旨归可总结为一句话：去花法而用实招。在比较武艺时，务必要按照实际战斗中的要求来评判，确保所展示的技艺是直接可以用于实战对抗的，而不是那些仅仅是为了在人前显得好看、空有其表、只注重观赏性而毫无实际战斗效果的"花枪"等技法。

二、精要新解

（一）武器装备的标准化：学习战斗技能最忌花架虚功

戚继光注重人与武器的结合，其中人的关键是要去虚招用实招，而武器的关键在于符合制作和配备的标准，以利于实战。戚继光在自己的军事实践中形成了一套适用于戚家军对敌作战的武器装备标准：

长枪枪头要轻便且锋利，重量不超过两斤；枪杆要梢部轻盈，腰部坚硬，根部粗壮。

狼筅顶部要有锋利的刀刃，长一尺；四周的竹枝需要选择坚硬且粗壮的。

钯叉棍每根要长一丈二尺。因为短兵器在实战中需要当作长兵器来使用，这样才可能对抗长枪，所以每人需要配备一把。

弓箭手的弓要适合自己的力量，箭要有铁质的箭头，每人至少要有三十支箭，同时每人还需配备一把长大的腰刀和一把解首（短刀或匕首）。

弩弓要力量大且坚固，每架弩要配有一瓶毒药和一百支铁箭，每个弩手还需配备一把腰刀和一把解首。

盾牌要高大且宽阔，以便遮蔽后面持枪的人，每个牌手还需配备一把锋利的长腰刀。

藤牌（一种用藤条编织的盾牌）要坚固、大且轻便，能够遮挡住全身。每个藤牌手要配备一把长刀和三支标枪。如果没有标枪，则藤牌手形同虚设，因为只有长短兵器配合才可以形成优势，当敌人急于进攻时，可以使用标枪投向他们，一旦敌人分心，藤牌手就可以趁机快速切入。

火器要配套，火器手的装药竹筒、火绳、药线、匙锤、油单、火药等物品，一旦有装备不全或入场时忘记携带者，或出现火药不干燥等不合规定的情况，队长将同火器手一同受罚，直接违规的士兵则会受到更严厉的处罚。

士兵随身携带的各种军火器械，一旦损坏应立即修复。如果个人无法修复，应立即向各级指挥官报告并申请更换或修理，把总则需要在平时对武器装备进行定期的检查。

（二）体能训练实战化：人之血气用则坚，怠惰则脆

戚继光提出了一系列实战化的体能训练方法，他认为普通人的身体和精神状态，如果经常使用就会变得坚韧，如果懈怠懒惰就会变得脆弱。就像通过让身体经受饥饿可以锻炼筋骨一样，君主和将领应经常参加体能训练，一线士兵更应刻苦训练体能。关于训练手部力量的方法，他认为士兵在平时训练中使用的武器，其重量和尺寸应该比真正交战时所用的武器更重。如果平时就能熟练使用较重的武器，那么到了战场上使用轻武器时自然会显得手快而灵活，不会被武器本身所限制。关于训练脚部力量的方法，他认为士兵们在日常训练中需要学习快速奔跑，做到能够一口气跑出一里的距离而不感到气喘吁吁。训练时可借鉴古法，在鞋子里装上沙子来增加重量，然后逐渐增加沙子的量，等到真正上战场时去掉沙子，自然会觉得轻松自如。关于训练身体力量的方法，他认为士兵在平时的战斗中，必须穿上厚重的铠甲，并携带重物进行训练。虽然这样做开始时可能会觉得困难，但通过这种方式训练后，到了真正的战场上，士兵们会感觉身体轻盈，进退自如。在体能过关的基础上，训练中还应当督促士兵保持好军威、管理好物资。在战场上，士兵们的呐喊声可以增强军队的士气。如果有人的呐喊声与其他人不协调，指挥官应立即发现并纠正，甚至可以根据军法对其进行处罚；对于各种物资和器械，都应该在上面刻上所属部队和个人的名字，并涂上油以便识别和检查，这样做可以方便查找和防止物资丢失。

（三）考核标准的精细化：训练标准应当高于实战标准

如果说人与武器的结合、战斗与生活的结合为比武较量创造了客观条件，那么如何制定考核标准，便成为决定比较质量的能动因素之一。戚继光以战场上与敌军真实交锋的经验为依据，制定了科学的教材标准，这种科学性的重要体现便是标准的精细化。比弩（射箭）时，以六十步为距离标准，靶子高五尺，宽一尺五寸。如果能在三次射击中射中两个目标，就算作是善于射箭。比枪时，首先单独测试士兵的枪法、手法、步法、身法以及进退的技巧；然后进行两人对练，模拟真实交锋；接下来，在二十步内设立一个靶子，靶子高五尺，宽八寸，靶子上分为目（眼睛）、喉、心、腰、足五个孔，每个孔内放一个一寸大小的木球。每个士兵在二十步外听鼓声，持枪作势，飞身向前戳击，如果能在每个孔内都成功将木球悬挂在枪尖上，就算完成。试射箭时，以官尺八十步为距离标准，靶子高六尺，宽二尺。如果能在三次射击中射中两个目标，就算作是技艺纯熟。试狼筅时，首先让士兵自由使用，观察其身手和步法的配合；然后再用长枪进行对抗练习。如果士兵在长枪的哄诱下也不动摇，并且能够遮挡住对方的攻击，就算作是技艺纯熟。试钯钯时，首先让士兵自由使用，观察其身手、步法的配合；然后让士兵与持长枪和短刀的对手进行对抗，如果士兵能够成功架隔对方的攻击，并保护狼筅出入杀敌，就算作是技艺纯熟。试刀时，以真正精通刀法、能够冲破钯钯和狼筅的遮挡，使对方无法防守为技艺纯熟。试盾牌时，让士兵组成鸳鸯阵，一名士兵持盾牌站在左侧，一名士兵持狼筅站在右侧，都隐藏在盾牌后面。当听到锣声时，士兵们按照鼓点前进，模拟与敌人的战斗。根据敌人的攻击方向和方式，士兵们需要配合协作，用盾牌、狼筅和长枪等武器进行防御和反击。试藤牌时，首先让士兵自由舞动藤牌，测试其遮蔽和活动的能力。士兵需要能够完全藏身在藤牌后面，同时保持对外部的视线，并能够灵活地移动。接着，用长枪与士兵进行对抗练习，如果士兵能够巧妙地利用藤牌进行防御，并在合适的时候抽出刀进行反击，就算作是技艺高超。试标枪时，在三十步内设立三个目标（如银钱等），如果士兵能够命中目标并且射击精准（不论击中目标的上部、中部还是下部），就算作是技艺纯熟。试火器（如火枪等）时，在八十步外设立一个高五尺、宽二尺的木牌作为目标。如果士兵能够三次发射中至少一次，或者十次发射中至少七次，就算作是技艺高超。试火箭时，也在八十步外设立目标。如果火箭能够准确地击中目标（如铳把等），并且飞行轨迹平稳，就算作是技艺高超。如果火箭偏离目标或飞行不稳，但原因是制作不当而不是操作不当，则可以免予追究士兵的责任；但如果是因为操作不当导致的，则需要追究士兵的责任。试千里雷的点放时需要准确无误，无论是紧急还是缓慢的情况下都能正确操作，就算作是技艺纯熟。在特殊情况下需要临时派遣使用千里雷时，则不计算在上述标准之内。如果士兵忘记携带与火器配套使用的物品或损坏了火药等关键物品，将会受到严厉的处罚。试旗法，士兵需要根据鼓声的快慢来调整旗帜的挥舞速度。在磨旗（一种特定的旗帜挥舞动作）时，需要两手托开旗帜并双手配合握紧旗杆，高举旗帜并俯身、转腰、绕头一周后再将旗帜竖起。试打鼓时，需要使用两根木槌。开始时动作要稍微慢一些，但向下敲击时要迅速有力。两只手要将木槌高高举起，超过额头，然后用力敲击鼓面，让鼓声听起来既响亮又深沉，这样的击鼓方式才算是合格的。

（四）成绩评定的阶梯化：以比试较量成绩为依据

在完成了对人与武器相结合、生活与战斗相结合相关内容的论述后，戚继光对出操训练后比武较量的整体流程进行了总体解说，并对考核后的成绩评定进行了规范。完成出操训练后，各个兵种的士兵坐下来休息片刻，主将也暂时退下休息，恢复精神。随后，主将回到指挥位置，吹响孛罗，士兵们起身，开始各自的日常较量。这时，中军官竖起一面蓝色的旗帜，并在旗帜中间做出标记。各营的狼筅手听到鼓声后，会从各自的岗位集中到中军的两边。当鸣金声响起鼓声停止时，按照规范的花名册进行点名和检查，然后按照之前规定的方法比武较量。完成比较和赏罚后，蓝色旗帜会放下，士兵们会按照原路返回各自的队伍，听到锣声后坐下休息。选择蓝色旗帜是因为狼筅的主要材料是竹子，属于木，所以用蓝色旗帜来对应。

接着会举起黄色的圆形旗帜，长牌和藤牌手会按照狼筅手的号令，集中到指挥台下，进行比较和赏罚，方法和之前相同。选择黄色旗帜是因为盾牌主要是用来防御的，又含中军驾御之意，而圆形则是为了象形。

随后会举起白色的旗帜，各营的长枪手也会按照狼筅手的号令，集中到指挥台下进行比较和赏罚，方法与之前相同。选择白色旗帜是因为长枪的锋利在于它的刀刃，刀刃属于金属，所以用白色旗帜来对应。

然后会举起黑色的旗帜，各营的各色叉钯短兵也会按照狼筅手的号令，集中到指挥台下进行比较和赏罚。选择黑色旗帜是因为短兵的攻势迅猛且短促，就像水流的冲击一样，所以用黑色旗帜来对应。

最后会举起红色的旗帜，这时各营的鸟铳、火箭和弩手会到指挥台下进行比较。完成后，旗帜会放下，士兵们回到各自的队伍。选择红色旗帜是因为这些神器属于火，而弓矢都是用于前线的武器，所以用红色旗帜来对应。

在比较武艺时，初次测试会被定为上、中、下三个等级。如果再次比较，仍然保持原等级，则不予赏罚；如果提升一个等级，赏银一分；提升两个等级，赏银二分；如果超越三个等级，赏银五分。如果连续一次保持原等级，可以免责；连续两次保持原等级，会被打五棍；连续三次保持原等级，会被打十棍；五次以上保持原等级没有进步的，会被打四十棍并革退。如果不愿意接受棍罚，则每次会被扣除一分赏银，第二次扣二分，第三次扣三分，这些扣除的赏银会用来奖赏武艺有进步的人。

对于鸟铳手的赏罚，如果三发中一发，则算及格；中两发，赏银一分；中三发，则额外赏银五分。如果一次都不中，会被打三棍；两次不中，打六棍；三次不中，打九棍；五次不中，会被打四十棍并革退。如果不愿意接受棍罚，则每次会被罚款五厘银，第二次罚一分，第三次罚一分半。对于弓弩手的赏罚规定与鸟铳手相同。

三、《比较篇》全文

凡比较武艺，务要俱照示学习实敌本事，直可对搏打者，不许仍学习花枪等法，徒支虚架，以图人前美观。各总哨队伍官长，俱以分数施行赏罚，一分以上责成各伍长，二分以上责成各教师队长，三分以上责成哨官，四分以上责成把总。

凡长枪，锋要轻利，重不过两；杆要梢轻，腰硬根粗。

凡狼筅，各要利刃在顶，长一尺；四面竹枝须坚直粗大者。

凡杞、权、棍，俱要长一丈二尺。盖短兵须长用，庶可入长枪，每人解首一把。

凡弓箭手，弓要副各力，箭要铁镞，务三十枝，仍各长大腰刀一把、解首一把。

凡弩弓，要力大新坚，每弩毒药一瓶，铁箭一百枝，每人腰刀一把、解首一把。

凡立牌，要高阔，过得后面持枪之人。每人利长腰刀一把。

凡藤牌，要坚大轻，遮一身。每人长刀一把，弃枪三枝。藤牌无弃枪，如无牌同。盖长短势绝，急不能入，须用弃枪诱之，使彼一顾，则藤牌乘隙径入矣。以上各条，违犯，照前分数，军令连坐。

凡火器，装药竹筒、火绳药线、匙锤油单、火药一有不全，入场忘记悬带随身，及药不干燥，各不如法，队长同罚，本犯加治。

凡兵随带百样军火器械，随坏随治。如力不能私制者，即明禀各总处呈置给用，把总官每平时调查。

凡人之血气，用则坚，怠惰则脆。劳其筋骨，饿其体肤，君相亦然，况于兵乎？但不宜过于太苦，是谓练兵之力。

凡兵平时所用器械，轻重分两当重交锋所用之器，重者既熟，则临阵用轻者自然手捷，不为器所欺矣。是谓练手之力。

凡平时，各兵须学趋跑，一气跑得一里，不气喘才好。如古人足囊以沙，渐渐加之，临敌去沙，自然轻便。是练足之力。

凡平时习战，人必重甲，荷以重物，勉强加之，庶临战身轻，进退自速。是谓练身之力。

凡呐喊所以壮军威，有不齐者，巡视旗拿来，治以军法。

凡什物器械，刻名队装油在上，以便查考及疏失。

比弩，以六十步为式，把高五尺，阔一尺五寸，三箭中二枝为善射。

比枪，先单枪试其手法、步法、身法、进退之法；复二枪对试，真正交锋；复以二十步内立木把一面，高五尺，阔八寸，上分目、喉、心、腰、足五孔，各安一寸木球在内，每一人执枪二十步外，听擂鼓，擎枪作势，飞身向前戳去，孔内圆木悬于枪尖上，如此遍五孔，止。

试射，官尺八十步为式，把高六尺，阔二尺，每三矢中二矢为熟。

试狼筅，先令自使，看其身手、步法，次用枪对较。凡长枪哄诱不动，又能遮隔不入，为熟。

试钯，先令自使，看其身手步法合一，复单人以长枪短刀对较，能架隔长枪刀棍，翼狼筅出入杀人为熟。

试刀，以能冲入钯，狼筅不及遮隔为熟。刀法甚多，传其妙者绝寡，尚俟豪杰续之。

试挨牌，每一人执牌面左，一人执狼筅面右，俱牌后遮严，分面立定。枪等杂艺，俱照鸳鸯阵立定。前设长枪一人为敌。俱锣响坐定，听吹字罗起身，点鼓两处俱进，擂鼓吹天鹅声喇叭呐喊一声，敌兵执长枪，以枪高处戳入，牌身高起，阁枪头上过，阵内长枪伸出杀敌，急复原伍次；敌兵长枪戳脚下，牌兵用牌坐落，阵内长枪出杀敌，急复原伍次；敌兵长枪由左戳进，期伤牌兵之臀，左面狼筅拿枪长枪出杀，左面短兵即随枪以出，防长枪进老，故短以救之，急收原伍次；敌枪戳右，欲伤右边，后二个枪手牌兵即以右手所持腰刀砍其枪，右面长枪出杀，短兵随出，同左边之例云。如贼亦有数人前来，则长牌当中只顾低头执牌前进；左筅防左，右筅防右；左枪随左筅出杀，右枪随右筅出杀；左短兵防左枪进的老了救援，右短兵防右枪进的老了救援；藤牌乘二筅之势，于筅中滚出，以杀为务。鸣金急复原伍。进止、阖辟、左右、前后，恁是如何厮杀，定不可乱了原伍。

试藤牌，先令自舞，试其遮蔽活动之法。务要藏身不见，及虽藏闭，而目犹向外视敌，又能管脚下为妙。次以长枪对较，令牌持标一枝，近敌打去，乘彼顾摇，便抽刀杀进，使人不及反手为精。

试标枪，立银钱三个于三十步内，命中或上或中或下不差为熟。

试火器，以八十步立五尺高、二尺阔木牌，三发一中，十发七中为精。

试火箭，以八十步，亦用铳把平去中式为精；歪斜不中，果系作不如法，免究其兵；制作既精，放不如法，究兵。

千里雷点放，缓急不误，为熟。临时奇遣，不载数内。失忘随炮应用之物及损坏信药等项，俱重治。

旗法，随鼓紧慢行，如磨旗之时，两手托开，阴阳拿住，高举，伏身、转腰、绕头过一遭，方才竖起。

试打鼓之势，用以木槌二根，起迟下速，两手高举过额，而着鼓沉重为可。

在场比较法

凡操毕，各兵坐息稍久，主将亦暂退休养精神，即升堂吹
字罗，各起身，从便习学，听中军官竖起蓝旗一面，当中点之，
各营狼筅手俱听鼓，由发放路集中军两边，金鸣鼓止，用后式
装成文册点名，比较如前条法。比较赏罚毕，仆蓝旗，各照原
路回伍，听鸣锣坐息。盖狼筅之功在竹，属木，故举蓝旗以应
之。次举黄圆旗，长牌藤牌手一照狼筅手点鼓通集台下，比较
如前条约；赏罚毕，仆旗，各回原伍。盖牌主御，故举黄旗以
应之，而圆则象形也。次举白旗，各营长枪手一照狼筅手号令，
赴台下，照前条约比较赏罚毕，仆旗，各回原伍。盖长枪之利
在刃，刃属金，故举白旗以应之。次举黑旗，各营各色叉钯短
兵一照狼筅手号令集台下，各照前条约比较赏罚毕，仆旗，各
回原伍。盖短兵势节险短，如水之激，故举黑旗以应之。次举
红旗，立把子各营鸟铳火箭弩手俱赴台下，比较毕，仆旗，各
还原伍。盖神器属火，而弓矢皆前行之器，故举红旗以应之。

左篇乃比较册由头

比较武艺，初试定为上等三则，中等三则，下等三则。再
比，仍如原等者，不赏；进一则者，赏银一分；进二则者，赏
银二分；超进一等，赏银五分。一次原等，免责；二次原等，
打五棍；三次原等，打十棍；五次以上原等不进者，打四十棍，
革退。如有不愿打者，每一次追一分，二次追二分，三次追三
分，即付武艺考进之人充赏。

赏罚，鸟铳三弹中一者，平；中二者，赏银一分；中三者，
超赏五分。一次不中者，打三棍；二次不中者，打六棍；三次
不中者，打九棍；五次不中者，打四十棍，革退。不愿打者，
一次罚银五厘，二次一分，三次一分半。弓弩同例。

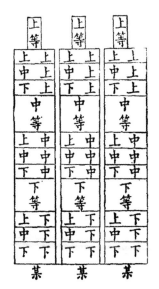

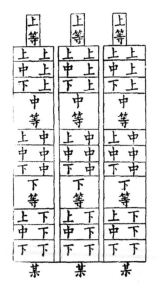

比较册等第式：凡比较，预将兵名填在下下之下当中空内，点阅等第点在等上。

此乃另刻板一片，用时不拘刷砌几百张，以书兵名足为数。每册用前赏罚由一张在前。

卷之七

《行营篇》
逻辑脉络及经典思想

一、篇题解析

《行营篇》全称《行营野营军令禁约篇》，主要论述的是军队在行军和宿营时的法令禁约。应当注意的是，这篇关注的重点是军队在调动和移防时的行止禁令，按照戚继光对《纪效新书》的编排设想，部队在熟悉了操练法令和旗鼓号令后，下一步就要临阵与敌交锋，而在与敌正面作战前必然要进行军队的移动，这个过程中就需要对部队在行军途中和宿营驻地的行动进行明确的约束和规范，《行营篇》要解决的就是这个问题。此篇主要论述了行军、野营和陆军水运三种军队移动情境下的法令要求。行军途中最重要的是保持好部队间的相互联络，这种联络可以有效防止部队在紧急情况下失去指挥，而导致兵力分散，给敌以可乘之机。戚继光还强调了行军入城时的军队纪律，要先派人员进城预先进行留宿安排，后续大军在取得入城令旗后方可按照计划有序进入民居宿营。野外驻营最重要的是巡查防奸，要派出伏兵于野营周边要道昼夜探视盘查，谨慎地进行营门管理，防止敌军混入营中进行偷袭。在野营驻军时，戚继光十分关注时间的精确性，采取了更筹、算珠、滴漏等计时方法对驻营时间进行精确把握，以利行军作战。在陆军乘船行军过程中，最重要的是保持战斗队形，各船要时刻听从和响应中军号令，做到水陆一体，攻守兼备。总而言之，行军宿营的法令有两个关键词，即"静"与"严"。"静"是对部队的要求，三军肃静，不轻易暴露形迹；"严"是对将领的要求，军令严明，遇敌即接战制胜。

二、精要新解

（一）行军途中禁令

戚继光对行军中的部队提出了严格的禁令：

如果派遣的探子夜间没有收队，或者派遣的探子没有尽职尽责，只是听信他人言语，并没有亲自到敌人所在地进行侦察，因此导致误失战机，将按军法处置。如果传递消息违期，集结军队拖延时间，导致误事，其罪行同样严重。

军队在行军途中，如果遇到疾病，应由把总官验证确认后，立即上报，并申请文书将病患送往当地官府，调配医生进行医治。一旦痊愈，就立即召回军队。如果有人假装生病以逃避任务，将按军法严惩。

对于旁哨和后哨，如果发现有人马因疲惫或弱小而不能前进，或者在路旁潜藏，应立即将他们送到中军，不允许私自放走。

军队行军时，要指定两名巡哨的官生；住宿时，也要指定两名巡视的官生，并分配十面巡视旗。如果有人违反军令，应立即指正并上报，不得隐瞒。如果因此进行勒索或诈骗，将依法惩处。

对于前哨的官生，要给予他们十面清道蓝旗和一面令旗。遇到大小事务，都要派人传报给中军。清道旗手应事先禁止人畜进入队伍，不得冲撞旗帜。如果遇到需要迎接或报告的人员，或是各地派来的紧急公文传递者，前哨官要核实情况，派人报告给中军，才允许他们进见。如果有异言异服的可疑人员，应送到中军审查处理，不得擅自放行或询问。

军队住宿和饮食的地方，除了野外扎营要遵守临敌的号令外，如果有人家或进城，前哨到达城门前，各把总哨官头目应在街道或在人家之外，根据地形燃起火把或若干支，作为标记。等待中军到达队伍中间后，放三个静炮。每队派火头先进城或人家，取得歇家的令旗，然后回报给中军，才传令按照教场的规矩解散队伍休息。巡视旗和哨兵巡逻时，再次出发时仍按初次出发时的规矩进行。

军队在路上如果遗落了器械或物品，看到的人应立即收集并带到住宿的地方，交给中军，让失主认领。找到物品的人将按照规定的标准进行赏罚；隐匿不报的人将受到惩罚；也不允许私自交换或分割。

当军队分兵数路时，临发时务必要确定记号。如果在敌人境内相遇，不分昼夜，各自驻队，互相举起原先约定的记号，以辨别真伪。

当军队接近敌人时，如果遇到树林茂密或异常的地方，或是敌我都要占据的地方，士兵们要严阵以待，准备好武器，等待差遣的探子搜索并确认没有危险后，再听令行动。

当军队遇到沼泽、水坑或难以通过的地形时，不得擅自冒险通过，必须按照平原地区的标准做好准备，将地形情况报告给中军，按照命令行动。

当官兵开始行军时，每个人都要披甲戴盔，手持武器，以便在临敌时行动轻便。不允许将武器并在一起或绑在肩上。如果路途遥远且天气炎热，得到命令后才允许便宜行事。

对于火器所需的火药、绳子和铅子，火枪手必须在出征前一天领取完成，不得在临敌时假称已用完而索要，违者将以畏避罪论处。

（二）野外宿营禁令

在长途行军的过程中，野外宿营是在所难免的。与在城中宿营不同，野外宿营要面对的环境是开放的，要随时做好防敌偷袭的准备。如何能够在空旷的区域内建立有效的防御体系，保证三军的日常起居，同时昼夜警备，在极端劳苦的情况下保持高昂的士气和攻守的能力，是摆在每一位领军者面前的现实问题。戚继光根据实战经验，梳理了野外扎营屯军的有效约法。

每天五更结束后，擂鼓声停止，所有人开始起床洗漱。听到掌号声响起两次后，士兵们前往木城边，各自手持长枪站定，摆出守城的态势。各营负责把守城门的人前往中军报告城门无事，完成后，听到鸣鼓升旗的指令，各营打开城门让士兵取水。取水的人，限定在四刻钟内完成，掌头号声响起后，收起旗帜回到营地。进城购蔬菜等物品的，限定在一个时辰内，到营外集合，听到掌二号声后再进入营地。迟到进入或后来才出来的人，都要打二十棍。如果每队有三名以上的人迟到，队长也要一同受罚；如果四个队都有这种情况，合计九名以上的人，哨长哨官也要一同受罚。下午申时再放一次汲水，号令和持枪的方法与早晨相同，买蔬菜只允许在早晨进行一次。

樵采活动每三天进行一次，在早餐后正巳时开始，听到中军掌号一荡，掣起樵字旗后士兵们出发，每队由一名队长带领。限定两个时辰内完成，到营外集合后前往。中军掌号二荡后，士兵们再次前往木城边，持枪如前，然后开放东西两门进出，其他门不允许通行。

对于上厕所，士兵们根据各自的厕所坑位，由营门将腰牌挂在门上，方可开门前往厕所。完成后，立即返回，自行取回腰牌回营。如果是夜间，不允许出营，就在各自的营房边方便，天亮后打扫干净送入坑内。违反者按照之前取水的规定进行处罚。

当中军听到晚鼓擂响三次后，各营立即断火、禁止喧哗、禁止人员走动。违反者，队长和士兵一并受罚；如果队长犯规，哨官哨长也一并受罚，各打三十棍。

派遣伏路的人役，每昼夜换班一次，都在早餐后遣出，到该回来的时候，就回到中军销报。

夜间遇到有报事的人役，先让他们在门外约二十步远的地方立定，守门人辨别其声音。如果是其他衙门派来的人，询问其来历，如果有书帖或文移，让他们将书帖或文移扔在地上，由营外传递信息的人捡起来送到中军，有令箭的才允许开门放进；没有令箭的不准进入。如果有人拖延不走，或者不遵守禁令，直接闯到木城下的，允许立即射杀。

本营的士兵夜间来报事，先让他们报出自己的名字和队伍，然后再说事情，一律在营外听从命令。

遇到敌人靠近时，不论在营内还是营外，违反命令的人都要按军法从重处罚，绝不轻饶。

官兵无故非时违令出营的，捆绑起来打一百棍，并在营中游行示众。如果有二十名以上的人违规，哨官也要受同样的处罚；十名以上的，哨长也要受罚；三名以上的，只处罚队长和伍长。

伏路的士兵，以各自驻扎的地方和面向的方向为信地，每天辰时后，前往中军领取令箭前往该地交替。白天要辨别往来人员的真伪，盘查奸细，按照之前的规定进行更换。遇到各衙门营寨公差人役想要进入本营的，夜间则让营内一人陪送到营外二十步远的地方停下，先让陪来的人高声说明差人的来历，守门人立即向中军禀报，听从命令决定是否放人进入。

夜间传递暗更筹箭时，每队拨两名士兵守木城，进行传箭。

如果迷失更箭，上下进行排查，一旦查出，将按军法示众。

遇到有警情时，要保持肃静，各自坚守信地，关闭木城，听从命令发兵。如果有喧哗或乱跑的人，将按军法重治。

关于更筹，在日头昏暗、夜晚黑暗的情况下，行军宿营时，必须确定更筹的计时，以便了解早晚和紧急情况的准备。首先，一天有百刻分为十二个时辰，每个时辰有八刻二十分，每刻六十分，总共五百分为一个时辰。根据二十四节气来分为十二筹，以日出日落为基准。每筹长二尺四寸，上面写有各节气的日出日落时刻、昼夜长短的数据。或者不使用筹，而用两串珠子来计算，一串用七百四十个小珠作为基准，通过快速或慢速行走七百四十多步，或者数七百四十多个珠子，规定二里二十七步多为一刻；数七千四百七十多个珠子，规定二十里二百七十多步为十刻；昼夜总共需要七万四千七百多步，相当于二百零八里多，这就是一百刻。每个时辰八刻二十分，该行六千二百二十五步数珠，即六千二百二十五个珠子为一时，十二个时辰的行程限制与一百刻相同。

在定更筹时，白天和夜晚的名称长度不同，根据十二个时辰和节气，各自以长短不同的刻数来分配。早晨以日出为开始，夜晚以日落为开始，这样确定了时辰后，更漏的均匀性就得到了保证，虽然大体相同但细节上有所差异，这样就可以作为警戒准备了。比如安营扎寨时，一面有一百八十八步，四面总共有七百五十二步走完，如果传递更筹五十次，还会剩下五百多步，这时太阳就快要升起了。冬至时夜晚特别长，夏至时夜晚特别短，二十四节气都有各自的特点。其他的都以此类推。

当在野外扎营时，要选择在敌人不知道的地方，日落之后要断火，不允许燃烧柴草，以防敌人从远处看到火光后夜袭我方的营寨。夜晚不允许敲击更鼓，只通过传递箭矢来约定时间，确定更次。守门的人必须辨认出奸细，没有将军的命令，不允许擅自打开营门。如果与敌人对峙，需要在距离营地二十步的地方，每队点燃一堆火，整夜都保持燃烧，一旦看到敌人就进行抵抗。火堆不要靠近自己的营地，以免让敌人看到火光前来攻击。

在夜晚的营地中，要按照定好的灯炬作为信号，各自根据灯笼的指示行动。各哨所观察中军的灯，各队观察本哨的灯，各士兵观察本队的灯，就像白天看旗帜一样。如果有违反规定的，其处罚都比白天军法要加重一等。遇到大风大雨时，就观察火把。如果遇到特殊情况，或者需要暗中转移营地到其他地方，灯笼就留在原来的营地作为假象，各自随时听从编发的字号行动，比如中军说"甲"字就是左哨，所有说"甲"字的就是左哨的第一队。其他的都像这样。不预先确定字号，是怕奸细知道。如果再靠近敌人，就不再使用字号，而是用禽兽的叫声作为信号，随时告诉哨官，哨官再依次通知，比如学鸡鸣代表某哨，学牛鸣代表某哨等，这些都不预先设定。

（三）陆兵舟行禁令

南方多水网，在与倭寇作战时，戚家军经常会遇到需要借助船只运送兵力的情况，因此戚继光为陆军乘船行军制定了完备的法令禁约。

当准备出发时，中军会放一个炮并鸣鼓，升起行军旗，大吹打之后，会吹响号笛。各哨官和哨长会前往中军处，听取当天行军和驻地的指示，然后各自返回。听到放炮、吹天鹅声，并呐喊三声后，会点鼓并竖起相应的旗帜颜色，各营根据旗帜颜色一致点鼓出发。

行军的次序，根据天干所临的甲乙丙丁戊己庚辛壬癸五行来决定前锋先行，其余部队按照营地次序跟随。如果在行军过程中听到中军放一个大炮，白天会磨旗，夜晚会点亮双灯，这时各船要立即停泊，按照各自的方向整齐排列，围绕中军等待命令。

到达宿营地时，前行的营地放三个炮，鸣金并降下旗帜，距离营地大约一箭之遥。每一营为一个单位，都要降下旗帜。听到中军到达并降下旗帜后，如果再次升起旗帜，吹响号笛并发放指令；如果旗帜没有升起，各官如果有紧急事务可以前往禀报，没有事务的要严守阵地，训练士兵。如果有新的命令，派遣巡视官亲口传达，或者通过令票传达。

无论是水军还是陆军营地，首要的是肃静。不论何事，都要听从旗鼓号令，不允许口头传达。即使是大本营官员亲自说的口头命令，也不得遵从。除了明确的进退命令使用旗鼓号头外，如果接近敌人或需要暗中行动或停止，听从中军的特殊传令方式，一人接一人传递，不分官职大小，即使是大本营官员也会亲自传递。

用物品的传递来暗示命令时，各军必须遵守。如果需要停下，会传递土块；如果需要前进，会传递小短箭；如果需要立定，会传递草木枝；如果需要坐下，会传递石块；如果需要警戒，收拾武器防备敌人冲击，会传递大令箭，这时每哨官带领一营，迅速抢占地形，按照操练好的营阵排列，等待中军传令。每营单独划定作战区域，各营不得混淆。

在宿营地，每营的四哨官中轮流派遣一小队士兵前往把总处巡逻夜晚。每营也轮流派遣一名哨官巡逻。本夜内如果发生惊恐、火灾、奸细等变故，责任归本官承担，把总需要不时亲自去密查。

在宿营地停泊的船只，各船到齐后，各自分营安置好。到了晚上听到中军放三个炮，打关门鼓后，等待再次擂鼓，各营会按照中军的指示集合巡逻人员，在把总的船边跪下听候发放命令。夜间巡逻要谨慎，不得懈怠，如果误事军法从事。听到定更的喇叭声后，把总处开始安排打更人员值班。每只船不论大小，轮流五人值班。每班一人，在船头执竹梆打更，每次打鼓一声，打梆一遍。天亮后各自派人到大本营报告情况。

除了在明处宿营之外，如果是暗处宿营，会临时传达暗号，闻令便即执行暗更，暗传约束。不是使用令票，就使用巡视旗。但凡出兵或宿营时，中军不竖起或降下旗帜，不擂鼓、放炮、吹打，便是要行暗令的指示。

中军官每天轮流派遣一哨士兵前往大本营执打器械，紧随轿马前进或停止，并在后面摆围保护。晚上就用这哨士兵巡逻夜晚，由大本营轮流派遣一名中军官负责提更。

当水军或陆军在宿营地遇到大本营官员的马匹到达时，应在一里内先派遣两名探子前往休息处进行搜索。搜索完成后，在距离衙门百步远的地方回报。如果没有异常，则无须报告；但如果发现衙门不便进入、难以宿营或有奸细潜伏，应立即口头禀报。

当主将进入时，如果亲兵在前，则他们应该排列在衙门内部；如果亲兵在后，则应立即在衙门外的大街和行人通道口、距离衙门二十步内的地方，各自手持武器站岗，禁止闲杂人等交谈，并轮流派遣一名官员进行巡逻。待主将进入衙门并关闭大门后，亲兵们才允许聚集到衙门门口，等待火兵送来饭菜。

每当需要打开门禁时，无论是大门还是小门，都要听从中军官的指示，将当日轮值的亲兵在外围按照前述方式排列，并将一半的亲兵带入丹墀进行排列。同时，派四人在大堂上持短刀站立，并口头报告完毕后，才允许开门。如果是在民居或其他非官署的地方，操作方式相同，但需要比在衙门时更加谨慎。在野外宿营时，也与在城市中相同，也需要更加谨慎。

在任何情况下，首要的是保持肃静。对于平时喧闹的人，将捆绑并打四十下，相关责任人也要受到连坐处罚。在传达号令、布置营地、停止或出发时，耳朵只能听金鼓和号令声，眼睛只能看旗帜，决不允许开口说话。如果有喧闹出声的人，将按照临阵割耳的处罚进行处理，并在返回营地后进行检查。如果因此导致误事，将斩首示众。

三、《行营篇》全文

凡派探夜不收，派探不的，听人言语、不亲到贼所、欺诈因而误失事机者，军法从事。若传报违期，集兵迁延，以致误事，罪同。

凡军行在途，遇有疾病，把总官验实，随即禀明，给文送所在官司拨医调治。痊可，即便追来。敢有诈病推避者，治以军法。

凡旁哨后哨，见有乏弱人马不能前进、或在路旁潜藏者，随即收送中军，不许私自纵放。

凡军行，定委巡哨官生二员；止宿，委巡视官生二员，差巡视旗十面。但有干犯军令，即便指实呈报，不许隐匿。及因而需索诈骗者，各依法究治。

凡前哨官前途，给与清道蓝旗十面、令旗一面，凡遇大小事务，俱要差人传报中军。清道旗手仍先期禁断人畜，不许搀入队伍，冲冒旗纛。如遇应该迎候禀事人员、及各处差来赍送紧急公文之人，前总领哨官审实，差人报知，方许进见。倘有异言异服可疑之人，送中军研审发落，不许擅放擅问。

凡止宿住食去处，除下野营照临敌号令外，若有人家，或进城郭，则前哨至城门前面，各把总哨官头目即于通衢或在于人家之外，相地放起火或若干枝，即为几路挨扎在彼。候中军到队之中，放静炮三个。每队差火头先进城入人家，讨取歇家令旗，押随完毕，回报中军，方传令照教场散队安歇。巡视旗分哨巡逻生事之人，遇再起行，仍照前初出规矩。

凡军行在路遗落器械什物，见者许即收带至止宿处，送中军招人认领失物。得物之人照格赏罚；隐匿不报者，治罪；亦不许私相交割。

凡分兵数道，临发时务要会定记号。如贼界相逢，不分昼夜，各即驻队，互举原定记号，以辨真伪。

凡军临贼境，或林木异常，与贼共守之处，各兵严勒器械，须立定以待，候差各塘报搜覆无警，再听令行。

凡临贼，遇沮泽坑坎，不可擅即暗过，须据平原备，将地形禀覆中军号令再行。

凡官军启行，各须披甲戴盔执器械，庶几临敌轻便，不许并执肩缚。若路远天热，得令方许更传。

凡火器应用绳药、铅子，铳手须于出征头一日请给完足，不许临贼假称放尽讨索，通以畏避论罪。

扎野营说

凡每日五更尽，擂鼓已毕，各起梳洗。听掌号二遍，各兵通赴木城边，各擎枪立定，作守城之势。各营把门人役赴中军报守门无事，讫，听鸣鼓升旗，各营开门放汲。其汲者，限四刻，掌头号落旗回营。进城蔬菜等项者，限一个时辰，到营外取齐，听掌二号进营。迟进及后出者，俱打二十棍。每队三名以上，队长同责；四队俱有，合九名以上者，哨长官同责。申时放汲一次，号令执枪之法俱同早辰，买蔬菜止许早辰一次。

凡樵采，每三日一次，于辰饭后正已时，听中军掌号一荡，掣起樵字旗俱出，每官下用队长一名领去。限两时辰，俱到营外候齐集赴。中军掌号二荡，各兵仍赴木城边，擎枪如前，方开东西二门放进，余门不许。

凡登厕，员役照各厕坑，由各营门将腰牌悬于门上，方准开门而出赴坑。所事毕，即还，自认取腰牌回营。如夜间，不许出营，即于各自厂边方便，天明即打扫送出坑内。违者照前汲水例行法。

凡中军遇晚鼓擂三次毕，各营通即断火、禁喧、断人行，违者，队长与兵同治；队长有犯，官哨一体各打三十棍。

凡差伏路人役，每一昼夜换班一次，俱以辰饭毕遣出，到彼该回之人，即还赴中军销报。

凡夜间遇有报事人役，先令门外约近二十步之间，即喝令立定，守门人辨其声音。如系别衙门差来，问其别衙门来历，如有书帖文移者，令将书帖文移掷在地下，着营外传语人取递，由木城缝接送中军，有令箭放进者，方许开门放进；无令箭者不准。如有迁延不去，及不遵禁止、径闯木城下者，许即打射杀死者勿论。

凡本营人夜来报事，谕令先报自己名队，然后说事，一例止于营外听令。

凡遇贼临近，不拘营内营外，违令者俱军法从重，决不轻贷而生。

凡官兵无故非时违令出营者，捆打一百棍，游营示众。二十名以上，官同法；十名以上，哨长同法；三名以上，止于队长、伍长。

凡伏路之兵，即以各枝分扎地方所向之方为信地，每日辰时后，赴中军领令箭赴彼交替，日则辨验往来真伪，盘诘奸细，照前更换。遇有各衙门营寨公差人役欲赴本营者，夜则于内令一人陪送到营二十步外止住，先许陪来兵高说差人来历，守门人即与禀赴中军，听令进退。

凡夜传暗更筹箭，每队拨兵二名守木城，即传箭。迷失更箭者，上下挨查，得出，军法示众。

凡遇有警，肃静，各守信地，木城闭，听令发兵。如有喧言乱走者，军法重治。

凡更筹，遇日晦夜暗，行军宿野，必须定更则时，以知早晚缓急之备。先以一日有百刻分一十二时，每一时有八刻二十分，每一刻六十分，共五百分为一时。依二十四气节为十二筹，以日出入为则。每筹长二尺四寸，上书各得本节日出入时刻分、昼夜长短之数。或不用筹，计珠二串，一串用小珠七百四十个为数，紧慢行数七百四十余步，或数珠七百四十余个，程限该二里二十七步余为一刻；行数七千四百七十余个，程限二十里二百七十余步为十刻；昼夜该七万四千七百余步，程限二百零八里有余，是为百刻。每一时八刻二十分，该行六千二百二十五步数珠，即六千二百二十五个为一时，十二时约程限与百刻同。凡定更筹，昼方名长短不同，依十二时候节气，各以长短刻数随时分派，朝以日出，夜以日入，为始时定而更漏均，大同小异，可为警备矣。且如安营，一面一百八十八步，四面共七百五十二步行遍，若传筹五十次，共余五百余步，日将出矣。如冬至夜极长，夏至夜极短，二十四气皆有异同。余各仿此。

凡下野营，在贼不知之处，日落断火，不许燎烧柴草，恐贼远望，夜来攻我营寨。夜间不许支更鼓，止令传箭，约量同数，定立更次。守门人须要辨认奸细，非奉将令，不许擅开营门。如与贼对垒，须去营二十步，每队然火一堆，彻夜，见贼即与抵敌。勿近自营，使我不能见，贼自暗中望明来攻我。

凡夜营，俱照定过灯炬为号，各看灯笼遵依。各哨视中军之灯，各队视本哨之灯，各兵视本队之灯，如视昼旗一般，违错俱比白昼军法加一等。遇大风雨，则视火把。遇出奇，或暗地移营别处，灯笼留在虚营，各听随时编发字号，如中军说甲字则是左哨，凡言甲字者即是左哨第一队。余仿此。不预定者，恐奸细知之也。如再近贼，则又不用字号，以禽兽之声为号，随时给与哨官，哨官依次相谕通知，学鸡鸣为某哨，学牛鸣为某哨之类，皆不预设。

陆兵舟行号令，示各总知悉，违者连坐。

起行处所，中军放炮一个，鸣鼓，升行旗，大吹打毕，掌号笛，各官哨长赴中军，听发放本日所行所止之意毕，散回；听放炮、吹天鹅声，呐喊三声，点鼓竖何旗色，照旗色相同应行之营一体点鼓开船。

起行次序，以日干所临甲乙丙丁戊己庚辛壬癸五行为前锋先行，余照营次。若行间遇中军放大炮一个，昼磨旗、夜卓双灯，即便驻船营，各照方向泊齐，围住中军听令。

到止宿去处，前行之营放炮三个，鸣金落旗，离营约去一箭之远，每一营为一宗，一体落旗，听中军到落旗后，仍复升旗，是掌号笛发放；若不升旗，各官目有紧事者赴禀事，无事者谨守信地，训齐兵伍。若有更令，必差巡视旗口传，或有令票，不在此内。

凡水陆行营，第一肃静为要，不拘何事，俱听旗鼓号令，不许口传。口传之言，虽本府面说，亦不许从。除明白进止用旗鼓号头照原给令书外，若或近贼，或欲暗行暗止，听中军如后开传令，一人挨递一人，不分官目，虽本府亦自递之。

物件挨次递过，即便遵守，陆路同。

要住，传土块；要行，传小短箭；要立，传草木枝；要坐，传石块；要有警，收拾器械，预防贼来冲杀，传大令箭，即便于脚下随便每哨官为一营，抢择地势，照给过原操令书内营阵立定，听候中军传令，每给为一处，不许相连。

止宿处所，每营四哨官内轮拨兵一小哨赴把总处巡夜，每营轮一哨官巡夜。其本夜内惊恐、火烛、奸细之变，俱罪坐本官，其把总不时亲自密查。

止宿处所船只，各随到齐，各分营定讫，到日晚听中军放炮三个，打关门鼓毕，俟擂鼓，各营照中军一体聚巡夜人，在把总船边跪下发放，陆行同。

发放云：官兵听著，夜巡谨慎，毋得懈惰，误了事军法不饶！起去！听定更喇叭一声，凡把总处支更，其每船一只内不分大小，轮议五人，每更一名，在船头执竹梆支更，每打鼓一声，打梆一遍，天明各赴本营回话。

以上乃明营也，若暗住处所，听临时传知，即便起暗号支暗更，暗传约束，非用令票，即用巡视旗。但初起或初止时，中军不卓旗，及落旗不擂鼓、不放炮、吹打，即是要行暗令。

中军官每日轮拨一哨赴本府执打器械，紧随轿马进止，摆围于后，夜则即以此哨巡夜。每轮中军官一员提更。

兵兵兵

兵兵兵　大刀　藤牌　枪　藤牌　大叉　藤牌　兵兵兵

○

兵兵兵　大刀　藤牌　枪　藤牌　大叉　藤牌　兵兵兵

兵兵兵

水陆住止处所遇本府马到，先于一里内差塘报二名进歇处搜过，出衙门百步回报，无事则不言，若衙门不便、难宿或有奸细，即便口禀。

本府进时，亲兵在前者，摆进衙门内；在后者，即便于衙门外大街通人行处街口、去衙门二十步内各执器械把定，清禁人言，仍轮一官坐巡逻，俟本府闭门，方许聚赴衙门首，听火兵送饭食用。

凡大开门时，凡小开门，听中军官即将轮日亲兵在外照前项摆定，一半带进丹墀摆列，乃用四人在堂上带短刀立定，口报讫，方听开门。若在人家，一体相同，比在衙门更加谨慎。在野宿，亦与在城相同，比在城更加谨慎。

第一肃静为主，凡有平时喧嚷者，捆打四十，连坐。遇传号令、下营阵止起之际，耳只听金鼓号头，眼只看旗帜，决不许口发一言，但有喧嚷出声者，拿治如前临阵割耳，回兵查，若因而误事者，斩首示众。

卷之八

《操练篇》
逻辑脉络及经典思想

一、篇题解析

《操练篇》全称《操练营阵旗鼓篇》，是《纪效新书》中专论营阵之法的篇章。当官兵们已经明悉旗鼓号令和军法赏罚等禁约后，就可以将军队拉到演兵场，授以坐作进退的营阵之法，以便为军队在实战中发挥应有的作用而做好准备。中国古代的营阵是冷兵器时代军队战斗队形的配置，具有重要的实战意义。这些营阵的设计旨在根据不同的地形条件、敌我实力等具体情况来布置战斗队形，以达到克敌制胜的目的。中国古代军队的营阵名目繁多，按其形状有方阵、圆阵，其中方阵"薄中厚方"，其中央兵力少，四周兵力多，便于防御敌人进攻，指挥作战的金鼓旗帜等一般部署在方阵的后方，大的方阵往往"阵中容阵"。圆阵常是为了进行环形防御而组织的阵形，金鼓旗帜部署在中央，没有明显的弱点，主要用于抵挡敌人进攻。按照间距，可分为疏阵和数阵，其中疏阵为疏散的战斗队形，可通过加大行列间距，通过多树旌旗、兵器、草人等方式，以少数的兵力显示强大的实力。数阵是密集的战斗队形，便于集中力量进行防御和进攻。按照外观又可分为锥形阵、雁行阵等，其中锥形阵是前锋如锥形的战斗队形，前锋尖锐迅速，两翼坚强有力，适合在狭窄的正面攻击敌人，突破、割裂敌人的阵形。雁行阵是横向展开，左右两翼向前或者向后梯次排列的战斗队形，犹如大雁两行，向前伸展两翼适合包抄迂回，向后收拢两翼则可保护己方的安全。戚继光在继承前人阵法的基础上，结合自己的实战经验创造了以鸳鸯阵为基本作战单元的五军阵形，其阵法方圆并用、可密可疏，可在战争中发挥出以治胜乱、以合胜分的强大战力。

二、精要新解

（一）列阵操练：协同作战实兵演习

戚继光的营阵操练类同现代的实兵演习，其联合程度和正规化水平在当时是十分领先的。在开始演习前，要先以升帐仪式开场，以此严明号令、整肃三军。当所有官员和士兵都已到位，升帐的仪式开始。牙旗被展开，中军军官报告升旗，报告完毕后，便放响一个炮声，同时擂鼓升旗。当众人的声音和行动都肃静下来后，中军军官再次报告放静炮，报告完毕，连续放响三个炮声，让整个军队保持肃静。喧哗之人，将会受到军法的处罚。接着，中军军官报告吹号笛、聚集掌旗官并等待发放命令。当所有掌旗官都整齐地立定后，金鼓声停止。中军军官命令掌旗官上前，两边齐声应答，从最低级别的队长开始，从下往上依次排列，此时务必保证队列整齐划一。各掌旗官依次跪下，中军军官手持发放牌高声发令："掌旗官听令！你们的耳朵要听金鼓声，眼睛要看旌旗，步伐要熟练进退，手中要熟练击刺。万人一心，只听将军的命令！违反者，军法不容！"每说一句，众人都齐声应答。

命令发放完毕后，主将如果有其他需要讲解的事项，众人要静静听其亲自说明并记牢。然后按照从高到低的顺序起立，像此前那样分列站立。中军军官传令给掌旗官所在的地方，众人齐声应答，随之吹打号令，掌旗官按原路返回各自的位置。接着，各把总吹号笛，哨官和哨队长都听从把总的命令，并口述报告词："奉中军号令。"如果把总有命令，会一字一句地传达。然后仍然按照中军的规矩，吹打号令后各自返回原位。之后哨队长到各自的哨官处再次传达命令，并口述报告词："奉本总号令。"传达完毕后，回到队伍中。队长率领士兵都听从哨长的命令，并口述报告词："奉本哨号令。"传达完毕后，士兵们听从队长的命令。

一刻钟后，掌下营的号令响起，所有人都要肃静地听候下营的命令。中军根据上级的指示来布置营地。报告完毕后，中军便调派十名巡视人员，每哨两名，在他们旗帜上明确写上"某哨巡视"的字样。这些巡视人员都前往中军台下，向发放命令的蓝旗官报告并听从其指示。掌号官全程负责发号施令。如果有士兵在行动中呐喊不齐、行阵混乱、喧哗违令或临阵退缩，将会被抓获并接受相应的处罚。

接下来中军分派督战旗牌，每个营分派总旗一面，另加分哨旗五面。这些旗牌都分派到位后，士兵们口述报告词："执旗牌下地方。"随后，督阵的旗牌官上马，各巡视旗牌跟随其后，按照发放命令的路线各自返回营哨。

当中军吹响孛罗时，所有士兵都起身；第一声喇叭响起时，士兵们必须警觉；第二声喇叭响起时，士兵们必须整齐列队。再次吹响孛罗时，中军摆出金鼓和旗帜，掌旗的士兵立即将原来排列成两行的五方旗帜取出一副呈上将台，另一副摆放好备用。两边的官兵在台前听从鼓声的指挥列队。如果道路宽广，则每哨四队士兵平行前进；如果道路狭窄，则每哨的士兵依鸳鸯阵法的图示依次前进。队伍看齐后，所有士兵都层层立定，准备开始演习。

（二）攻守之法：奇正迭用务求全胜

一切准备就绪后，演习便正式拉开帷幕。中军通过鼓点和旗帜进行指挥，前营的正兵将从正面直逼敌人，左营从左侧进攻以攻击敌人的左翼，右营从右侧进攻以攻击敌人的右翼，都按照大鸳鸯阵法的单队双行排列。如果有五营兵力，那么后哨应迅速在左右两侧设伏，根据地形（如山林等）条件灵活部署。

如果想要等待敌人来迎战，伏兵将在前三支大军之前一里左右的地方设伏；如果打算直接杀入敌人阵地，不等敌人有所动作，伏兵就将在左右两支大军的后面设伏，距离交战地点不超过半里，此时因为预计敌人已经可见，所以不必隐秘行动。当前方正兵接近敌人一里之地时，紧急吹响单摆开喇叭，同时急促击鼓，前营正兵即按照大鸳鸯阵形一字排开，以前哨为第一层，后哨为第二层，左哨为左翼，右哨为右翼。左营的奇兵会从左侧抄击敌人，由正兵的后哨作为第二层接应，同样分为左翼和右翼。右营的奇兵也按照前营的方式在右侧行动。每一层都是一字排开，如果道路狭窄，就摆成大鸳鸯阵；如果道路宽阔，就从大鸳鸯阵再分为三才阵，要根据平时的操练和实际的敌人情况灵活变化。如果只是在操练场上练习，则伏兵一半安排在大军前面，一半安排在大军后面，以便两者都能得到练习。如果伏兵在兵前，必须在敌人还未发现时先行派遣，而且必须是在敌人正面迎来的情况下才行。这种伏击最容易成功，但也最难布置，需要选派精兵齐心协力方可完成。此种情况下必须等敌人经过伏兵时才能听令出击，否则可能导致作战失败。最稳妥的方式是伏兵随着大军一起出动，遇到可以藏身的地方，就方便地在后方埋伏。这样布阵即使不能大胜，也不会大败。但这种伏击主要是为了防备前兵有所退却，作为第一道防线，除此之外没有其他的用途。

按上述方法进攻和伏击，敌人就无法预测，因为有前行的大军作为掩护。中军兵力在大军后二三里之内，占据险要地势扎营。在摆阵时，需要迅速确定伏兵的位置。待所有伏兵都布置完毕后，接近敌人百步之内时，中军放铳为号，吹长声喇叭，鸟铳手在前射击，每次长声喇叭响起，就射击一轮，直到击鼓声停止。如果喇叭急促且连续吹响，鸟铳手就要一齐射击，不必再单独射击。

在接近敌人五十步时，中军放起火箭为号，各射手兵放箭、放弩、放火箭，完毕后吹天鹅声喇叭并击鼓，各兵奋勇直冲向敌人，此时不得有任何迟疑，无论如何厮杀，都不能乱了鸳鸯阵形，要随时保持阵形，以便随时能够集中兵力。务必牢记平时所习练的阵法和牌筅枪刀的技法，运用时要像平时训练一样不慌不忙，一层一层地杀进去，杀死倭贼后，由后面的士兵负责斩首。前方的士兵只管杀敌，即使敌人扔来金银，也只管厮杀，不得分心。第一层战斗激烈时，击鼓，稍作停顿，再次击鼓，第二层迅速冲过前层接战，前层稍微整顿队伍。鼓声再次稍作停顿，再次击鼓，第一层又冲过第二层之前接战，原二层稍微整顿队伍；两翼的奇兵也依令进战整队，与正兵同步。等到左右都合拢时，便开始模拟敌人逃跑回巢穴的样子，鼓声再次稍作停顿，再次摆好队伍并吹响喇叭，各兵立即将敌人逃入的巢穴或山林四面围住。每个可能有敌人逃跑的路口，都安排重兵和一位哨官防守，在要口处摆好鸳鸯阵，以防敌人突然冲出或冲入，所有人不得轻举妄动，以免中了敌人的埋伏，此时即使一个人有失误，也会造成不小的影响。敌人的精锐部队往往在此处进行死斗，因此防守稳定是关键。在不是要道路口的地方，各营哨的兵力可以随机应变，出奇制胜，各自进入敌人阵地作战，实现制胜的作战目标。

战斗取得大捷后，如果确认没有警报，各部队要继续进行围攻。随后，中军会派遣亲兵进入被攻克的区域搜索并报告战况。当听到摔钹的声音时，各部队在原地集合成大队；再次听到摔钹声时，各哨集合成一个小组，各营则集合成一个大组，都在各自的五方大旗下站定。所有人都按照原出战时的大阵规矩，分成前后层以及左右翼排列。当听到鸣金一声时，各部队的前一层开始撤退，间隔的队伍退到后一层之后；连续听到鸣金二声时，全军齐声喊"立定"；接着再听到鸣金一声，后一层未退之兵的间隔队伍退过已经退后的队伍；再次鸣金二声时，全军再次齐声喊"立定"。通过这种间隔撤退的方式，所有部队按照鸣金的节奏，有序地退回到中军大营。到达中军大营时，放三个炮，呐喊三声，同时鸣金并吹打得胜鼓。各部队按照旗头的指示，有序地收回并集结成四个大方阵。这就是五营部队出阵与收队的整个过程。

（三）战胜追击：围攻之法和防敌伏兵

　　戚继光认为围攻敌人的方法不能一成不变。如果敌人已经大败，且敌人数量少而我方兵力多，所围攻的地方又是山林或民居，地方狭窄，那么可以实施四面合围的方法，确保敌人无处可逃。然而，如果敌人气焰正盛，我方兵力少而敌人数量多，或者所围攻的地方广阔而我方兵力分散防守不足，那么必须留出一条逃生的道路，同时在距离围攻地点十里之外的必经之路设下伏兵，实施"围三缺一"之法，此即孙子所言"围师必阙"。

　　戚继光在实战中发现倭寇的作战特点是各自为战，擅长从后方抄袭，即使大败也会边逃边设伏，甚至当一两个人经过草丛或岩石的缝隙时也会藏起来，这常常使己方落入他们的计策中。戚继光进而举例说，在辛酉年的战役中，戚家军一个月取得了十次胜利，而战损的人数不到六七人。有些人认为这并不是因为戚家军战术巧妙，而是因为倭寇太笨拙，不知道设伏用兵。戚继光进而解释道，发表这些议论的人们不知道的是，戚家军的将领在平时已经训练并熟悉了倭寇的伏兵战术。在花街之战这样的胜利中，戚家军追击敌人四十里仍能保全胜利，并非因为倭寇没有设伏，而是因为戚家军有搜索和防守的方法，使得倭寇的伏兵无用武之地。戚继光论述了具体的方法：如果倭寇一战而败，他们便会开始逃跑，戚家军在追击时，每当遇到林木茂密、人家聚集、溪流转角等地方时，会根据林木、房屋和地形的弯曲大小，留下一队或一哨人马守住倭寇可能逃逸的出口，而主力部队则继续追击。每到一个这样的地方，就留下一队人马。如果遇到的村落很大，戚家军就会完全将其包围起来，让士兵们进去搜索，如果没有发现敌人就高声发出信号，然后再继续追击。麦田和茂密的草地也是倭寇可能设伏的地方，戚家军的每一哨内都会留下一队人马，分散到麦田和草丛中进行搜索、喊叫，而主力部队则继续追击。因此，每次战斗后，戚家军都会在麦田中搜获并生擒倭寇，这些并不是倭寇想逃避，而是他们设的伏兵被戚家军发现了。

（四）分合之妙：由队至营层层操练

戚继光训练营阵的方法与束伍之法相似，皆是由小至大、由下至上，层层操练，以成全功，戚继光谓之为挨队操演法，即首先从一队开始，直到四队操演完毕。然后，将四队合为一哨进行操演，接着再合为一营进行操演。这些操演的方法和号令戚继光皆在《操练篇》中有所记录。戚继光认为，照此法训练，即使只有十个人，也可以运用正兵和奇兵的战术。简单来说，就是一头（前锋）、两翼（左右两侧）、一尾（后卫），中军为指挥中心，戚继光谓之"握奇心，运四肢"。面对敌人时，前锋冲锋迎敌，后卫随后跟进，与前锋交替进攻，源源不断。

两翼则随着前锋的推进而行动，从远到近，配合前锋进行攻击。无论在哪里遇到敌人，那个位置就是前锋，为正兵；在左右两侧的就是翼兵，为抄袭敌人的奇兵；在后面的就是尾兵，为策应兵。戚家军的金鼓号令，无论是五人、十人，还是一队、一营，甚至十万大军，都是相同的。戚继光以一队为例对此方法作了简介。一队立定后，听到锣声就坐下，听到吹长声单字罗号令，就起身拿起武器；听到吹摆队伍喇叭，就整队成鸳鸯队摆开；再听到吹单摆开喇叭，就变换成三才阵；鼓声响起，前行，擂鼓吹天鹅声喇叭，呐喊交战。五人为正兵，各三人为右翼和左翼。金响三声，就立定；鸣金一声，就面前退回；连续鸣金三声，就向前齐喝一声立定；听到摔钹声，就收回鸳鸯队，打得胜鼓回到教场空地立定；听到鸣锣声，就坐下休息。第一队完成后，再点哨长旗，第二队就按照前面的方法操演。二队操演完毕，再点哨长旗，第三队操演。三队操演完毕，再点哨长旗，第四队操演。所有的号令都与第一队操演相同。四队都操演完毕，一个哨的操演便告完成了。

三、《操练篇》全文

发放候升帐喊堂毕，牙旗开，中军官禀升旗，禀讫，即放炮一个，擂鼓升旗。待众声迹将定，又禀放静炮，禀讫，放炮三个，三军肃静，敢有喧哗者，军法施行。又禀称吹号笛、聚官旗、听发放，俟官旗到齐立定，金止，中军官叫官旗上来，两边齐应一声，自卑而尊，由队长从下摆起，务要行次疏直齐均，各官旗依次跪下，中军官执发放牌高声发放云：官旗听著！耳听金鼓，目视旌旗，步闲进退，手习击刺。万人一心，

惟将令是听！违犯的，军法不饶！每一句，众应一声。分付毕，
若有别项讲谕，各静听主将逐一亲说记定，依次分付，自尊而
卑起立，分列如前，中军官传令官旗下地方，众应一声，听大
吹打，官旗由原路散回信地。听各把总吹号笛，哨官哨队长俱
听把总处照台上发放，但先一句云：奉台上号令。如有分付，
一体字字谕之，仍照台上规矩，大吹打散回信地。又哨队长各
到本管哨官处再行宣说，但第一句云：奉本总号令。毕，归队。
队长率兵通听哨长发放，但第一句云：奉本哨号令。毕，又兵
听队长传说。约一刻，掌下营号头，即各肃静听下营。

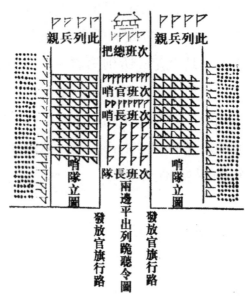

教场大列三军听吹掌号笛发放之图

中军请钧旨下营，禀讫，中军即拨下地方巡视人役，每哨
二名，共十名，旗上明书"某哨巡视"字样，俱赴台下禀请下
地方蓝旗，听发放掌号官发放。凡呐喊不齐、行阵错乱、喧哗
违令、临阵退缩，拿送处治。分付讫督战旗牌，每总一面，五
面付官，悬牌执旗，禀称：执旗牌下地方。督阵旗牌上马，各

巡视旗从之，由发放路各归营哨。中军吹字罗，各起身；一荡喇叭，必警；二荡，必齐；再吹叭罗，中军摆金鼓旗帜，掌旗者即将原列两行旗取五方一副、上将台二副摆定，两边官兵听点鼓于台前。如路广，则两哨四队平行；如路狭，则每哨挨队依鸳鸯阵法照图行至极前，俱层层立定，金响鼓止。

　　以下至"收为大营"句止，共八条。其八图，此每每临阵对敌所用者，乃实效，非饰观视之筌蹄也。数年屡战，一切号令行伍，俱如图款，毫不更易，是以每战必全捷，而我兵不损。及至困攻贼，虽竭力以刀石掷敌而我兵不为所伤者，此鸳鸯阵牌筅枪觉居次之功也，须临阵观之，便得妙处肯綮。借或场操之际，肯有亲入行伍内一试之者，亦自知其利不可以口舌楮笔载也。今将初出图令开后次第之。

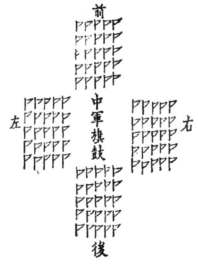

路狭一字行到极处遇警放炮一个立定

　　俟定，又点鼓点旗，前营正兵即由正路以当贼之头，左营即由左取路以出贼之左，右营即由右取路以当贼之右，俱依大鸳鸯阵势单队双行。如有五营，则以后哨急出伏于左右，因地势山林而从便相机。如欲俟贼来迎我，我则伏兵出于前三枝大兵之前里许之地；如我欲径杀入贼中，不待贼动则伏兵，即于我所进左右二枝大兵之后，与交锋之地相去不过半里伏之，此时料贼已相见，不必密行也。候前正兵将近贼一里之地，急吹单摆开喇叭，将鼓急点，前营正兵即大鸳鸯阵平平一字列开，以前哨为第一层，后哨为第二层，左哨为左翼，右哨为右翼，左营奇兵以前哨出左路抄贼，为正兵后哨为二层接应，左哨为左翼，右哨为右翼；其右营奇兵亦照前营兵分于右通。每一层为平一字摆开，如路狭，则摆大鸳鸯阵；如路宽，则自大鸳鸯阵又分摆为三才阵，俱在临时所变，此皆以场操兼对敌之实事言也。若专在场操，其伏兵一半出大兵之前，一半在大兵之后，庶二者俱习矣。但如伏兵在兵之前，必须贼未见时先事遣发，亦必贼势迎头而来者乃可也。然此伏收功最易，但伏之甚难，非上等好汉齐心齐力不可也，须贼过我伏来，方听我号令而出，不大成则大败。惟有随兵同出，遇藏身之处，从便伏于兵后一著，此最稳当，虽不大得，亦不大失。但此伏所以防前兵少却为第一功，除此无所用其力。如此攻伏，恁是如何，贼不可测。何则？有前行大兵遮护之耳。其中军兵一面在大兵后二三里之内，据险扎老营。如此摆阵，须速其定伏兵。俱伏已毕，候近贼百步之内，中军放铳一个，吹长声喇叭，鸟铳手在前打铳，每长声喇叭一声，打放一层，只至擂鼓而止。如喇叭急吹长声，连连不止，是要鸟铳手一齐放了，也不必抽放。又近贼五十步外放起火一枝，各射手兵放箭、放弩、放火箭毕，吹天鹅声喇叭擂鼓，各兵奋勇径奔贼锋，再不许时刻迟疑，恁是如何厮杀，不许乱了鸳鸯阵，随离随合，务要牢记其平日所习阵法，牌筅枪刀之法，用时都如平日争忿厮打一般不慌不忙，杀进一层又杀一层，杀死倭贼，恁从后兵斩级，当前者只管杀去，恁贼掷来金银，只是厮杀，再不须顾。第一层战酣，擂鼓，少缓，又擂鼓，第二层急急冲过前层接战，前层少整队伍。鼓又少缓，又擂鼓，第一层又冲过第二层之前接战，原二层少整队伍；两翼奇兵一体间层依令进战整队，与正兵同。待左右俱合之际，扮贼奔走屯巢之象，鼓又少缓，再次摆队伍喇叭，各兵即将贼所奔入之巢、或上山林之内，即时四面各整鸳鸯大队围住。每遇门路处，以厚兵一哨官者当之，紧于门路要口鸳鸯阵列定，以备并力冲出杀入，不许轻动擅进，恐中贼伏，及或一人有失，误事不小。贼之锐锋死斗皆在此处，但以守定为功。其非门路之处，各营哨分内信地之兵听即设计出奇从便攀登，以入敌战，但责其取胜而已。大捷既毕，据报无警，各兵照旧困攻，听中军差亲兵入围内搜报平安，听摔钹响，各于脚下收成大队；再听摔钹响，各哨为一聚，各营为一大聚，俱随五方各该大旗下立定，俱仍照原出战大阵之规分前后层左右翼；听鸣金一声，各前一层退出，间队退在后层之后；连鸣金二声，齐喝一声立定；又听鸣金一声，又后一层不退之兵间队退过已退兵之后；又鸣金二声，齐喝一声立定。如此间队，依金退至中军大营，放炮三个，呐喊三声，鸣金大吹打得胜鼓，各兵挨次看旗头收回作大四叠，此五营出阵之说也。

若止四营，则以一营为正，二营为左右，以第四营一半设伏，一半扎老营。若止三营，则以一营为正兵，一营分为左右，一营之半为伏兵，一半为老营。若兵止二营，则以一营中一半为正兵，一半分为左右；一营一半为伏兵，一半为老营。若止一营，则以各哨分之。虽是一个人，亦可如图操习，及如图临阵也。刻舟求剑者，岂足此语此？

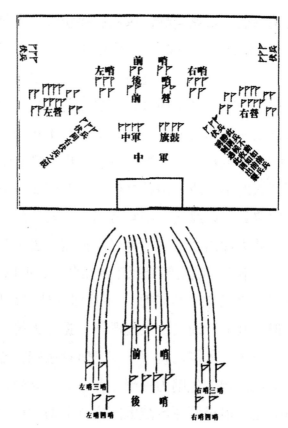

定立交锋图。右如全营图之方幅有限，姑图一营以例其全。

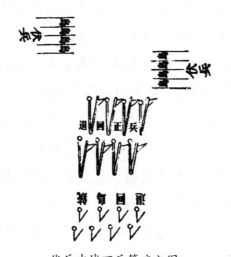

伏兵出战回兵策应之图

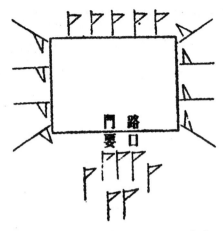

攻围之图。右不能尽图，亦如前耳。

退出围地，金止，五方旗听打金边发出，为四叠立定；听大吹打，
五方旗齐点，各兵照旗色分行各旗下，为大四叠。

围攻之法，不可执一也，如贼势大败，贼少我众，所围之
处或山林人家，又复狭窄，方可四面合围，必使一倪不返。如
贼气方盛，我少贼众，或所围之处散阔，而我兵分守不足，必
缺生路一面，分兵于去围十里之外必遁之路伏之。

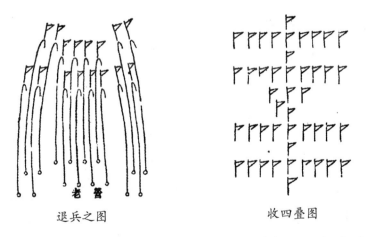

退兵之图　　　　　　　　收四叠图

收毕，吹打止，鸣锣，坐地休息。金鸣锣止，打金边，发
塘报。候塘报摇黄旗，知有贼，各兵听吹字罗起身，先点后营
旗不点鼓，后营兵分为二枝，照前次摆开图设伏。毕，次点鼓、

113

点旗，发前营兵为正兵，左营为左翼，右营为右翼，中军在后，据险扎老营，通照前次摆开之图立定。听吹摆队伍喇叭，摆为大鸳鸯阵。金鸣喇叭止，又听吹单摆开喇叭，摆成三才阵。金鸣喇叭止，鸟铳手照前阵号令放炮。毕，中军擂鼓，鸣天鹅声喇叭，呐喊，各兵一拥飞身追战，第二层随上。鼓少缓，又急擂鼓，第二层又飞身冲出前层之前冲战，前层少整队伍。右营等兵通照前阵内号令，一体操战。候二层俱交锋之初，前伏兵一齐拥出贼之后。至左右兵合战得胜，听鸣金战止捽钹响，各整在所立信地，此时在兵后左右伏兵照旧伏不许动；再听连鸣金三声，退回，退法俱照前阵图号，退至中军之前。押阵大旗巡视旗急摇，中军放铳一个，原设在阵后左右伏兵与中军正兵先将鸟铳一通尽放；擂鼓，吹天鹅声喇叭，合正伏之兵一齐呐喊，左右伏兵急进，中军退回，正等兵俱一齐转身，便冲进其前，与贼交锋混战，必胜而后已。捽钹响，收整队伍。又捽钹响，各押阵大旗收回，先立为长一字阵之表，比先出一字稍加稀阔，左右两营横离一百步；鸣金大吹打，各营照旗收回，仍为长一字阵立定；金止，中军禀对垒安大方营，禀讫，照后大方营图号施行。

发兵出列之图、收兵退回之图，照前初出长一字图，俱与前出战收退之图相同，兹不重出，当取法于前图云。夫南方山水林翳，地势最狭，惟有前二阵用无不宜，此因地措形也。何则？善用兵者因敌情转化，其法已云然矣，而不知善操习者，亦因兵情转化，岂有一定之习哉？善用形者，亦因地形措战，岂有一定之阵哉？况兵列既长，缓急之变，贼势叵测，苟或遇出于此格之外，偶有警急，岂能候中军号令？若遇未及照令施行之中，忽有前变，则前营把总即自主号令，先以备战，左营、右营各听当前把总之号，即如中军号令一般；则后营伏兵即当于前哨之后左右、或遇山渠、或林木人家、或街巷湾曲可以潜躲身形之处，偃旗敛迹衔枚，充为伏兵，以备前哨万一却回，俟其走尽追过我伏来，听在后老营兵炮响，即便矢起截冲贼中，或出贼之后，如此必转以为功，而前伏不及设，亦不必设矣。其扎老营策应兵，如贼徒战进前哨兵来，俟贼过伏兵所在，即便冲出。后营兵一面在后太远处据险为家，阻拒扼塞，竖立营壁，管三营火兵做饭备守。

战胜追贼防伏之法

夫倭性人自为战，善于抄出我后，及虽大败，随奔随伏，甚至一二人经过尺木斗壑亦藏之，往往坠其计中。辛酉之役，一月十捷，我兵损不及六七人，议者谓非兵之巧，乃贼之拙，此倭不如别倭之有伏也。殊不知将前法已曾教熟于平时，故如花街之捷，战追四十里而保全胜者，非贼之无伏，我有搜守之法而伏无所用也。其法：如贼徒一战而败，贼遂奔北，我兵追上，凡遇林木人家、过溪转角之处，每量林木屋垣湾曲大小，即留一队或一哨守其必出之口，而他兵一面径跑追上。每遇一处，即留一处。又或村落极大者，即通行围止，听人进搜，无贼高声为号，又复前追。其麦田茂草之地，又皆可伏之所，我兵每一哨内即留一队，分投下路星散麦田草中搜打喊叫，一面正兵径追，故每战多于麦田中搜获生擒，此非避我者，正贼之伏也。

操法：以木牌上书麦田、村屋，分别大小等字，恁听一人以便插于教场，以灰画为委委曲曲羊肠大路一道。擂鼓交锋，既胜追贼，照前说依图分往下路于所立木牌处搜防。今列图于后。

中军大战全捷，对垒安大方营，打金边，五方旗帜先出立表执旗。立表之人执五方旗者，先于中军四直各数行足立定各

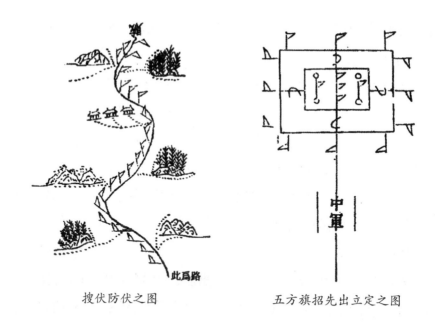

搜伏防伏之图　　　　　五方旗招先出立定之图

四角表旗，自门旗平看，亦行步如数立定为四角之表，各须听主将预计。如每鸳鸯一队该去一丈计之，每面约若干队，为若干步；高招又少折一半，立为子层。前营兵即为前面，左营即为左面，右营即为右面，后营即为后面。

吹摆队伍喇叭，兵照各方旗色，依本旗望表蚁附，下营各哨为一簇围聚门旗两边。俟人定，听吹长声单摆开喇叭，照方营图撒开，依鸳鸯整阵立定，司锹者作掘堑势，立拒马者立拒马，下蒺藜者作安蒺藜势。锣鸣，俱坐。竖黄旗、播鼓，发火兵樵汲。鼓三通，发出，闭营门。吹号笛，官旗发放会议事，俱照台上发放号令施行。候各到地方，掌号吹长声亭锣，全营起身，擎枪作势。方伏黄旗，收火兵，进营，起火一枝。各营举火炊食毕，即随报有贼之处，看竖何旗，如竖红旗，则前面备战；竖黑旗，后面备战；竖蓝旗，左面备战；竖白旗，右面备战。旗既竖，听叭锣一荡，起身收执器械。点鼓鸣铳，先行在前离本营一百小步立定，其该营之兵前哨出在鸟铳后，每哨各队平列为一层，二哨在左，三哨在右，四哨在后，照图摆定。其中军亲兵之类一字摆在出战兵之后，以补该面方营之缺。听吹摆队伍喇叭，前哨疏摆大鸳鸯阵，在前为正兵，左哨出左边，右哨出右边，后哨攒上前，与前哨相近二十步，为次层。接战兵其左右两翼兵，务与中间正兵相去各隔一哨之地，切不许挤密相联。各以一哨、二哨为抄贼奇兵，三哨四哨径在大兵之前半里外左右，或山或险、或林木人家、或沟渠，但可遮藏形迹之处，俱各衔枚偃旗卧定为伏兵。其交锋之法：听中军放炮一个，吹长声喇叭一声，铳手放炮一层，吹过五次喇叭，放过五次炮，尽出战，如有令分付。若喇叭吹长声紧吹数声不止，则凡在炮手一齐单列尽数放毕。点鼓，前哨慢行出鸟铳外。擂鼓、吹天鹅声喇叭，呐喊交锋。任是如何，不许离乱鸳鸯阵法；一队一阵，任其乱杀乱砍，不许与牌手相离。一闻金响，即复原队。如贼不退，尚在交锋，金不鸣，中军擂鼓忽止又点鼓，则该二层间队出，约将到，擂鼓吹天鹅声，急出前层之前接战，两翼抄贼，奇兵相夹而进。如贼败走，原擂之鼓声闻不歇，则当交锋之层只顾追杀上前，二层紧随。擂鼓少止再擂，又是二层间出，只顾整队间出上前追杀。但闻鸣金三声，火速脚下立定。听摔钹响，速收整原队。鸣金一下，第一层退至最后层兵之后；听连鸣金二声，复擎枪回头作势齐喝一声立定；又如此鸣金，二层又退回已退后层之后；又鸣金二声，又复擎枪回头作势齐喝一声立定；再鸣金，又该已退在前之兵又退又止。如此依听金令轮退，只至鸟铳之后。此时贼若追我过伏兵来，中军即放大铳三个，两边伏兵一齐拥出，打铳兵皆横奔冲贼，务出死力抵敌；正面兵一齐回头拥上，四面合攻混战，老营发兵助势。此时伏兵已起，若已退正兵而不即回头拼命策应者，全队如禁令条约施行。大得胜，金响三声，各照前出退法退回原扎阵之地立定。金止，听报无贼，摔钹响，收队。再摔钹响，收成大队，前层不动，后层少退，留左右二哨之空，左右二哨俱各脚下立定。再听摔钹响，左右二哨各驰回原空立定。鸣金大吹打，鸟铳先回进营门，即转身向前伏定，防前有贼来。兵哨挨次径归原营，每哨一聚毕，喇叭吹单摆开，仍摆方营。余三面之营，皆是一般号令出战。凡营中无故放炮，是欲更变号令，炮响后，各营看中军竖何色旗，何营听备出战。通战收已毕，锣鸣，俱坐，中军禀收大营，起营，吹长声叭罗，各起身；摔钹响，收成大哨；再摔钹响，五方旗招回中军，各兵听中军旗招点，各营照旗方向俱归旗下，为一字而前摆开，乃为四叠，听令收营。

次摆队伍喇叭点鼓每一哨一聚图

凡战，但系正兵，俱听喇叭次数，或摆鸳鸯阵，或摆三才阵，随号无定。其两翼伏兵，定要摆作三才，决不用鸳鸯阵，盖伏兵要突出，必是奔跑；鸳鸯阵人众，跑远易乱，故只用三才阵，人少易出，应急为便。

　　交锋之法，兵在各伍牌后遮严缓步前行，执牌在前，只管低头前进；笀枪伸出牌之两边，身出牌之后，紧护牌而进。听擂鼓、吹天鹅声喇叭，交战。执牌者专以前进为务，不许出头看贼，伍下恃赖牌遮其身，只以笀枪出牌之前戳杀为务。如不上前，队长牌兵之责。如队长牌兵被害，伍下偿命。其两翼之兵先大张其势，望外开行，俟将战，急于贼之两边，各令一半自外围戳而来，各令一半伏住；俟贼到正面，兵俱将牌立定不动，两奇兵急合，贼必分兵迎我两来。奇兵俟贼四顾夺气，正面兵即拥牌夹战。如胜负未分，前力已竭，又即点鼓，第二层由前层空内间出，如图接应对敌。闻金得胜而止，依退法退回。架梁兵各带小旗一面，卷讫。知贼已无别伏，方才打得胜回营。

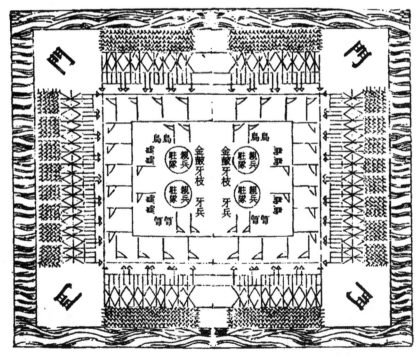

再吹单摆开，每鸳鸯一队平去

一面出战初变立定之图　　　　　　原方营一面分图

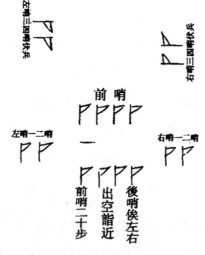

吹摆队伍又点鼓出变

定立交锋之图

退兵之图

伏兵出战回兵策应之图

以上俱战前操长营内已详，兹照前图施行，此不重出。

收营法，即从方营收成四叠，放铳三个，呐喊三声，一齐收至将台。鸣锣，过队各回原扎两行信地。金响锣止，又慢鸣锣三声，散中军，归列。鸣锣，兵士坐息，如出战在野，收回则放铳呐喊，毕，照行营随地形变几路收回。以上操战法似为定局，或者曰：所谓刻舟求剑也，倘兵非四营，将焉用此？殊不知一队一哨皆可操，当照后演之式，不拘人多少，今将零哨、一哨起，至合四营上，常操分合之妙图说另具于后。

挨队操演，自一队起，至四队毕。又合一哨操四哨毕，合一营操，此以下操法号令俱附各图右。如此，虽十人亦可用战法，亦有奇正，不过一头、两翼、一尾，中军为心，是谓握奇心，运四肢。当敌者为头迎锋，尾即继后，与头更番间出不穷，两翼随之，自远而近，迎合于前。但遇敌处，即为头，为正兵；但在左右，即为翼，为抄贼奇兵；但在后，即为尾，为策应兵。其金鼓号令，虽操五人、十人，由一队以至一营，由一营以至十万，皆同。

操法，一队前来立定，锣鸣坐地，听吹长声单字罗，各起身执器械；听吹摆队伍喇叭，整队鸳鸯队摆开；再听吹单摆开喇叭，即变如后图三才阵；点鼓前行，擂鼓吹天鹅声喇叭，呐喊交战。五人为正兵，各三人为右左翼，金响三声，立定；鸣金一声，面前退回；连鸣金三声，即向前齐喝一声立定；摔钹响，仍收鸳鸯队，打得胜鼓回在教场空地立定；鸣锣，坐地休息。如是，又点哨长旗，第二队照前习战。二队毕，又点哨长旗，第三队习战。毕，又点哨长旗，第四队习战。号令皆同第一队习战例。四队俱完，是一哨完。

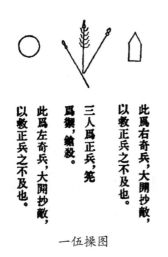

一伍操图

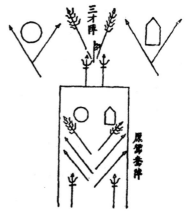

一队操图，出鸳鸯阵，变三才阵

　　四队为一哨，操完，听哨官点旗吹号罗，以上每操完的一哨俱起，听点鼓，整鸳鸯队，一队单行，二队、三队并行，四队单行，立定。鸣锣，坐息。听塘报在前摇旗报有贼至，听吹号罗，起身；听吹摆队伍喇叭，即整鸳鸯阵，二队在左者左出，去正队十小步，如野地不拘，但以进退便利为界；右者右出。听再吹单摆开喇叭，即分三才阵。如不再吹单摆开喇叭，是不分三才阵，只以鸳鸯阵听号交锋，但以吹喇叭声为准。如摆三才阵已定，听点鼓，头层一队慢行，四队在后跟上。听擂鼓吹天鹅声，呐喊，第一队交锋，任是如何厮杀，不许乱了行阵。又点鼓，在后第四队由一队空中间出一队之前交锋，如此相轮，间出无穷。右、左二翼二队三队照居中，正兵一层进，一体进一次，只进至两翼，抄抱相合在正兵之前，止。听鸣金三声，各收原队。再鸣金一声，在前层退过在后一层，两翼一体各退原路。连鸣金三声，齐喝一声立定。又听鸣金一声，前层又退，退至原地。摔钹响，收成鸳鸯阵。再摔钹响，收成原哨立定。是一面操毕。如后面塘报报有贼，即以四队为正兵，一队为二层间出，二队为右翼，三队为左翼，战法、收法俱同前例。如操毕，左面报有警，即以二队为正兵，三队为第二层，四队为左翼，一队为右翼，战法、收法、号令俱同前例。如右面报有贼，即以三队为正兵，二队为第二层，一队为左翼，四队为右翼，战法、收法、号令俱同前例。哨长居中调度，为中军。

　　哨操毕，回空地，鸣锣坐息，又听二哨、三哨、四哨各轮照一哨之法操毕，又听回空地，鸣锣坐息。如此，四哨俱完，又鸣金边，探贼待报警，即听本总点本哨官方色相同之旗，即各听吹长声号罗，四哨通起身收拾器具；鸣金边，发塘报，四哨旗即前至战地立表，每队有三步长，则左右旗各退第一哨之

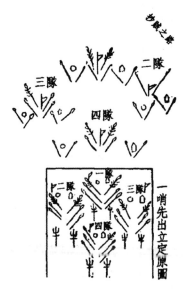

一哨出战随敌分应遇贼处为首交锋操图

旗后十二步左右平立，第四哨旗在后之中，又退左右旗十二步
立定；点鼓，先鸟铳，次前哨，挨次各就旗下立定；听点鼓，
则每哨四队通攒到旗下平列一字；听吹摆队伍喇叭，一哨鸳鸯
阵摆开，相去三大步。如不再吹单摆开喇叭，是地形广阔，就
用鸳鸯阵对敌；如再吹单摆喇叭，是地险窄要，仍摆三才阵对
敌。四哨亦照一哨摆作第二层，听令间出。二哨即由左面远离
正兵或三十二步，或不拘，只相地形之便，或旁抄小路，但不
许太远，声势不相救应；以一队、二队径出旁路，抄裹贼后，
二队、四队即于出正兵三十步之前，不拘远近，随其山地形势
可以隐身之处，偃旗息鼓，衔收按伏，以为伏兵。三哨亦照二
哨之法出正兵之右，亦一体以一队、二队比照二哨抄贼，以三
队、四队比照二哨设伏。若遇地形偏斜，止有一边可以伏裹，
临时听本哨便宜分布。若一边可伏，一边可抄，则听各哨之便，
可抄贼者尽数抄贼，可埋伏者通哨埋伏。该总内中军等兵并不
操之哨，急带一哨官者，在五十步后据险一字摆开为老营。如

此布定寂速为要。贼至小百步，听本总放铳一个，每掌号一声，鸟铳放一层；连掌号五次，五层俱放。毕，听点鼓，一哨缓行，出鸟铳前。听擂鼓，吹天鹅声，呐喊，方才交锋。鼓即少缓，又点数声，第二层四哨兵急出。又擂鼓，听天鹅声，接应间出前层之前，交锋。鼓又少缓，又点，第一层又出二层之前。擂鼓，吹天鹅声，呐喊交锋。场操不拘几层，只管轮听鼓号喇叭呐喊，间空抽进，两翼二哨三哨兵亦照正兵号挨层抄进。若临敌交锋，一层已接，只有二层四哨接应，二哨三哨抄裹之兵待正兵第二层四哨一合前层共战，则两翼即来抄裹，以夺贼气，以壮兵久战之胆。或正兵佯却诱敌，或由正路，或由别所，任便战引决，不许经由伏兵之处却回误事。俟贼追过伏兵来，将近老营兵之时，听放大炮一个，伏兵闻炮，左右二哨者两边齐呐喊跃出，或冲贼腰，或出贼后，贼必慌忙回顾，奔回之兵火速转身，本总听大擂鼓，尽力一拥追杀前去，万胜无差。战毕，听连鸣金三声，即各于脚下立定；再听摔钹响，即各归原队哨；听鸣金一声，第一层先间队退回后层之后；听连鸣金二声，喝一声立定；又鸣金一声，在前之层又退过已退兵之后，依前令鸣金喝立。如此轮间抽回，只至老营原地。听摔钹响，照原单摆开图立定；又听摔钹再响，照原初出营队立；听金鼓齐鸣，鱼贯收还回军。如贼从后来，即以四哨为正兵迎锋；二哨一二队为右翼兵，三四队为右伏兵；三哨一二队为左翼兵，三四队为左伏兵；一哨为后哨。如贼从左来，即以二哨为前哨正兵；三哨为后哨策应；四哨一二队为左翼兵，三四队为左伏兵；一哨一二队为右翼兵，三四队为右伏兵。如贼从右来，即以三哨为正兵迎锋；二哨为策应；一哨一二队为右翼兵，三四队为左伏兵；四哨一二队为右翼兵，三四队为右伏兵。

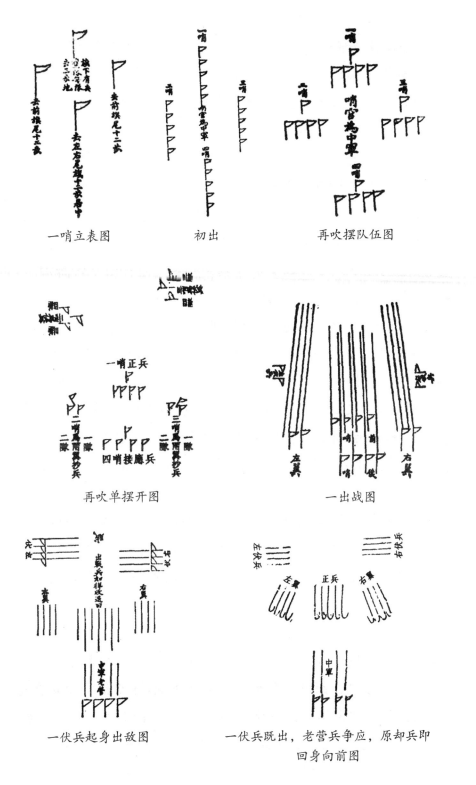

一哨立表图　　　初出　　　再吹摆队伍图

再吹单摆开图　　　一出战图

一伏兵起身出敌图　　　一伏兵既出，老营兵争应，原却兵即
回身向前图

如在教场前面操完，收回原地，方立定，未及回军，忽报后面有警，即以在后之哨为第一层正兵，先回之哨为第二层策应，正行之兵各于脚下鳞次鸳鸯阵转身立定迎敌。在左之哨，一哨二哨为左翼，三哨四哨为左伏；在右之哨，一哨二哨为右翼，三哨四哨为右伏，各照旧法。但伏兵即于战兵第二层之后左右即在阵中设伏，不及别寻伏地；抄兵急急张两翼而上，不必正兵二层轮进之时方才同二层进。此是一总通出之法，其出战、收兵、按伏、出敌号令，俱与下方营时一面战之例并不差更。如文依令收回，仍立定；听吹转身喇叭，仍转前面。再听报左面有贼，即以左面左哨为第一层正兵，右哨为第二层策应；前哨一哨二哨为右翼，三哨四哨为右伏；后哨一哨二哨为左翼，三哨四哨为左伏，对敌、收军一如前面号令，先回原地，仍听吹转身喇叭，照前面初出图立定。未及回军，又听报右面有警，即以右面右哨为第一层正兵；左哨为第二层间出；前哨一哨二哨为左翼，三哨四哨为左伏；后哨一哨二哨为右翼，三哨四哨为右伏，对敌收军一如前面号令。所谓无不可为头，无不可为尾，无不可为翼，无不可为伏，庶临事任从何面有警，任从前后左右，无不即成营阵队伍，左之左之，右之右之，无不由之，如驱群羊是也。若不如此广习独用，万一地窄贼近，仍要调过前哨向贼为正兵，误事岂小小哉？一总操定，即大鸣金鼓，照鸳鸯阵行回原扎大营信地，依行伍立定，鸣锣坐息。听一总，又看将台何色旗点，照旗色把总带兵；点鼓，听吹挃罗，起身赴中军，照先操一总号令，布战抄伏收退之法毫厘不许差错。如此五总通完，各仍回信地，摆列坐定休息，听中军号令。合营大操，俱如一总之法；四面报贼，随警调应，亦同一总四面之法，但因地形而加人数之多耳。凡每谓之前后左右，各以前后左右之总配之；每谓之一二三四哨者，则以前后左右所分之哨配之，由此而增，百万一法。

附宁绍操练生兵阵图，其号令俱如见行，并不重注。

点鼓各分出引至其地立定

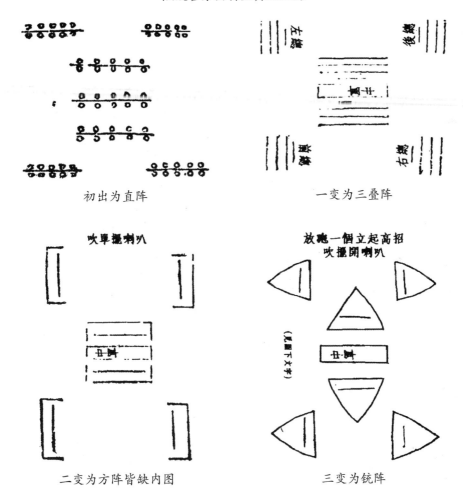

初出为直阵

一变为三叠阵

二变为方阵皆缺内图

三变为锐阵

收法：摔钹响，收拒马；点步鼓，自锐阵收为方阵；又钹响，点步鼓，自方阵变为三叠；又钹响，自三叠收为直引；又钹响，点鼓，作二叠回军。

结伍法

以伍人为伍，立一伍长主之，必择平素相识者，昼战面貌足以相见，夜战声音足以相知。

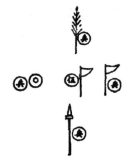

立队法

以五层站立，队长居前，伍长居中，以成一方纵横成行。右所谓行伍，即此法也。

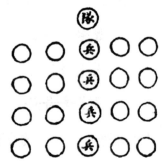

结队法

以五伍二十五人为一队，立一队长主之。队者，元首也；四伍，四肢也；四兵者，拇指。临阵立以连刑之法，如身使臂指是也。

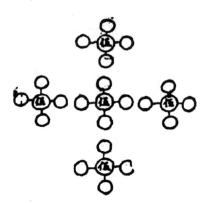

结攒法

以四队为一攒，立一攒长主之，其形如井字，加以束伍之令。右所谓结者，如丝之纽，纽而不可卒解者也。

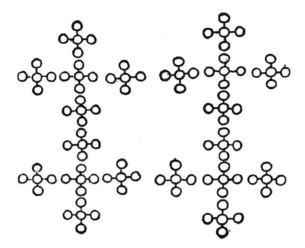

卷之九

《出征篇》
逻辑脉络及经典思想

一、篇题解析

《出征篇》全称《出征起程在途行营篇》，位列《纪效新书》第九卷。在此篇之前，戚继光已有《行营野营军令禁约篇》论述行军宿营法令禁约，此处又在《操练篇》之后专设一卷探讨行军问题，其原因在于戚继光军事思想中一切从实战出发的特点。《出征篇》与《行营篇》的不同之处在于它论述的是即将进军前线与敌接战时的行军之法，此时已经完成了兵力的调动和部署，只待一声令下，便要对阵厮杀，这种情势下的出征行军与移防调动大不相同。同是著名军事理论家的西方兵学名家克劳塞维茨也曾在他的经典著作《战争论》中论及战场距离与战士心理的微妙关系，当距离战场越来越近时，枪炮声渐渐传入耳中，敌人的旗帜阵线隐约可见时，保持镇定的心理和良好的应战状态是军队任务的重中之重。和戚继光一样，克劳塞维茨也是一位身经实战的军事思想家，对于战场环境的敏锐感知和对于战士心理的微妙把握，都成为促成他们对军事现象进行细致深入分析的动因。戚继光在《出征篇》中重点论述了出征起程后军队赴战之前的情报收集问题、队形变换问题和遭遇作战问题，这三个具体的问题对应着三个更为深刻的战争命题：战场感知、地形选取和临机指挥。在奔赴前线的行军途中，要时刻敏于对战场环境进行动态感知，做到情势明了、全局在心；在行军途中遇到不同地形，要善于因势利导，谋求地形之助；如果与敌不期而遇，则要随机应变，以有制之兵坚决战斗歼敌。

二、精要新解

（一）动态感知战场：三军所恃，哨探为先

戚继光规定，起程出征时主将要首先发布命令，并设定信号箭（或称为"票箭"）作为约定的时间。这个时间不固定，但一旦听到第一声喇叭声，全军需要开始收拾军装，并吃完饭菜，同时检查干粮是否充足。同时，会预先派出前哨的侦察人员，每段路程（称为"塘"）有五名士兵，他们之间的距离以能够相互望见为准，不论远近。每条行军路线会设置二十四个这样的"塘"，覆盖二十里以内的范围。从人马聚集的地方开始，所有侦察人员一同出发，走到一里外的距离，在彼此仍然可以相互望见的地方停下。每到彼此视线能够望见的极点，就会留下一组侦察人员在原地立起旗帜站定，其他组继续前进，直到能够勉强望见便彼此时再留下一组，如此重复，直到留下二十四组侦察人员为止。

侦察人员布置到位后，发出第二声喇叭号令，中军摆出清道旗，各级官员带领各自的队伍依次出城，主将居中。第三声喇叭声响起时，负责掌号笛和官旗的官员按照命令行事，返回各自的位置。中军会敲击鼓声作为号令，如果是一路行军，中军会先举起一面大红旗，然后前军先行，接着是左军、中军、右军，最后是后军。等到各部队都出发完毕，中军会竖起一根高高的旗帜作为信号，其他部队也会相应地竖起各自的旗帜，形成一路行军的阵形。同时，侦察人员随着军队的移动而移动，军队停下时，他们也要停下。

为前哨配备五方旗和高招旗各一副，只在有需要时才展开。如果遇到林木，就展开青旗；如果遇到水泽阻碍，就展开黑旗；

如果遇到敌军兵马，就展开白旗；如果遇到险峻的山地，就展开黄旗；如果遇到烟火，就展开红旗。一旦过了这些障碍物，就立即卷起相应的高招旗。如果道路允许一路行进，就立起一面高招旗；如果允许二路行进，就立起两面；如果允许三路行进，就立起三面；如果允许四路行进，就立起四面；如果是全军抬营行进，就立起五面高招旗。这些信息向后面的队伍依次传递。所有侦察哨兵在发现敌人时，如果情况紧急就摇动红旗，如果情况较缓就摇动黄旗，如果敌人数量众多就摇动青旗，如果敌人数量较少就摇动白旗，如果无路可走就摇动黑旗。一旦第一层哨兵摇动旗帜，其他各层的哨兵也按照前面的方式摇动相应的旗帜。如果敌人没有追来，就重新立定不动。如果敌人再次追击，第一层哨兵就退到第二层的位置，但最多只能退到营地前。绝对不允许在发现敌人并摇动旗帜后，不论敌人是否追击，就全部拥挤着直接返回营地，这样的行为将会受到军法的处罚。

（二）根据地形灵活变换行军队形

戚继光十分注重根据地形变换队形，以保证行军作战的效能。具体方法是：如果前进的道路稍微宽敞一些，中军行进到宽阔处时，会放一个炮作为信号，所有部队都应在当前位置停下。接着，听到两声火铳声（起火二枝），再放两个炮，中军竖起两根高举的旗帜（高招二竿），这就意味着接下来要变为两路行军。当中军点起蓝色的旗帜时，左军会从左侧行进至与前军头部平齐的位置并停下，之后中军的蓝色旗帜和前军、左军旗帜都会暂时收起。然后中军再点起黑色的旗帜，后军会从左侧行进至与右军头部平齐的位置并停下。放两个炮后，击鼓，开始两路行进。如果道路再宽一些，中军会放一个炮，所有部队都应在当前位置停下。听到三声火铳声（起火三枝），放三个炮，中军竖起三根高举的旗帜（高招三竿），黄色旗帜急点，前两路平行展开，中间空出一条路，等待中军进入，与前军和左军头部平齐。再放三个炮，击鼓，开始三路行进。如果道路更宽，可以四路行进，中军放一个炮，所有部队都应在当前位置停下。听到四声火铳声（起火四枝），放四个炮，中军竖起四根高举的旗帜（高招四竿），前军不动，白色旗帜点动，右军进入左军的右侧，与左军头部平齐；后军进入左军的左侧，四路军队头部平齐，中军位于其后。再放四个炮，四声火枪声，击鼓，开始四路行进。如果道路再宽，可以五路行进，中军放一个炮，所有部队都应在当前位置停下。听到五声火铳声（起火五枝），放五个炮，黄色旗帜点动，中军进入中间位置。再放五个炮，五声火枪声，击鼓，开始五路行进，即抬营而行。如果五路想要变为四路、三路、二路或一路行进，或者四路、三路、二路、一路因道路宽窄需要变换行进方式，都按照上述提到的变换方式进行。只需注意中军放止炮之后，有多少声火铳声、多少炮声、点动哪种颜色的旗帜，就按照相应的数字分几路行进。

（三）遇到突发情况要以有制之兵应对

戚继光认为在前往战场的行军途中，与小股敌军的遭遇战是在所难免的。戚继光规定，如果遇到敌人，当戚家军的军队分成四到五路行军时，应立即改变方向并布置营地以等待敌人；如果只有一路或三路行军，那么应立即采取紧急营地的布置，前军要迅速按照统一的操作方法准备战斗，左、右、后三军则分别设置伏兵、出翼保护、扎稳老营，各自分头行动。当前方军队发现敌人时，如果敌人不来迎战，只允许埋伏哨兵并扎营，等待中军的号令，不得擅自行动以免失误，要按照规定的图式和策略执行。

当敌人突然从塘马腰部冲出，与戚家军遭遇，以致来不及扎营时，应立即建立紧急营地。己方军队应立刻在所在位置立定，靠近敌人的士兵不必抽调其他队伍，应全部准备应敌。士兵首先使用火铳并列射击敌人，然后依次使用盾牌和短兵器出战。在没有敌人的地方，一方面按照操作规范调派人手支援，另一方面设置钉牌和拒马，形成一字阵形。其他部队如果需要发兵支援，要注意避免被敌人看见，如果敌人可以看到，就只需守营，不派奇兵去接应，以免被敌人利用；在敌人看不到的地方，即使有险峻的隘口和沟渠，也是己方军队出奇制胜的有利条件，此时需要利用地形智取，派出精锐的一二百人，出其不意地绕出，则必能取胜，此为上策。因为突然遭遇敌人，无论是敌人的前锋还是后卫，或者是四散抢劫的散兵，必定没有大军，所以只要己方军队有计划，就必定能取得胜利。

三、《出征篇》全文

主将先传令票箭期会讫，不拘时分，但闻第一荡喇叭，收拾军装，做饭吃讫，点查干粮，一面先将前哨塘报人马，每塘五名，各以相望为准，不拘远近。每路设二十四塘，间距二十余里，自人马聚处，通该差塘报一齐令行至一里外，或不及，但彼此可以相望。如视望不真，即留住一塘立旗站定，别塘再走，至仅可望见，又留一层，只至留到二十四层，立完站候。

听吹第二荡喇叭，中军摆清道旗，出次领哨把总等官领人马挨哨出城，主将居中军。第三荡喇叭，掌号笛，官旗听发放毕，各回哨。中军点鼓，如一路行，则中军先点大红旗一面，以前总居前，次左总，次中总，次中军，次右总，次后总。俟各行开已毕，中军竖高招一竿，各部高招俱起，如图一路行。兵行则塘报亦行，兵止则塘报亦止。

如前途稍宽，中军行至宽处，放炮一个，各于脚下立定；听起火二枝，放炮二个，立起高招二竿，即如图听二路行。看点蓝旗，则左总由左行与前总头平，不动，中军蓝旗伏，二总旗亦伏；中军又点黑旗，后总由左行与右总头平，立定。放炮二个，点鼓，二路行。如路又稍宽，中军放炮一个，各俱脚下立定；听放起火三枝，炮三个，中军竖高招三竿，黄旗急点，前两路平开，空中一路，待中总进入，与前左二头平；再放炮三个，点鼓，作三路行。如路再宽，可四路行，中军放炮一个，各即于脚下立定；听中军放起火四枝，炮四个，竖起高招四竿，前总不动，白旗点动，右总入左总之右，二头相平；后总入左总之左，四头相平，中军居其后；再放炮四个，起火四枝，点鼓，作四路行。如路再宽，可五路行，中军放炮一个，各仍立定；听举起火五枝，放炮五个，黄旗点，中总入居其中；再放炮五个，起火五枝，点鼓，作抬营而行。如五路欲变四、三、二、一路，或四、三、二、一路各因道路宽狭变行，俱如前层变过图，但听看中军既放止炮之后，有起火几枝、炮几个、点某色旗，即依数分几路。

如遇贼，凡四五路行，即变方营待敌；如一三路行之际，即变照急营，前总速照一总操法备战，左、右、后三总即各设伏、出翼、扎老营，分投而作。前兵见报，如贼不来迎战，止许伏哨扎营，以待中军号令，不尔擅便轻易失事，照节制图式施行。

前哨有五方旗一副、高招一副，有事方开。见林木，开青旗；阻水泽，开黑旗；遇兵马，开白旗；山险，开黄旗；烟火，

137

开红旗，过所见之物，即卷其高招，如道可一路行，立一面；二路行，立二面；三路行，立三面；四路行，立四面；抬营行，立五面。后部挨队递相传开。

凡塘报哨见贼，急则磨红旗，缓则磨黄旗，众则磨青旗，少则磨白旗，无路可行则磨黑旗。一层既磨，各层照前一时俱磨，一层退至一层，如贼不来，复又立定。如贼再追，一层又退二层，只退至营前。断不许见贼磨旗之后，不论贼之追不追来，一齐拥众径回，如此军法示众。

如贼自塘马腰内突出，与我兵忽遇，不及下营者，即下急营，我兵即时于所行之地立定，近贼者不必抽间队，尽数备敌，先铳平列打贼，次挨牌短兵出战。其无贼处，一面照操拨人应援，一面安立钉牌拒马，为一字阵。别部应发援兵者，或包水港沟渠，若贼可望见者，止守营，不许遣接奇兵，恐贼乘之；如贼不见之处，虽有险隘沟渠，正我兵出奇必胜之利，亦须相险设智，别渡精锐一二百人，绕出不意，必可取胜。此上策也。盖猝遇贼，非伊前锋，则为后殿，及或四散抢劫零贼，必无大众，惟有制必取胜也。

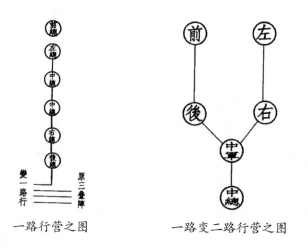

一路行营之图　　　　　一路变二路行营之图

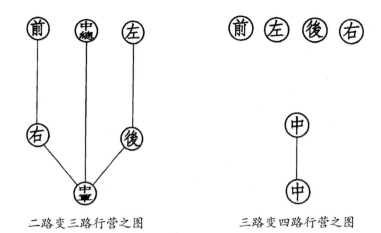

二路变三路行营之图　　　　三路变四路行营之图

行营该传金鼓旗号。

大将旗鼓行军摆列清道临时变战营图说。

摆列图另开在后。

凡有职人员，俱全装披执军器。

军令牌四面，可用四人。大门旗十面，每面用人二名。五方旗十五面，神旗五面，单摆；飞虎旗五面，五方摆；五行五面，一字摆，用人十五名。角旗十面，每面一名。五方高招正副十面，用人二十名。坐纛一面，用人五名，护纛亲兵二十五名。押旗令旗二十四面，用人二十四名，下营即散营内督察监军。

金鼓旗四面，用人四名。金鼓二副，钲二，摔钹二，孛罗四，喇叭四，鼓十二，笛二，板二，细乐八，共用吹鼓手三十八名，每五方旗高招一面，后护旗各精兵五名，共十层，用兵五十名。

将马前：令牌三面，官三员。长短兵每排五名，共五层，通一队二十五名。

马后：令字小旗牌背招一十二面，用马十二匹，亲信胆勇员役执之，每四人一层，分三层，专听督遣密令。押后兵二十五名，各用长短器。

细近路如线，则每五人，以中一人前后四人分二层，各去一步，使不浑别层之意，前后层各十步。

路宽远，则每层照单摆列，每前后各去十五步。

遇贼报，正行间中军闻报，放起火一枝，炮响一声，五方大旗内黄旗即随主将踏定战地竖起，前后旗号俱攒来黄旗下，四方分出立表。每方门旗以下旗招护兵等役，俱随各旗列方，其本方旗居门旗之中，招居方旗之后，招高于方旗，方旗高于门旗。金甲旗并金鼓旗领金鼓，居将之左右，列前兵一队居将前，令字招旗居将后，专听指麾，督兵战杀，后亲兵一队两分列于金鼓之外。

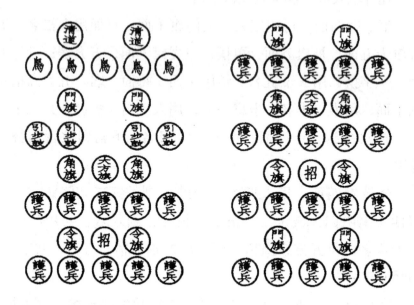

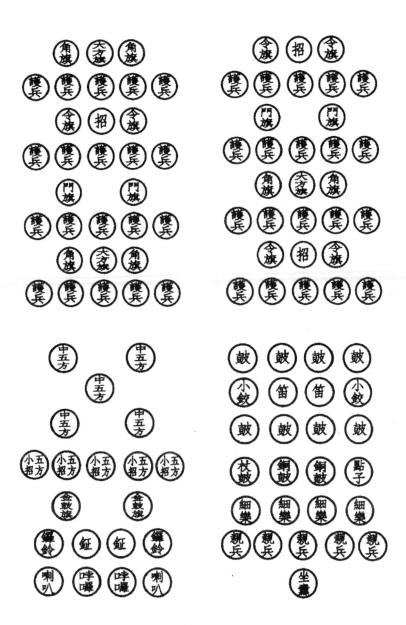

卷之十

《长兵篇》
逻辑脉络及经典思想

一、篇题解析

《长兵篇》全称《长兵短用篇》，位列《纪效新书》卷次之十。《汉书·艺文志·兵书略》将古代兵家分为四家，一是兵权谋家，"权谋者，以正守国，以奇用兵，先计而后战，兼形势，包阴阳，用技巧者也"；二是兵形势家，"雷举风动，后发而先至，离合背向，变化无常，以轻疾制敌者也"；三是兵阴阳家，"顺时而发，推刑德，随斗击，因五胜，假鬼神而为助者也"；四是兵技巧家，"习手足，便器械，积机关，以立攻守之胜者也。"在完成了对于操练阵令、行军进退等法令的论述后，从第十篇开始，《纪效新书》开始向兵技巧一路靠拢。整体而言，戚继光的军事思想是兼有四家风范的，但具体言之，则更为偏重兵形势与兵技巧两家。从第十篇《长兵篇》至第十四篇《拳经篇》，主要论述的便是如何"习手足"之艺，也就是练好战术作战技能，以临敌取胜。在冷兵器时代，如果一支军队缺少搏击刺杀等训练，没有称手的相应武器，就意味着将要成为刀俎上的鱼肉，陷于被敌人轻易斩杀的被动境地。过硬的战术技能与体系的营阵操练一样，是赢得战争的车之两轮、鸟之双翼，二者并行不悖，因此戚继光用极大的篇幅详论了军队的技艺养成。如果从前至后将《纪效新书》分为三组，则第一至第九篇为大军作战之法，第十至第十四篇为战术作战技能，最后的第十五至第十八篇为器械机关与特殊战法。而《长兵篇》恰是戚继光论及战术技艺的开篇，足见戚继光对于长兵的重视，也足见长兵在戚家军中的特殊地位。

二、精要新解

（一）长兵必短用：兵器使用的辩证法

戚继光认为所谓长兵器必定有其短用的技巧。为何如此呢？因为长枪在进攻时，由于长度较长，其架势（或称为"架手"）容易使用过度，也就是常说的"老"。如果使用者不知道短用的方法，一旦第一次攻击未能命中目标，或者未命中要害部位，那么当对方的短兵器趁机侵入时，使用者可能因为长兵器的长度而收退不及，这样就会被长兵器的长度所误，与赤手空拳的人处于同样的不利境地。因此，在使用长兵器时，必须同时注重兵器与身体的协调配合来克服其不足之处。戚继光将单手握枪，孤注一掷的攻击方式，称为"孤注"，认为这是当时流行的杨家枪法的一个弊端，很多学习者因不明长兵短用之术而被误导。长兵短用的方法，需要手法和步伐协调一致。如果第一次攻击未能命中，在一般情况下，可以通过步伐的变化来撤退；在紧急情况下，则可以用手法的变化将长枪缩回，用枪身来抵挡对方的攻击。只要对方的兵器无法接触到己方的枪身内部，对手自然就不敢轻易进攻。即使己方手中的长枪已经退回到一尺多长的位置，仍然可以用来戳击敌人，这与短兵器的使用效果是一样的。这就是长兵器短用的秘诀。

戚继光认为尽管弓箭和火器等远程武器属于长兵器，但其使用也遵循长兵短用的原则。例如，如果弓箭或火器的射程可以达到百步，那么最好在距离目标五十步的地方发射；如果射程只有五十步，那么最好在二十五步的地方发射。这也是长兵器短用的方法。长兵器之所以被称为"长"，是因为它们具有远攻的优势；而短用，则是指通过控制使用方式和距离，使其具有类似短兵器的灵活性和效果。尽管表现形式不同，但其中的道理是一致的。

（二）实战枪法不同花枪：营阵枪法欲简欲疏

戚继光认为长枪技艺的翘楚是天下广为流传的杨家枪，这套源于杨氏家族的枪法亦被称为"梨花枪"，其精妙之处唯有熟练者可得，一旦熟练，心就能忘记手的动作，手就能忘记枪的存在，达到圆转自如、毫不滞涩的境界。除了技法，在实战中保持冷静极为重要，因为冷静能使心不妄动，处理事务时从容不迫，变化多端，达到神化无穷的境界。尽管杨家枪十分精妙，但习枪者要么不将其传授他人，要么在传授过程中失去了其真意，后世很少有人能真正掌握它的奥妙。因此，戚继光认为他的时代流传的大多是沙家枪法和马家枪法。沙家的竿子和马家的长枪各有其妙处，也各有长短的不同。在运用杨家枪法时，它包含虚实、奇正的变化，有虚虚实实、奇奇正正的灵活运用；进攻时迅猛，撤退时迅速，其攻势如险峻的山势，其节奏如短促的鼓点；静止时如山一般稳固，行动时则如雷声般震撼。当时流传着"练二十年梨花枪，天下无敌手"的说法。然而，如果将这种枪法应用于实战阵列中，效果又有不同。因为在实际战斗中，技巧需要简洁，阵列需要拉开距离。不简洁就无法解开混乱和纠缠，不拉开距离就无法灵活腾挪和进退。在阵列的左右两侧，一定要辅以短兵器，长短兵器相互保护，使敌我双方形成相互依赖的态势，就能够舒缓士气，发挥能力，而不至于崩溃，这就是兵法中"气盈则战，气夺则避"的道理。

（三）武器制作要以实用为重要原则

戚继光以长枪为例，说明了武器必合于实战的道理。他指出，如果长枪的后手太细则握枪不够稳固，因此长枪的后手部位应该制作得粗一些，这样才能更好地掌控和稳定枪支，增加力度。执枪者要握在枪杆的根部尽头，这样枪身才能灵活活动而不显得笨拙。枪杆从根部开始应该逐渐变细，直到枪头为止。如果枪腰过粗，则会显得僵硬且难以操控；如果枪腰过细，又会显得软弱无力，即使手法再妙，也难以用枪拨开对方的枪。枪梢的部分不能过细，要从后往前逐渐变细才能保持力量。最忌讳的是枪身过重，因为过重会导致枪头下沉，难以灵活移动，那就等于放弃了对枪的使用。枪头的重量不应该超过四两（相当于现代的 150 克），这样才是最理想的。关于枪杆的材料，戚继光认为首选是椆木，因为它的质地坚韧。稍软一些的桧木虽然不及椆木，但可作为次选。枪杆最好是劈开的，因为锯开的枪杆纹理倾斜，容易折断。由竹片聚合而成的攒竹枪杆因其腰软，不适合使用。有了好的武器，还要有使用武器的正确方法。戚继光结合自己的经历论述了这个问题。当时，巡抚荆川唐公在西兴江楼上亲自教授戚继光枪术。戚继光问道："每次看到别人用枪，他们的枪圈可以画到五尺那么大，但您却主张只画一尺的圈，为什么呢？"荆川唐公解释说："人的身体侧面宽度只有七八寸，枪圈只要能够拨开对方的枪一尺远，就已经足够让我们的身体避开对方的攻击了。如果枪圈画得太大，对方的枪虽然被拨开了，但距离我们太远，对我们并没有实际的帮助，反而浪费了我们的力气。"戚继光认为这番话非常精辟，于是又问："要达到这样的水平，需要多少时间？"对方回答："至少需要十年的功夫。"当时在场的人，包括龙溪的王公和龙川的徐公，都对此表示赞同和叹服。戚继光进而得出结论，要精通一门技艺，必要勤思苦练，枪法的使用也是如此。

三、《长兵篇》全文

夫长器必短用，何则？长枪架手易老，若不知短用之法，一发不中，或中不在吃紧处，被他短兵一入，收退不及，便为长所误，即与赤手同矣，须是兼身步齐进。其单手一枪，此谓之孤注，此杨家枪之弊也，学者为所误甚多。其短用法，须手步俱要合一，一发不中，缓则用步法退出，急则用手法缩出枪捍。彼器不得交在我枪身内，彼自不敢轻进；我手中枪就退至一尺余，尚可戳人，与短兵功用同矣，此用长以短之秘也。至若弓箭火器，皆长兵也，力可至百步者，五十步而后发；力可至五十步者，二十五步而后发，此亦长兵短用之法也。长则谓之势险，短则谓之节短，万殊一理。

长枪总说

夫长枪之法，始于杨氏，谓之曰梨花，天下咸尚之。其妙在于熟之而已，熟则心能忘手，手能忘枪，圆神而不滞；又莫贵于静也，静则心不妄动，而处之裕如，变幻莫测，变化无穷。后世鲜有得其奥者，盖有之矣，或秘焉而不传，传之而失其真，是以行于世者卒皆沙家、马家之法。盖沙家竿子、马家长枪各有其妙，而有长短之异。其用惟杨家之法有虚实，有奇正，有虚虚实实，有奇奇正正；其进锐，其退速，其势险，其节短；不动如山，动如雷震。故曰二十年梨花枪，天下无敌手。信其然乎！施之于行阵，则又有不同者，何也？法欲简，立欲疏。非简无以解乱分纠，非疏无以腾挪进退，左右必佐以短兵，长短相卫，使彼我有相倚之势，得以舒其气，展其能，而不至于奔溃。兵法曰：气盈则战，气夺则避是已。今将六合之法并二十四势绘录于后，以广其所传云。

八母枪起手

你扎我，我拿枪。

你扎我，我拦枪。你扎我脚，我颠枪。你上扎，我捉枪。

你下扎，我橹枪。你上扎，我捉枪。你下扎，我颠枪。你枪起，我缠拦下。你扎我，我拿枪。

一合：先有圈枪为母，后有封闭捉拿，梨花摆头，救护要分明，里把门，外把门，闪赚是花枪，名曰秦王磨旗。

我扎你，你拿枪、还枪。我拿枪，我扎你，你拦下还枪。我拦枪，你尽头枪。我颠枪，还枪，你拿枪，还枪。我拿枪，你扎我。我拿枪，闪赚花枪上。你拿枪、还枪，我拿枪。你扎我，我拦下，闪赚花枪上。你拦下，还枪，我拦枪。你扎我尽头枪，我颠枪，闪赚花枪上。你拿枪，还枪，我拿枪，我摇花枪，乃秦王磨旗。

二合：先有缠枪，后有拦枪，黄龙占杆，黑龙入洞，拿枪救护，闪赚花枪上，名曰凤点头。

我缠你枪，你扎我。我拦下还枪，你拦下还枪，我拦枪。你扎我，我拿下，你起枪。我随枪缠拿下。你拦枪，我还枪，你拿下还枪，我捅退救护拿你枪。你扎我，我拦下，我摇花枪，乃凤点头。

三合：先有穿指，后有穿袖，鹞子扑鹌鹑，救护闪赚是花枪，四面是枪法，名曰白蛇弄风。

你扎我，我拿下，闪赚花枪上。你拿枪，还枪，我拿枪。你扎我，我拦下，闪赚花枪上。你拦下，还枪，我拦枪，我摇花枪，乃白蛇弄风。

四合：先有白拿枪、掤退枪救护，后有白拦进步，如猫捉鼠。救护闪赚是花枪，名曰铁扫帚。

我白拿进步上扎你，你拿枪还枪，我掤退救护拿枪。我白拦进步上扎你，你拦枪还枪，我拦枪。我白颠进步，闪赚花枪上扎你。你拿枪还枪，我拿枪。我摇花枪，乃铁扫帚。

五合：先有四封四闭，后有死中反活，无中生有，迎封接，闪赚是花枪。名曰拨草寻蛇。

你扎我，我拿枪进步扎你。你拿枪还枪，我拿枪。你扎我，我拦枪进步扎你。你拦枪还枪，我拦枪。你拿下我枪，你枪起，我反拿你枪。你拦下我枪，我枪起，反拦下你枪。你拿我枪，我枪闪过拦你枪。你拦我枪，我枪闪过，拿你枪。你扎尽头枪，我颠开捉住，你反起扎我，我拦下，闪赚花枪上。你拦枪，还枪，我拦枪。我摇花枪，乃拨草寻蛇。

六合：一截、二进、三拦、四缠、五拿、六直。闪赚是花枪。下游场拨草寻蛇，上游场秦王磨旗。

一接、二进、三拿、四缠、五拦、六直，大游场秦王磨旗，铁扫子必无路。

裙拦枪、伏虎枪、地蛇破；地蛇枪尽头枪破，中平枪中平枪破。

中平枪，枪中王，高低远近都不妨。高不拦，低不拿，当中一点难遮架。去如箭，来如线，指人头，扎人面，高低远近都看见。

枪是伏腰锁，先扎手和脚；疾上又加疾，扎了还嫌迟。

枪有三件大病：一立身法不正，二当扎不扎，三三尖不照。必上照鼻尖，中照枪尖，下照脚尖。

你枪发，我枪拿，你枪不动我枪扎。来得紧，去得硬，不遮不架是个空。

缠枪　拦枪　破缠　破拦　中平　死复生　一进一退　一上一下　进步虚　下拿还枪　扑法　守法　橹法　颠捉　苏法　捉法　看法　即法　身法　坐法　迟法　六封六闭　白鹞　黑鹞　白蛇弄风　铁扫帚　梨花枪　蜈蚣钻板　朝天枪　白牛转角拗　边拦　裙拦

以上诸法，颇属烦杂，兵士愚下，岂能一一皆习？但载之不得不备，自有用心者精之。而教兵惟用封、闭、捉、拿、上拦、下拦六枪。封、闭、捉、拿有大门有小门，只此已足用。

制长枪法式

后手如细则掌把不壮，后手要粗可盈把，庶有力。后手要把在根尽头，庶枪身活动不滞。枪腰要从根起渐渐细，只至头而止。如腰粗则硬强不可拿，腰细则软而无力，虽手法之妙，不能拿打他枪开去也。枪梢不可辄细，要自后渐细方有力。最忌太重，重则头沉，不可举动，是弃枪也。枪头重不可过四两，至妙至妙。

右枪杆椆木第一，栒木软而稍软，次之。要劈开者佳，锯开者纹斜易折。攒竹软腰，不可用。

巡抚荆川唐公于西兴江楼自持枪教余，继光请曰："每见他人用枪，圈串大可五尺，兵主独圈一尺者何也？"荆翁曰："人身侧形只有七八寸，枪圈但拿开他枪一尺，即不及我身膊可矣。圈拿既大，彼枪开远，亦与我无益，而我之力尽难复。"此说极得其精。余又问曰："如此一圈，其工何如？"荆翁曰："工夫十年矣。"时有龙溪王公、龙川徐公，皆叹服。一艺之精，其难如此。

习法

夜叉探海势
乃持枪行立看守之法。
遇敌变势，随机应用，
无不中节。

四夷宾服势
乃中平枪法。为六合枪
之主，作二十四势之
元，妙变无穷，自古迄
今，各械鲜有当其锋，
诸势谁可拔其势。

指南针势
乃上平枪法。其类用近乎
中平，而着数不离六合之
变，有心演悟，二十四势
之中，可破其半。

十面埋伏势
乃下平枪法。门户紧于上
平，机巧不亚中式，精于
此者，诸势可降。

青龙献爪势
乃孤雁出群枪法。势势之
中，着着之内，发枪扎人，
不离是法。

边拦势

乃里把门封闭枪法。守门户
有缠、捉、颠、拿，闪赚、
上穿、指袖股，倘他出马一
枪迎，抱着琵琶埋伏。

铁翻势

乃外把门黄龙点竿枪法，一
截二进蛇弄风，扑着鹌鹑不
放松。

跨剑势

乃裙拦枪法。大开门户诱他
来，遂我中途拿剁，他虚我
实摇花枪，他实我虚掤退救。

铺地锦势

乃地蛇枪法。起手拔挨急
刺，高来直擦难饶，若他滴
水认真穿，苏法死中反活。

朝天势

乃上惊下取枪法。摇旗扫地
铁牛耕，那怕他拖刀诡诈。

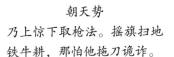

铁牛耕地势

乃急捣碓枪法。硬去硬回莫软，惟有此枪无空，他能平伏闪吾枪，就使黑龙入洞。

滴水势

乃提颠之法。顺手凤点头，披扑中取巧。进式用骑龙，出可掤退勇，若还破低势难同，伏地枪百发百中。

骑龙势

乃拗步枪法。进有拨草寻蛇，退有边拦救护，梨花滚袖似穿梭，四面是枪云雾遮。

白猿拖刀势

乃佯输诈回枪法。逆转硬上骑龙，顺步缠拦崩靠，迎封接进弄花枪，就是中平也破。

琵琶势

乃白牛转角枪法。上来钩崩进挫，中来滚剁挨拿好，下来提橹快如梭，得手青龙献爪。

灵猫捉鼠势
乃无中生有枪法。进步虚下
扑缠，赚伊枪动使梨花，遇
压挑天冲打。

太山压卵势
乃鹰捉兔之法。势维高发，
身中变异，任他埋伏地蛇
冲，我又磨旗扫地。

美人认针势
乃尽头枪法。好破地蛇，防
他颠捉，起手凤点头，披闪
认直戳。

苍龙摆尾势
乃掤退救护之法。电转风
回，惊散梨花闪赚。

闪鸿门势

乃抛梭枪法。身随枪进，闪坐剃拦，捉攻硬上，经日六直，妙在其中。用长贵短，用短贵长，此艺中妙理。短而长用者，谓其可御彼长，长入短不中，则反为长所误。故用长以短，节节险嫩，就近身尺余，法便不老，彼见我长，安心欲使我进深无用，我忽节节短来，彼乃智屈心违，仓促使彼对我不及。此用长之妙诀。万古之秘论也。

伏虎势

乃六封枪法。斜倒硬上如风，退闪提拦缠捉，他如压卵拦又朝天，铁扫迎封接靠。

推山塞海势

乃护膝枪法。高来摇旗挨捉，低来铁帚颠提，中来如箭有虚真，可用铁牛耕地。

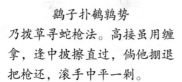

鹞子扑鹌鹑势

乃拨草寻蛇枪法。高接虽用缠拿，逢中披擦直过，倘他捆退把枪还，滚手中平一剃。

太公钓鱼势

乃磨旗枪法。诸势可敌，轻挨
缓捉，顺敌提拿，进退如风，
刚柔得体。

卷之十一

《牌笠篇》
逻辑脉络及经典思想

一、篇题解析

　　《牌筅篇》全称《藤牌、狼筅总说篇》，位列《长兵篇》之后，主要是介绍藤牌和狼筅两种戚家军的特制武器。为武器而专设篇章，足见戚继光对这两种武器的倚重，事实上在实战中也确实如此，因为这两样武器代表了一种深刻的军事思想，即以攻守为矛盾双方的中国古代朴素的军事辩证法。藤牌主守，在队形中是长短兵器的屏障，亦可称之为短兵之尤短者。狼筅主攻，是长兵中之较长者，在队形中与长枪配合使用。虽然两种武器攻守各有所主，但矛盾在一定条件下会发生转化。就两种武器本身而言，藤牌是寓攻于守，牌手的武器配备还包括长腰刀和标枪，可以投刺杀敌。狼筅则是寓守于攻，分布的枝桠可以化解倭刀的锐势，起到格挡敌方进攻的作用。就两种武器的相互配合而言，藤牌佐以狼筅则转守为攻，狼筅佐以藤牌则转攻为守，二者相互配合，即可攻守两强。这正是朴素军事辩证法的要义所在，即矛盾在一定条件下可以向对方相互转化，最终达成一种对立的统一。《牌筅篇》的位置处于《长兵篇》与《短兵篇》之间，这种安排也是矛盾转化的体现。在由长兵而论及短兵之前，先将长短合一的《牌筅篇》置于其间，正寓意着长兵可短用、短兵可长用这一朴素的军事辩证法思想。就像藤牌和狼筅是一体两用一样，长兵器和短兵器也是密切地联结在一起的，攻与守、强与弱、奇与正、虚与实这些矛盾的相互联结转化在军事实践中是无处不在的，小则可用于武器和战斗队形，大则可用于战役和战略思想。

二、精要新解

（一）防卫武器的选用要充分考虑敌我情势

古代的人们将防御盾牌称为"干"，它有两种主要形态：圆形和长方形，其历史相当悠久。"干"这种武器主要用于防御，而不是主动攻击。在明朝初期，人们开始用皮革包裹木头来制作这种武器，虽然增加了坚固度，但也使其变得沉重，不利于步兵在战场上灵活移动。戚继光到达东南抗倭前线后，发现了福建地区使用藤条制作的盾牌，这种盾牌虽然不能阻挡火铳的弹丸，但可以有效地抵挡箭矢、石块和刀枪的攻击，因此成为戚家军替代甲胄的实用装备。在南方泥泞的田埂和雨天中，这种藤牌特别方便实用。戚继光要求，制作藤牌时，要体积轻巧、结构坚固、密度适宜，确保能够完全遮蔽士兵的全身四周，为其提供全面的防护。在使用藤牌的同时，戚继光还为藤牌手配备了被称为"标"的辅助工具，即现在人们说的标枪，它主要用于吸引敌人的注意力，制造疑兵效果，从而帮助己方取得战斗优势。戚继光认为，如果没有"标"，藤牌只能防御，无法杀敌。在战斗中，士兵应在合适的时机使用"标"，而不可轻易发动，以免破坏整个战术计划。在"标"发挥作用后，士兵可以使用腰刀杀敌。这种腰刀必须足够锋利和轻便，才能有效地攻击远处的敌人。在实战中，戚继光发现练习藤牌的人需要具备一定的勇气、力量和敏捷性，通常年轻力壮的士兵才能胜任。戚继光将他们安排在队伍的前列，作为整个队伍的屏障，同时配备长短不同的武器作为支援。在战场上，这种使用藤牌的战术使军队能够紧密合作，既集中兵力进攻，也保持灵活性，无论前后左右都能迅速应对，这就是藤牌战术的妙用。

（二）攻守一体，防守的同时要做好进攻的准备

戚继光要求学习藤牌技巧的人手持藤牌的一面，藤牌内部使用大藤作为骨架，然后用细藤条交织缠绕而成。每位士兵除了藤牌外，还会配备两把标枪和一把腰刀。当士兵们手持藤牌面对敌人时，标枪握在右手中，腰刀则横放在藤牌内侧挽手之上，用手腕抵住。一旦敌人的长枪即将触及自己，士兵会投掷标枪进行攻击。无论标枪是否击中目标，敌人都会分心顾忌标枪而用刀枪去拨标枪，这时己方便可趁机迅速前进，从藤牌后面取出腰刀，用右手持刀随藤牌一起砍杀敌人。一旦己方士兵进入敌人长枪的攻击死角之内，敌人的长枪就会变得毫无用处，而己方便能够轻松战胜敌人。但是，如果投掷标枪后匆忙之间来不及取出腰刀，便会造成很大的问题，甚至会影响到战斗的顺利进行。相比之下，使用藤牌来防御短兵器的攻击则更为容易。

（三）武器要得人而用之方可以制人

戚继光指出，狼筅这种武器，看起来体型笨重，移动起来相对困难，不像其他武器那样灵活便捷，似乎并不是一种出色的武器。然而，人们不知道的是，狼筅其实是军队中的一道坚固屏障，就像一军的门户，保护着整个军队的安全。这就好比人的房屋，如果没有门锁，那么盗贼就能轻易进入。虽然狼筅如此重要，但关键还在于使用它的人。如果找到合适的人，那么它就可以用来制敌；但如果没有找到合适的人，那就可能被敌人所利用。这就像是使用锋利的干将、太阿宝剑，如果让一个儿童在城门外持剑，那么必然会有其他人趁机夺走宝剑，这是由于使用者的能力与武器不匹配所导致的。因此，武器要得人而用才能用以制人，否则便可能为人所制。

（四）精良的武器足以壮胆助气

戚继光指出，戚家军之所以要使用狼筅，是因为在战场上，士兵们面对敌人时往往会因害怕而动摇。其他武器可能显得单薄，不能给予士兵足够的信心和勇气。即使士兵们平时训练有素，但在战场上也容易惊慌失措，忘记平时的战术和技巧。而狼筅茂盛的枝梢，可以很好地遮蔽士兵全身，给他们提供安全感，增强他们的信心和勇气，使他们敢于坚守阵地。在使用狼筅这种武器时，必须确保它的节间紧密，枝条坚固，并且在梢部加上锋利的刀刃。此外，选择使用狼筅的士兵时，必须挑选那些力量大的人，因为只有他们才能充分发挥狼筅的威力，而不是被武器所支配。在使用狼筅的同时，士兵们还需要用盾牌来保护自己的前方，用长枪在左右两侧夹击敌人，行动要迅速且整齐。同时，必须有钗钯、大刀等武器作为辅助，因为狼筅虽然能抵御敌人的攻击，但并不能迅疾杀敌。如果是一支精锐的军队，能够以疾风骤雨之势迅速击败敌人，那么狼筅就显得有些多余了，因为它可能会成为攻击行动中的累赘。

三、《牌筅篇》全文

干，古有圆长二色，其来尚矣，主卫而不主刺。国初，木加以革，重而不利步。以藤为牌，近出福建，铳子虽不能隔，而矢石枪刀皆可蔽，所以代甲胄之用，在南方田塍泥雨中，颇称极便。其体须轻坚密，务使遮蔽一身上下四旁，无所不备。用牌之间，复有所谓标者，所以夺人之目，而为我之疑兵，所赖以胜人者也。牌无标，能御而不能杀。将欲进步，然后起标，勿轻发以败其事。腰刀用于发标之后以杀敌，非长利轻泛，则不能接远。其习牌之人，又须胆勇气力轻足便捷少年，然后可授之以此，置于行伍之先，为众人之藩蔽，卫以长短之器，为彼之应援。以之临敌，其众可合而不可离，可用而不可疲，进退左右，无所不利，此藤牌之功用也。今将牌势之可录者，绘说于后。

习藤牌人牌一面，内用大藤为骨，以藤蔑条条退藤缠联。每面随牌标枪二枝，腰刀一把。其兵执牌作势向敌，以标执在右手，腰刀横在牌里挽手之上，以腕抵住。待敌长枪将及身，掷标刺之，中与不中，敌必用枪顾拨，我即乘隙径进，急取出刀在右，随牌砍杀。一入枪身之内，则枪为弃物，我必胜彼矣。但掷标后而仓惶不及取刀，是一大病。其御短兵更易。

右牌用藤云云，木牌、
皮牌皆类此用。

右标枪，或用稠木细竹，皆可。
但前重而后轻，前稍粗而后稍
细，为得法。

斜行势

此乃直来横受之
法。勒偏步上。硬骑
龙以进人之左。

开扎衣势

此起手势也。
照高管下，横行直
进，诸势可变，
有躲闪之妙。

仙人指路势

乃看管之法。
拗步直进直退，诸
势可变。

滚牌势

此势随滚进，
以袭人之右，先进
刀，后进牌，疾速如
凤鸟妙。

罢步势 此乃骑龙
如探马，刀前
牌后诱人来，
转过牌来刀在
后，低平坐下
靠和挨

165

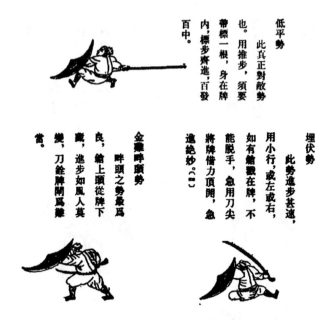

低平势

此真正對敵勢也。用推步，須要帶標一根，身在牌内，標步齊進，百發百中。

埋伏势

此勢進步甚速，用小行，或左或右，如有鈎戳在牌，不能脱手，急用刀尖將牌借力頂開，急進絕妙。（圖）

金雞畔頭势

畔頭之勢最爲良，鈎上頂從牌下蘡，進步如鳳人莫變，刀銓牌閂爲兼當。

试牌跳牌旧法：听锣声为度，覈牌如壁，闪牌如电，起伏得宜，翻身下露身，滚牌下露足，惟牌能杀敌、能蔽身，用之乃拒劲敌以卫兵也。大七星牌歌：覈牌砍刀，上步，再覈牌砍刀，背牌擎刀，绞丝步回，撒花盖顶收了。出牌见刀，翻身上，小跳翻身下。出牌截刀，翻身上，小跳翻身下。闪马牌歌曰：截牌再截牌，砍一刀复一刀，翻身上，小跳翻身下。又砍一刀，又复一刀，又砍一刀，又复一刀，翻身上，小跳翻身下。

狼筅总说

狼筅之为器也，形体重滞，转移艰难，非若他技之出入便捷，似非利器也，殊不知乃行伍之藩篱，一军之门户，如人之居室，未有门户扃键，而盗贼能入者。虽然，得人而用之，则可以制人；不得其人，则制于人矣。干将、太阿之利，使童子而持于国门之外，则必有袒背而夺之者，何也？其所能乖其所使故也。

凡用狼筅，须要节密枝坚，杪加利刃，要择力大之人能以胜此者，勿为物所使矣。然后以牌盾蔽其前，以长枪夹其左右，举动疾齐，必须钂钯大刀接翼。然筅能御而不能杀，非有诸色利器相资，鲜克有济。兵中所以必于用此者，缘士心临敌动怯，他器单薄，人胆摇夺，虽平日十分精习，便多张皇失措，忘其故态，惟筅则枝梢茂盛，遮蔽一身有余，眼前可恃，足以壮胆助气，庶人敢站定。若精兵风雨之势，则此器为重赘之物矣。

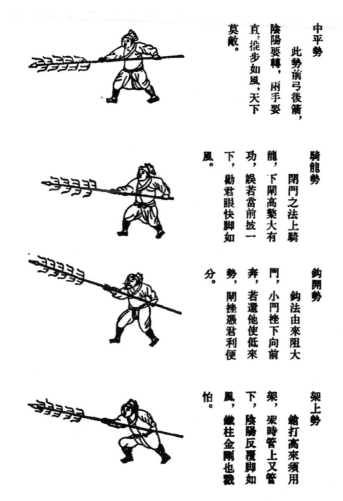

中平势

此势前弓后箭，阴阳要转，两手要直，撺步如风，天下莫敢。

骑龙势

闭门之法上骑龙，下闸高擎大有功，误若当前拔一下，劝君眼快脚如风。

钩开势

钩法由来阻大门，小门挫下向前奔，若遇他使低来下，阴阳反覆脚如势，闸挫凭君利便分。

架上势

鎗打高来须用架，架时管上又管下，阴阳反覆脚如风，微柱金刚也怕。

拗步退势

直进直出君须
配，站住即是中平
势，高低左右任君
行，切挫钩开毋轻
易。

闹下势

闹势缘何要掣
脚？掣脚乃是起步
法，连身坐下向前
冲，上面不着下面
着。

卷之十二

《短兵篇》
逻辑脉络及经典思想

一、篇题解析

《短兵篇》全称《短兵长用说篇》，与第十篇《长兵短用说篇》相互对应。短兵，即短小的兵器。关于武器的长短，古人有云：一寸长，一寸强；一寸短，一寸险。关于用兵的长短，《孙子》有云："故善战者，其势险，其节短。势如彍弩，节如发机"。在特定的条件下与"长"相较，"短"意味着相对的劣势，这是客观存在的事实，正如戚继光在《短兵篇》中说明的那样，如果不能短兵长用，则在战场上短兵"终难接长，持久即为所乘"。这个道理在战略上也是说得通的，如持久与速胜就是战略上的长与短，如果不能速战速决而被迫陷入持久作战，则资源和体量偏小的一方终究要败下阵来。如当年的抗日战争，日军便败在了持久战的战略思想之下。然而短也有短的优势，如果能够做到速进连打，则短兵器一样可以纵横战场，实现"兵不钝而利可全"的目标。在作战样式上，进攻与防守可谓长与短的比量，"攻则有余，守则不足"，然而克劳塞维茨却指出要用巧妙的打击构成防御的盾牌，也就是要以攻为守、以短乘长。要做到这一点，必须明白虚实奇正相生相克的道理，使己方常实而敌方常虚，能避敌之实而击敌之虚，则无坚而不摧，无往而不胜。戚继光在《短兵篇》中正是循着这样的思路，以正确认识短兵的劣势为逻辑起点，通过分析短兵自身优势如何发挥，得出了短兵长用终可胜长的结论，为我们揭示了兵家贵用虚实的深刻道理。

二、精要新解

（一）正确评估武器的客观性能

戚继光结合实战对短兵器的性能进行了客观分析。他认为，诸如钂钯、棍、枪、偃月刀、钩镰等，都属短兵器，因为敌人的长枪有一丈七八尺长，而己方的兵器不过七八尺长。如果按照浙江钂钯的使用方法，手握在兵器的头部下方，那么手部以外的柄部分通常不到二尺长，一根棍子不过六七尺长，而且如果想要两头都能使用，两手就要分开握住，那么棍子剩余的部分不过尺余。当敌人的长枪如流星般迅速刺来时，即使己方技艺精熟，也只能勉强抵挡住，使长枪不能刺中己方的身体。然而，当己方想要进攻时，因为敌人的长枪原本就没有深入钂钯内，他们稍微一缩，长枪就又回到了己方够不到的地方。如果无法稳定地拨开敌人的长枪，使其无法反击，那己方是不敢轻易进攻的。如果这种情况持续下去，则己方几乎没有获胜的可能。

（二）使用短兵利在速进连打

戚继光认为短兵器的优势在于能够迅速进攻，但终究难以长时间与长兵器相持，这就会给敌人可乘之机。但如果采用像俞大猷那样的打法，使己方所使用的钂、棍、钩、钯等短兵器的尖端部分都有六七尺长露在外面，则可以弥补短兵器的劣势。当敌人使用长兵器攻击时，他们必须深入五尺的距离，这时一旦短兵器将敌人的长兵器格挡打歪，就可以立即用短兵器的连续打击法，持续攻击敌人的长兵器，如流水般连续点戳并向前推进。敌人向前深入五尺，己方一旦反击又深入他们五尺，这样己方就获得了一丈的进攻优势。在被连续打击的情况下，敌人无法站稳脚跟，想要抽身撤退也无法一下子抽回一丈的距离。一旦敌人的长兵器进入短兵器的攻击范围内，短兵器就可以自由纵横攻击，而敌人的长兵器就形同虚设了。

（三）短兵长用贵在虚实相济

戚继光指出，藤牌和腰刀本身就是短兵器中的短兵器，它们一定要搭配标枪使用，这就是短兵器当作长兵器使用的方法。使用藤牌搭配标枪，并不是为了用标枪来直接杀人，而是因为当敌人用长枪等武器固守住阵地时，戚家军的藤牌就无法轻易接近。因此，戚家军的藤牌手会投掷标枪，如果敌人因为顾及标枪而移动，藤牌手就可以趁机进攻；如果敌人不为标枪所动，他们就可能会被标枪所伤，这样戚家军也就有了进攻的空隙。戚继光认为这种短兵器当作长兵器使用的方法是真实有效的，乃千百年来战场上的奇特秘诀。

三、《短兵篇》全文

夫钗、钯、棍、枪、偃月刀、钩镰，皆短兵也，何则？彼之枪一丈七八尺，我之器不过七八尺，若如浙江钗、钯之法，俱手握在头下，其手外头柄通不及二尺长，一棍不过六七尺，又欲两头双使而两手握开，所剩棍头不过尺余，彼之长枪闪闪而进，疾如流星，我就精熟，只能格得彼枪不中入我身耳。及其我欲进，则彼原进我钗内不深，一缩又复在外，我不得拨定彼枪，使无反手，如何敢进？如此终日，我无胜理。

短兵利在速进，终难接长持久，即为所乘。必如总戎公俞虚江之法，则所执钗棍钩钯皆有六七尺在外，彼若以长入我，必须进深五尺，被我一格打歪，即用棍内连打之法，下下著在长兵上，流水点戳而进。彼先进我五尺，我一进又有五尺，是得一丈之势矣。被我连打，势不得起，欲抽脱去，岂能便抽一丈？一入长兵之内，则惟我短兵纵横，长兵如赤手同矣。

藤牌、腰刀，本短中之短也，而必用标枪，亦即短兵长用之法也。夫藤牌用标，非取以杀人，盖彼以枪器持定，我牌无故不得进，故用标一掷，彼以顾标而动，我则乘势而入；彼若不为标所动，则必为标所伤，我亦有隙可入。短兵长用之法，千古奇秘，匪欺人也。

用棍如读四书，钩刀枪钯如各习一经，四书既明，六经之理亦明矣。若能棍，则各利器之法从此得矣。

总诀歌。以下录校总戎俞公《剑经》。

中直八刚十二柔，上剃下滚分左右。打杀高低左右接，手动足进参互就。

总诀歌：

刚在他力前，柔乘他力后。彼忙我静待，知拍任君斗。

总诀歌：

阴阳要转，两手要直。前脚要曲，后脚要直。一把一揭，遍身着力。步步进前，天下无敌。

习钯简步：十进足，如环无端，进一足，中平，当大压；又进一足，压死；又进一足，小压；又进一足，压死；又进一足，高大当；又进一足，大压死；又进一足，高小当；又进一足，小压死；又进一足，高大当；又进一足，大压死。

钯习步法

中平起大斜压，他大飞天，我转角赶上压；他再大飞高，我小高直当即小压下；他小飞高，我小高直当即小压下；他再小飞高，我大高直当即大压下过小；他抽直杀来，我再大压过小；他入我大上角，我用身力转角赶上，略收低；他再入我大上角，我转角对手直杀去，跳回一步；他打来，我伏回，即赶上大起一扫下，再跳回中拦止，大压小压已粘他杆，即大进上鎜死他。

小直当，小斜压。大直当，大斜压。

总诀歌：视不能如能，生疏莫临敌。后手须有功，遍身俱有力。动时把得固，一发未深入。

打剪急进凿，后发胜先实。步步俱要进，时时俱取直。更有阴阳诀，请君要熟识。

习步法：起中平推牵扁身杀丁字回杀旋手进五步杀跳退三步原位。直打直挑进五步杀，腰刀挑打，滴水献花杀，跳退三步原位进打，穿后手马前鸡啄进三步杀；马前斩草进三步杀，跳退原位，打沉让他先起穿后手抽回，吊前抽回三脚并进五步，杀进大门趁棍走小门趁棍走进直符杀，洗倒头直打直起磕，打杀摆腰进三步剪杀，跳退原位。

总步目：

直破打剃大剪，小剪，揭力上扁身，滴水献花吊剪下起接，让高低俱有，大起棍从小门去打他手，不论中不中，须急退丁字回，他决进我小门来伤我，此时我一揭一进，斜剃落打他手，决中矣。

侵他一尺，直破打他棍，就进步侵四五尺小门一揭，大进步对手凿，或再大进步倚他棍尾直剃下打他手或头，急变扁身中拦杀。

侵他一尺，直破打他棍，就进侵四五尺，小门一揭一小剪，走脚过一大剪，急变扁身中拦杀。

侵他三尺，直破打他棍。他过枝向小门来伤我，我急变滴水，大进步捧他棍。若他棍不起，我就小门进步扁身中拦凿结尾。若他棍起，我棍粘他，献花直破打落，急变二龙争珠，大门手兜杀。

侵他二尺，低打低揭连几下。待他忙时，急退丁字一步。急大进步，吊剪他手，急收回，原势立。他进来打我，我就大门下起接他一大剪，急变扁身中拦杀。

两人小门对打对揭须急变，大门下起接大剪，中拦杀。或于揭时，即用小剪变人剪，中拦杀。

两人大门对打，不进前脚，不折后脚，不能胜。

两人大门齐对打，我且将棍提在高。迟斯须进步压打下，即进变扁身中拦。若我打去，他棍提回让我，我须勿将棍尾打下，只进步对他胸喉直杀去。

我从大门顺用单鞭压深入，他用力来抵，大剪我，离了子午。若迫近，我急抽就下面过小门，挂他手上一杀。他用小剪，我一揭一杀，或急抽过大门剪杀，或又过小门倒牵。若未迫近，即打下小门作败状。

我从大门顺入，他用力来抵，大剪我，离了子午，我大进步，就小门急起滴水去捧他，如前第三段者。

我起流水渐进，他决来打我手。我将脚坐下，直对他手一捧，或杀，皆可。又他来打我手，我从小门一揭接，或大门一起接，要在我右手前七八寸之间，与他棍尾相磕一响为度。二门起俱继以剪，急变扁身，中拦杀。

两人大门对打，棍尾在地下，让他先起，穿他小门手上。

两人大门对打，我让他先起，就揭他小门，用小剪变大剪杀。若他小门来压我，急就下面过大门剪杀。

175

两人大门对打，他弱我用强，他强我弱让。两在高，让他先打下，我便进压；两在低，让他先提起，我便进接，连打杀。李钦师父每每用此二步。

喜鹊过枝有四：他直高打来，我将棍抽过大门让他下，随用大剪，一也；他直高打来，我将棍抽过小门让他下，对胸杀去，二也；他直平打来，坐脚过枝，进步小门杀他，三也；他平直杀或打来，我折后脚大门剪杀，四也。以上过枝俱在下面过，入他棍二尺。

治伏棍、低棍，须用小剪，离他手前一尺之间，他急过大门，我或揭进打亦可，急变大剪杀亦可。

他打来，临身，在小门，则趁棍走，一打；在大门，则走马回头，丁字步，一打，顺棍上一杀，又一大剪，扁身中拦杀。

大门接凶棍有五：扁身中拦接，一也；高捧接，二也；下起磕，三也；我棍略横，离前手一尺，受他打一下，四也；待他打将到身，用手前一尺磕他一下，五也。各接后，须急用大剪继之以杀。

他鸡啄我，须起凶棍入剪他手前二尺之间。他连起，我连剪。我鸡啄，他起凶棍，我让他先起，穿他小门手上。

他直杀来，须进脚向小门剪，或向他棍尾小门起变大剪，或端的直破闪腰剪。凡剪后须至进杀，都不如定四步坐直赶上。

凡小门一揭一打，一打又一揭，终无结尾，必须乘揭用小剪，过大门结尾；或将身抽退，他打来，我就大门下起接剪他杀结尾。

凡起手要打、要杀，俱要在他门内一尺之间，未可将手势发尽。待他赶来伤我，他手势已尽，此时或大或小，或剪或揭，或自大下起接，各将他棍死了，然后进步扁身中拦结尾，无不胜也。法曰：后人发，先人至。知此，决不可一发便要伤人，徒使自势发将尽，为他人反伤。戒之，戒之！

棍初交，则下起者有势；棍深入，则上压者取赢。

我单鞭压，他变马前斩草，我且大进一步，硬用手力，他棍自输。

小剪是棍中至要，人所不疑者。

凡棍动时，须要把得极坚固方有力。

凡大小门直破打，不分粘他棍不粘他棍，务对他手直起直落，任他揭打，或我揭打他，我棍亦不离他身五寸；即离，亦须即直。

凡日间将棍一打一揭自习，打揭俱要有声，久则自有力，高不过目，低不过膝。

凡小门杀，须在他手上，方无后患。大门亦然。

三脚峙打须要习，又定四打要习。

彼抽退，勿急追；彼急进，勿遽离。

腰力为上，后手力次之，前手力又次之。

棍提起手阳，杀去及打去，俱手阴，阴阳最要识透。

凡小门杀来，待来将到手，丁字回，一揭折进杀，则中矣。

下哄，待他剪向上，直符送书杀；上大门哄，伏下小门杀；或伏下待他来，一揭杀，更妙。

我将棍略高，略侵入，他来接我，即丁字步滚下杀。

他起高拦打，我折进大门，将他棍尾或半棍敲下，进齐眉杀。

凡进杀，须急丁字回头退，方稳。

大门高哄杀，去四五尺，他来抵压，我回头牵进杀。小门亦然。

梗直大门哄杀，去四五尺，待他来抵剪，就剪他大进杀。小门亦然。

侵他三四尺，低打低揭连几下，待他忙时，大进趁棍进杀。

梗直哄杀，去四五尺，任他打或揭，我就寻他虚处大进杀去。

凡他棍来，我避；他抽退，我急随杀，极妙。不急不可去。

我大门高进入，丁字牵伏下，他赶来，我一牵揭进凿。

我打棍后继以杀，杀后大门即当采洗，洗而后杀小门，须小牵。

两棍相交，他抽回伏地，开小门，我直捧慢慢指去，待他发杀，然后揭牵，或剪进杀他。

他直杀来，我直杀去。我将脚折过分分，将手反阴阳盖杀去。

他将棍打下，丁字回头伏，我就移脚去就他棍尾，连打连揭使他忙，直进杀。

凡凶棍打来，我顺势敲一下，就扁身中拦兼大僻，连连叠革进去，破鸡啄亦是如此。

两人大门对打，连几下，待他忙时，急抽回让吊大进步打。

大门起高棍打，移步盘山托。

拿定直符送书大小门托避他打。

直阳手杀去，阴手打压下大门杀。临手待他剪过小杀。坐低闭四门。

将棍滚他一下，侵入，他自然提起，须再一敲，将他棍死尽，然后杀。须记得叠叠敲他，初教滚手直入，次教大粗打揭，亦要直；后教轻牵顺势，待他临身二三寸之地，全用折脚。又用闪退法，又有跳退法，前足先起，或齐起，要知采与牵不同。

要在哄，使虚，乘之。

破直杀有七：一步闪要打，二步打脚，二步滚，二步流水。

我扁身入深，此时不顾性命了，只两目认他胸前，棍下空急穿上，棍上空急穿下。

他大过枝小，直符指去一步；他小过枝大，我亦直符指去一步。

凡直符杀，不碍他棍尾。

我过枝小门，用盘山托亦可，用直符步亦可。

大哄过小待他来，小压急过大剪杀，盖哄多则容易也，剪而后杀则无后患也，中有顺势，须知之。

凡进杀，先软后硬，今后勿用打。

破高拦，务先顺牵后剪杀，要知顺牵与剪不同。

杀在小门，待他来，即过大门剪后杀，如小门先牵后杀之理。但须防他回头牵。他回牵，我又过去小门，又曰盘山托，大折过小。

直入打剪，他临手一杀，待他剪前后，过小门容易。

对棍低入小门，一小揭小剪杀，或待变。

他叠打揭，我对打二步，对手杀大进，待他打下，大剪或杀。

我大入，他过小门，我就坐进，前脚就他棍中滚入，然后大打进杀。

他滴水，我对他手慢慢指去，待他动，即坐脚剪下进凿。

小门有揭，亦有大揭，与献花不同。

他坐低，我正好折过小门打。

凡将棍直指，慢慢侵入，待他动。欲打我，我就杀他；他欲杀我，我就进打他手。

何尝叫人勿打，要哄他棍来就我打。若打他棍，着响一声，便可进杀。

何尝叫人勿杀，要哄他棍开杀去，勿使他打着，方可杀深。杀后，在大门，即洗；小门，即揭牵。

但凡接高棍，须防他盘山托，就坐下小剪。

他大门单鞭坐脚直滚入杀，我折进前脚过，大门直符杀他。

俯身揭，顺势剃急接打，未如俱要习熟。

钯对刀，他入我四角，我四下不相粘，后手起高杀，扁身中拦兼大僻；他起高，我就赶上剃。

他打来，我打去，他起我揭，务要小剃，又要叠叠押去，大亦然。手动时即下定四步，门户方密。

他打来，我打去，他起，我对手穿入小门，随将两手捧高。手动时，即落定四步，寸寸打上，随他小门杀小门压，大门杀大门压。他起大高，赶上剃要就杀；或先接后杀；他起小高，赶上大接，或揭小剃。右此一步乃棍中之正兵，不能离此以取胜者也，不能胜亦不能败。

打时须记得进杀，千万千万！

一大门迫，他压低，我抽下过小门，如杀状，他决尽力来小压，急急抽过大门剪杀，此步极妙。右此一步高打来，亦要如此哄，急翻剪杀。且铁牛入石，我揭起打下，他方揭起，我就抽他手边过大剃打亦可。

双人大门对打，他力雄，我急变丁字步打，用身压之然后变。

他小门杀来急，我坐进，前脚就他棍中滚入，连剪二三下，然后杀。

把大门空起勾下，勾步绝妙，又有下流水勾，不叉他。

对手直起对他身打落，如是，走离大并直是为上好。

他刀下来，我或大门流水勾迫，或小门流水，俱不叉。他刀如棍用，须继以对手大请起。

大门扇出，他刀尾伏回，待他来，不拘他刀高下，俱对他身直起。他不来，若近或他刀不高，亦请得起。若不出他刀尾，就将刀压下，对面直起有闪身。

小门阳手扇下，阴手请起。凡请起，如不着，即急对他身他刀扇下，大小门皆然。

他刀中拦直来，我直就上压下，中拦有拔步，有顺势转角步，又有钯过他身，将他身勾来。

我出中拦钯，他直打下，我将钯抽大门起上压落。如我用棍步，须勿使他打着。

凡他起我亦起，他落我亦落，俱要随他。

凡叉起，他逆对，须顺他势，或左或右落。凡下叉起亦然，须知步步进脚。

凡被他刀入角，即便坐退，后脚称起。

凡我伏回，他只中拦立，不来，我就偷后脚进去，深扇入有哄。

他高拦打下，我就大门揭起，不用阴阳手，只直揭起，则我在上而彼在下矣。他若将棍如打下而不打下，当我揭起则彼下，则我输矣，总不外棍深入在上者取赢。若我棍打沉了，他打来，我用别步，皆不及只直硬起妙。

把棍坚把住，用身势慢慢侵入。他大门来，我大门接一下，只离一寸；他小门来，我小门接一下，只离一寸。待他何门死，我尽身入。

铁牛入石，我打去，他揭起，我将棍尾勿坠，就将棍尾倒抹上一下，即大剪他手，或即打他手。他打来，我揭起，即入杀他小门，极妙极妙！

凡接他大剪、鸡啄，妙皆如此。

直磕一声就杀去，不用拔剃，亦甚紧矣，惜无困死人棍之法，大抵用拔剃为是。

凡左右门打来，俱用手前一尺改他棍尾。凡左右门杀来，俱用棍尾改他手前一尺。盖他打来势重，必须吾手前一尺，方接揭得他住；他杀来手轻，又要过枝，必须用吾棍尾改他手前一尺。

学到上下、高低、硬软、直破打、上下接，俱是一手法方，是有得，但直破顺势打是一套去，接是做二节去，初学未易语之。后手初曲后直，硬处须悟得；前手厄，须悟得。

我单鞭上，他过小门，若入深，即用直符送书杀；若他入浅，则不可，恐他揭起，只用赶上直打。凡杀来大小门，皆如此例。

凡过小门杀来，我就行过小门，就他棍尾对手直打下。若变过大门杀来，我就行过大门，就他棍尾对手直打下。妙妙！

总有三节：接高拦，一厄磕，一拔，后手一尺剃，一只杀。接低打来亦然。

直破对打，厄磕带抽后手剃相连，后进杀。

入中拦，只用一厄磕，带略拔，剃五寸一进杀。若未侵入，他棍未死，亦用拔，用手一尺剃下进杀。

踏过他小门进入，如前法，但自棍横势送进，上中拦皆然。

此当字如曲中之拍位，妙不可言，故赞之曰：

我厄他旁，前手直当，后直加拔，有神在中。学到此，一贯乎万矣！千千万万步，俱有拍位。

转阴阳不可太早，临时一下，乃不费力。明之明之！折脚不如直入。

右李良钦之传学，到此一贯乎万矣！

右刘邦协之传，中间有拍位，不用拔剃洗落，只撒手杀，则又紧矣。但无困死人棍之法，大抵前用拔剃为是，小门亦然。

右在偏头关时，得之教师林琰者，其诗曰：壮士执金枪，只用九寸长。日日打一转，好将见阎王。

三教师原来合一家。

千言万语，不外乎"致人而不致于人"一句。李良钦之所以救得急者，都是前一下哄我去，然后转第二下来接救得速，故能胜也。

不外乎"后人发，先人至"一句，不外乎"不打他先一下，只是打他第二一下"。

俱是顺人之势，借人之力，只要快便，又要似进实退，而后进，则大胜矣。

俱要习上拦大小门剃，下拦大小门剃。下拦小门剃颇难，须用功习之。

两人大门对打对拍，忽然变大僻凶猛打下，甚妙甚妙！两人对鸡啄，亦如此变。

二龙争珠杀，就采下，不用提起棍，此全是手法，前后手俱有法，正教师童琰父所谓："临时取之力"也。我厄他傍，亦是"临时取之力"。须要悟他临时取力口诀。

但凡打敲采洗，俱用后手功夫，故棍不用提起高。今之欲用力打人者，惟恐棍起不高，打不重，盖只是有前手之力，无后手之功故耳。

伏回之枪，俱是哄我杀去，他即起弹杀我也，记之记之。

全书总要只是乘他"旧力略过，新力未发"八字耳，至妙至妙。此只是"我扼他傍"之秘旨。语到此，则不能复加一言矣。

凡此意味体认得真，亦有七日不食，弹琴咏歌之趣也。

滚剃后须再赶上，当剪死他棍，然后杀，记之记之。大小门皆然。滚，与他棍。尾相遇，顺滚至他手，杀他身。剃是他高打来，或高杀来，或他虽把定未动，但棍尾高有十字，我用棍尾量一尺之处，与他棍尾或棍中相遇剃下，大小门皆有滚剃，顺至他手杀他身，此滚剃之不同也。下起磕弹何以不滚剃？磕既响一声，恐他棍开或沉，无隙可乘。

先侵二三尺一打，坐身沉棍头，他必进杀，我就下起磕一响，大进步打剪，或丁字回打剪，然后扁身杀他。乔教师曰："弹枪则在下面横捧"，亦起磕之法。但在下面横，则无不响之理矣。童教师曰："一声响处直千金，彼失提防我便赢"是也。依乔教师之说，乃知伏回之枪俱是哄我杀去，他即起弹杀我也。记之记之！

剪打急起磕，起磕复急剪打，剪打复急起磕，相连而进，彼从何处杀将来？微乎神哉，破金枪第一法也！稳而能胜，习之习之！

他打下，我揭起，我哄他欲打下而实不打下，待他尽力揭起，力使过了，即赶他棍剃下。

问：如何是顺人之势借人之力？曰：明破此，则得其至妙至妙之诀矣。盖须知他出力在何处，我不于此处与他斗力，姑且忍之。待他旧力略过，新力未发，然后乘之，所以顺人之势、借人之力也。上乘落，下乘起，俱有之，难尽书。钩、刀、枪、棍，千步万步，俱是乘人旧力略过新力未发而急进压杀焉。我想出"旧力略过新力未发"八个字，妙之至也，妙之至也！前言拍位，都是此理。

小门进对打，须斟酌用之，恐力大之人一挑打，我走难离矣。大抵小门只是哄他，不真打他，或杀为稳。

与用左手人对在小门，须坐极低；在大门，大折足过打。

他用极长软枪或竹枪，我须坐身，将棍头提高，慢慢迫上，待他下面杀来，即变一拦粘定，用黄龙转尾步赶，万无一失。

学至于此，则身手足应心，全不扞格矣。学至于此，全不看见他是枪、是刀，只认定对他手前杀他身而已。若他打来乱时，必须忍，略退回，坐足下中平，待少顷他来，即用磕手法进，自胜。总是以静待动，以逸待劳，道理微乎，道理微乎！李良钦每每如此！

大门大侵入磕，小门不可大侵入挑。大门大侵入磕，则彼必死无疑矣；小门若大侵入挑，恐彼力大挑不起，则难救矣。若挑起一响，然后大侵入打他，又俱妙。

他棍起，就进步直当去，不待他打落，低拦亦然。

大剪下起手要直平不曲。

但凡先一下打他棍，他自然提起，再赶上直当，大僻中要有顺势。

剃后待他起，进步直当。

齐打下，让他起，赶上直当，如钯步。

小门更勿直凿，只哄他棍起，就过大门直当剃打。

两人对鸡啄，大进步赶入，对棍尾剃，又起进杀。待他起，直当去。

他过我小门，我须将前脚入，将前手棍起占了小门，大开大门：随他变不变，俱剃打下。曲腰将棍尾略压他，他棍起，就他大门下起，直当去。

打忙时，须要认空处杀。

对手钻去，须在他棍上。

打到中间忙时，须记得收下再起。

我打，他接，我须不与他接着，只是埋下，引他打下，我起接，则我为后发先至。

我打不与接着，即转小门挑起进打，亦是后发先至之理。

把到中间，他打下我接起，我勿打下，他决再起，即急再直当去，则他自败也。

我入，被他打，觉败，即急跳退，记之记之。

师父初假意杀来或打来，我或接着、或挑着，决不宜贪心就进去伤他。待他动，我再或接或挑，进去伤他。

打，认棍打，咂，认棍咂，剃，认棍剃，入，认棍入，挑，认棍挑。凡举手，俱要认他棍；若认人不认棍之说，是彼棍已败开了，只管认人坐去也。

寻枪头，就死求赢。

将棍头低穿入他棍下，或左边一起一剃，或右边一起一剃，起要有响为度，总是一理。

咂是脚去手去，剃是脚去手回，顺是脚去手去，剪是脚去手回。

凡直当之后打下，不如进脚顿坐下。打下，则自势尽，他反当我；顿坐下，则有有余之势，如他再起则再

四者相连，如环无端。微乎，钯之用其止于是乎。

当之，大小门皆然。

凡钯遇软杀人，须照我原大扇赶为气势，容易服人。凡遇破进步起角入，须不离分寸，如今所制钯谱入他为稳。

大门轻打他棍下，他用刀来抵，即丁字步大进打，彼自屈矣。

大当大顿坐，小当小撞坐。他大压，我偷过小撞坐；他小压，我偷过大顿坐。千步万步，此段尽之。

今以后打步少，只是当死他棍，前后凿他。

千言万语，总是哄他旧力过去，新力未发而乘之。

钯所以终对不得枪刀者，枪刀有哄，钯哄不得人也。

响而后进，进而后响。分别明白，可以语技矣。

山东、河南各处教师相传杨家枪法，其中阴阳虚实之理与我相同，其最妙是左右二门拿他枪手法，其不如是撒手杀去而脚步不进。今用彼之拿法，兼我之进步，将枪收短，连脚赶上，且勿杀他，只管定他枪，则无敌于天下矣。

向见总戎俞公以棍示余，其妙处已备载剑经内，逐合注明，无容再赘。其最妙者只在一得手之后，便一拿一戳，如转圆石于万仞之山，再无住歇。彼虽习艺胜我几倍，一失势，便无再复之隙。虽有师家，一败永不可返矣！不惟棍法，虽长枪各色之器械，俱当依此法也。近以此法教长枪，收明效，极妙极妙！

已上《剑经》止。

扁身中拦势

大当势

大顿势

仙人捧盘势

大吊势

齐眉杀势

滴水势

直符送书势

走马回头

上剃势

倒頭势

下穿势

闪腰剪势

下接势

卷之十三

《射法篇》
逻辑脉络及经典思想

一、篇题解析

《射法篇》主要论述射箭的方法，位于《短兵篇》和《拳经篇》之间。在冷兵器时代，除了投石机等大型攻城器械外，箭弩是最为常见的远程兵器。戚继光所生活的明代，虽然火器已经开始在战阵中得到应用，但箭弩仍是作战时极为重要的远程对战武器。先秦时期，周朝贵族的教育体系中便出现了六艺修身之说，六艺指礼、乐、射、御、书、数，其中的射、御二项技能便直接与军事相关。射即军事射箭技术，以及与之相关的白矢（箭穿靶子而箭头发白）、参连（连续射箭）、剡注（快速射箭）、襄尺（与君主射箭时让君一尺）、井仪（四矢连贯，皆正中目标）等标准和规范。在儒家经典中，有许多关于射法的论述，其中大多与礼仪相关，如孔子说"君子无所争，必也射乎""射者有似君子，失诸正鹄，反求诸其身。"《礼记·射仪》云："射者，进退周还必中礼，内志正，外体直，持弓矢审固。"戚继光主要从军事技能的角度论述了射箭技术的训练方法和注意事项，但在技能之外，此篇还有两点值得深刻体味。一是戚继光在此篇中体现出的兵儒合流的思想趋势，戚继光不仅引用了孟子的章句，更是将射法中的"审"与《大学》中的"虑而后能得"直接关联在一起进行讲解，足见此时的兵家已经深受儒家的影响，这与明代心学盛行的大环境也不无干系。二是戚继光在此篇中对骑射箭法的关注，从这种关注中我们能看到戚继光善于向北方游牧民族学习的优秀品质，也能够感知明代北部边防形势的紧迫。戚继光在抗倭胜利不久后被北调蓟辽拱卫京师，他的军事思想在与北方强敌的对阵中得到了进一步发展。

二、精要新解

（一）射必如仪：量力调弓，兵儒相通

《列女传》上说："怒气开弓，息气放箭。"这是因为怒气开弓时，力量雄壮且能把弓拉满；息气放箭时，心志坚定且考虑周全。据此，戚继光提出了自己的调弓之法：调整弓的力度要适合自己的力量，根据弓的强弱来制作箭矢，这是非常重要的。戚继光引用荀子"弓矢不调，羿不能以必中"和孟子"羿之教人射，必至于彀，学者亦必至于彀，射家要法"的名言，指出"持弓矢审固"的原则，即持弓握箭要审慎且稳固，审即详细审查，固即握持坚固。凡是箭矢偏离目标，都是由于握持不稳造成的。凡是箭矢摇晃且软弱无力，都是由于箭头没有对准目标造成的。射箭的法则说："镞不上指，必无中理。指不知镞，同于无目"，这里的"指"是指左手的中指末端；"知镞"是指中指能够感觉到箭头是否到位，不需要依赖眼睛去看。只有当中指感觉到箭头到位，弓才算拉满；只有每次射箭都能感觉到箭头到位，才能说是真正会射箭。

戚继光结合儒学经典，详解了何以谓之"审"。"审"是指在弓满箭发之际要仔细审查。当时很多人都在箭矢发出大半时才去审查，这样做是无益的。当时的人都以为只是审查箭靶而已，却不知道审还包括审查射箭的各个环节。在弓满之际，精神和体力都已接近极限，如果突然发箭，那么箭矢是否直、是否中目标，都不是射箭者能完全控制的。射箭者必须加以审查，使精神温和平静，手脚稳固，然后再发箭，这样箭矢才能直且命中目标。射箭中的"审"字，与《大学》中的"虑而后能得"的"虑"字意思相同。学者在知道至善之理后，就会安定、平

静，但还必须能够深思熟虑，然后才能达到至善的目标。射者在拉满弓、准备发箭之际，也必须加以审查，然后才能射中目标。要理解审字的功夫，就需要与虑字的功夫结合在一起，仔细玩味才能获得其中的要领。用大拇指压在中指上握弓是非常巧妙的方法，习射者一定要遵循。

（二）骑射教法：势如追风，目如流电

戚继光在论述骑射箭法时强调：在马背上射箭时，弓一定要开到九分满，如果只开到七八分满，就很难射中目标。同时，应该手握两支箭，其中一支放在弓把（弓上的固定部分）上稳定，另一支则挂在弦上备用。把箭插在衣领内或腰间的习惯是不便于骑射的。当箭射出时，宁可射得稍微高一些而错过目标，也千万不要射得太低而达不到目标。在射箭场上，一定要保持专注和认真，唯恐箭矢不中。即使没有人监督，也要像在有人监督时一样认真。每射出一支箭，都要确保箭头指向目标，每一支箭都要经过认真的审查和准备，这样才能确保射中目标。

戚继光认为，那些能够确保射中目标的人，都是在从容不迫、闲适的状态下做到的。没有人在匆忙或疏忽中能够确保射中目标。即使在匆忙中射中，也只是侥幸而已。如果在射出五支箭之后还没有射中目标，就更需要保持从容和冷静，进行仔细的审查和决策。不要因为没有射中而慌张或自乱阵脚，如果慌张，那么接下来的第六、七、八、九支箭就更难射中目标了。

总而言之，骑马射箭时姿势要如追风一般迅猛，目光要如闪电一般锐利。要拉满弓，然后迅速放箭。视线不要瞬间转移，身体不要过于随意而散漫。放箭时要像从怀中吐出一轮明月，箭要像悬挂在弦上的天平一样平稳。

戚继光还论述了关于马匹的饲养和训练问题。战马需要平时得到适当的饲养和定期的训练，要听从命令，遇到障碍不受惊扰，奔驰时步伐不乱。前两脚从耳下同时伸出，后两脚向前伸出距离是前两脚的两倍，这样马匹就能跑得既快又稳，士兵就可以在马背上使用武器了。戚继光认为马是人的命根子，边塞的马匹因为习惯战斗，其效能数倍于中原平时饲养和训练的马匹。

（三）步射教法：胆大力定，势险节短

戚继光在论述步射箭法时强调：箭是用来在百步之外杀人的武器。射箭的人必须衡量自己的弓的强弱，弓的强弱又要匹配自己的力量。在射箭时，不要有任何情绪变化，要放松身体，调整呼吸，集中精神。不要担心弓太软，只要使用得当，箭自然会射得远。不要担心力量不足，只要掌握得当，弓自然会拉满。如果自己的力量超过弓的承受力，那么首先要确保把弓拉满再射箭，先射近处的目标再逐渐射远处的目标，这是不变的法则。最重要的是要学会拉满弓、射得远，等到达到这个目标后，再追求射近处的准确度。不能像有些人一样，还没有拉开弓，就只想着射三二十步内的目标，这样一旦形成习惯，就无法远射了。在射箭时，无论是面对敌人还是靶子，都要站定，专注于目标，不要去看箭扣。射箭的姿势应该是前腿像木桩一样稳定，后腿像微瘸一样稍有弯曲。随着射箭动作的变化，身体的移动主要集中在后脚上。左肩尖要直接对准右脚尖，形成不似"丁"字或也不似"八"字的姿势。如果要向右射，就改变为左脚的姿势，反之亦然。射箭时，前手要用力推，如同推泰山一样，后手要用力握，如同握住虎尾。整个动作要一拳握定，前后保持直线。慢慢拉弓，快速放箭。射大目标时要留有余地，射小目标时要更加用力，务求箭矢保持水平。前手要用

力撇开，后手要用力握紧。在射箭时，头部不要偏向一侧，不要低垂，胸部不要前凸，背部不要后偃。如果箭在射出时摇晃，则通常是因为右手的大拇指和食指扣弦太紧造成的。而扣弦太紧则是因为无名指和小指松开的原因。学习射箭的人如果有这个问题，可以在射箭时用一寸长的小草梢，用无名指和小指一起捏在手心里，如果箭射出而草不落下，那么箭就不会摇晃了。在对敌射箭时，关键是要有胆量、力量稳定、气势逼人、动作迅速。只要做到这些，就没有射不中的目标，没有人能避开射出的箭。具体来说，就是拉起弓，但不要拉满，也不要轻易发射，只要保持稳定的姿势站立，就会形成逼人的气势。等到敌人接近到数十步的距离时再发射，确信自己一发必能中敌、必能杀敌至死。如果担心敌人将要近身，或者为了射中敌人的先锋而事半功倍，那么就要迅速射箭，动作要迅速而有力。对于马背上的敌人，应该只射马不射人，正如俗话所说："射人先射马，擒贼必擒头"。

三、《射法篇》全文

《列女传》云：怒气开弓，息气放箭。盖怒气开弓，则力雄而引满；息气放箭，则心定而虑周。

量力调弓，量弓制矢，此为至要也。故荀子曰：弓矢不调，羿不能以必中。孟子谓羿之教人射，必至于彀。学者亦必至于彀，射家要法。

持弓矢审固，审者详审，固者把持坚固也。

凡打袖，皆因把持不定。

凡矢摇而弱，皆因镞不上指也。

法曰：镞不上指，必无中理。指不知镞，同于无目。此指字乃是左手中指；未知镞者，指末自知镞到，不假于目也。必指未知镞，然后为满；必箭箭皆知镞，方可言射。

审者，审于弓满矢发之际，今人多于大半矢之时审之，亦何益乎？

审者，今人皆以为审的而已，殊不知审的第审中之一事耳。盖弓满之际，精神已竭，手足已虚，若卒然而发，则矢直不直、中不中，皆非由我心使之也。必加审之，使精神和易，手足安固，然后发矢，其不直不中为何？

射法中"审"字，与《大学》"虑而后能得""虑"字同。君子于至善既知所止，而定、而静、而安矣，又必能虑焉，而后能得所止。君子于射箭引满之余、发矢之际，又必加审焉而后中的，可决欲知审字工夫，合于虑字工夫，玩味之乃得。

大指压中指把弓，此至妙之古法也，决不可不从之。

马弓决要开至九分满，记之记之。若七八分，亦难中也。

马上射把箭，须以箭二枝连弓巴把定，又以一枝中弦挂为便。其有以箭插衣领内、或插腰间，俱不便，决要从吾言。

凡箭去，宁高而过的，慎勿低而不及也。此人人之病，记之记之。

场中射须要业业，恐不中，决不可有一毫自放之意，都如无监射各官在上，都如平日自射一般，慢慢一枝知镞过一枝，一枝审过一枝，如何不中？

凡中的之前可取必者，皆自从容闲暇中能必之，未有忙忽而可取必者，忙忽而有中者亦幸耳！

凡射至五矢之外，犹未中的，更要从容审决，不可因不中而自忙。若忙，则六七八九矢更无中理也。

教骑射箭法曰：势如追风，目如流电。满开弓，急放箭。目勿瞬视，身勿倨坐。出弓如怀中吐月，平箭如弦上悬衡。

步射箭法曰：箭者，杀人于百步之外者也。射者，必量其弓，弓量其力，无动容作色，和其肢体，调其气息，一其心志。故曰：莫患弓软，服当自远。莫患力赢，引之自怃。但力胜其弓，必先持满射之，先近而远，此不易之法也。大端还要学扯满、射远、及到，然后自近求准。非如一人，自未开弓，便止射三二十步起也。如此一为所局，岂能远耶？

凡射，或对贼对把站定，观把子或贼人，不许看扣。

凡射，前腿似橛，后腿似瘸。随箭改移，只在后脚。左肩尖直对右脚尖，丁字不成，八字不就；射右改左，射左改右。

凡射，前手如推泰山，后手如握虎尾。一拳主定，前后直正。慢开弓，紧放箭。射大存于小，射小加于大，务取水平，前手撇，后手绝。

凡射，颐恶旁引，头恶却垂，胸恶前凸，背恶后偃。

凡射法，箭摇头，乃是右手大食指扣弦太紧之故。其扣弦太紧之故，是无名小指松开之故。学射者有此病，射时用小草梢一寸，用无名指、小指共拾于手心，箭去而草不坠，即箭不摇摆矣。

凡对敌射箭，只是个胆大、力定、势险、节短，则无不中人，无人能避矣。此状形容不出大端：将弓扯起，且勿尽满，且勿轻发，只是四平架手立定，则势自险矣。必待将近数十步，约我一发必能中敌，必能杀人至死。或患将切身，或为贼先锋一中而收利十倍，则节自短矣。马上之贼，只当看大的射，不可射人。谚云：射人先射马，擒贼必擒头是也。

凡马，须要平日适饲养，时调度，踪蹐听令，进止触物不

惊，驰道不削，前两脚从耳下齐出，后两脚向前倍之，则疾且
稳，而人可用器矣。故马者，人之命。塞马惯战，数倍中国居
常调度之功也。

实握射图。此法弓满左肱直如弦，而弓斜如月，前平奶头。

掌心推射图。此法弓满则肱之曲心对下，肘平如衡，而弓须兼八分平势。

卷之十四

《拳经篇》
逻辑脉络及经典思想

一、篇题解析

　　《拳经篇》全称《拳经捷要篇》，位于《纪效新书》论述战术技艺的诸篇之末。之所以将之置于篇末，是因为戚继光认为拳法练习与大军作战关系不大，然而如果官兵在完成日常训练的前提下仍然身有余力，那么学习拳法也无不可，因为毕竟它也是武艺的一门。只是与前面的诸般技艺相比，对武术练习的要求没有那么高。如果官兵不愿练习，作为主将也不必勉强。戚继光在《纪效新书》中专设一章讲论拳法，除了技艺上的考量外，还寄托着对振兴武学的期望。拳法虽然对大军作战影响不大，但却是提振尚武精神的有效手段，也能为人们学习其他武学技艺打下良好的入门基础。明中后期，士人开始热衷于书斋论道，对于习武从戎缺少应有热情。整个社会弥漫着视武学为末技和纸上谈兵的空气，能够真正重视军事并投身其间的士人寥寥无几。修习武艺，无疑可以唤起人们的血性和尚武精神，进而对改造当时的社会风尚有利。此外，戚继光在论述拳法时，还以格斗对抗为切入点，论述了军事对抗的一般规律。军事对抗最讲实效，一招制敌胜过千招万势。从战略上讲，戚继光在《拳经篇》中所讲的民谚"不招不架，只是一下"与抗美援朝前毛泽东所说的"打得一拳开，免得百拳来"颇有异曲同工之妙。拳法看似武艺，实则可由艺而入于道，戚继光讲"既得艺，必试敌"，便揭示了实战是检验训练效果的最终标准这一真理；戚继光讲"艺高人胆大"，则揭示了充分的战前准备是临战制胜的重要前提这一普遍规律。

二、精要新解

（一）拳法无预大战，却是初学入艺之门

戚继光认为，拳法似乎在大战中并不显眼，但它是用来活动手足、锻炼肢体的，对于初学者来说，是入门的基础技艺。因此，戚继光在《纪效新书》中将其记录下来，以备后学参考。从古至今的拳术名家很多，宋太祖赵匡胤就有三十二势长拳，还有六步拳、猴拳、囮拳等，每种拳法的名称虽然各有特色，但实际上其原理和技巧大同小异。到了戚继光生活的明代，温家七十二行拳、三十六合锁、二十四弃探马、八闪番、十二短等拳法，也是非常好的拳术。吕红八下虽然刚猛，但还没有达到绵张短打的水平；山东李半天的腿法、鹰爪王的擒拿术、千跌张的摔跤技巧、张伯敬的打击技巧等，都是各自领域的佼佼者。少林寺的棍法与青田棍法相辅相成，杨氏枪法和巴子拳棍都是明代非常有名的技艺。虽然这些技艺各有传承，但有的只擅长上身部分而不擅长下身部分，有的则反之，只要精通其中一项，就可以胜过他人。但戚继光认为这只是偏执于一个方面，如果能将各家拳法都学习并融会贯通，就能像常山之蛇的"率然"阵法一样，攻击头部时尾部会响应，攻击尾部则头部会响应，攻击身体则头尾都会响应。这就是所谓的上下周旋，无论遇到什么情况都能取胜。

（二）一招制敌：不招不架，只是一下

戚继光认为，学习拳法时，需要身体灵活，手法流畅，脚步稳固且轻盈，进退自如。腿部要能够迅速腾起，其妙处在于能颠倒翻转；在猛烈时，能够施展披挂和横拳；在快速时，能够迅速抓住敌人；在柔和时，能够巧妙地斜向闪避。因此，

戚继光在《纪效新书》的《拳经篇》选择了三十二种优秀的拳势，每一种拳势都能与其他拳势相互衔接，遇到敌人时能够制胜，变化无穷，微妙到让人无法预测。这些拳势深奥难明，难以被人窥视，所以戚继光对之十分称道。戚继光认为俗话所说"拳打不知"是因为拳法施展时快如闪电，让人来不及反应，如迅雷不及掩耳一般。而所谓的"不招不架，只是一下；犯了招架，便是十下"，则是指在敌人未及反应之前，迅速给予致命一击；如果敌人有招架之势，那就有连续移闪的机会。戚继光认为广泛学习，深思熟虑，是格斗获胜的关键。

（三）既得艺，必试敌，切不可以胜负为愧

戚继光认为，无论是拳、棍、刀、枪、钗、钯、剑、戟、弓、矢、钩、镰、挨牌等武器，它们的基础都需要拳法来活动身体，因此拳术可以说是武艺的源泉。戚继光在《拳经篇》中绘制了拳术的招式，并注明了技巧要点，希望能启发后来的学习者。戚继光特别强调，一旦掌握了技艺，就必须通过实战来检验武艺效果，不能因为胜负而心存犹豫，而应该思考为什么能赢，为什么会输。通过不断的努力和尝试，习武者便会发现，如果总是害怕敌人，那是因为你的技艺还不够深厚；而善于战斗的人，一定是技艺精湛的人。古人说"艺高人胆大"，是非常正确的。

三、《拳经篇》全文

拳法似无预于大战之技，然活动手足，惯勤肢体，此为初学入艺之门也。故存于后，以备一家。

学拳要身法活便，手法便利，脚法轻固，进退得宜，腿可飞腾，而其妙也，颠起倒插；而其猛也，披劈横拳；而其快也，活捉朝天；而其柔也，知当斜闪。故择其拳之善者三十二势，势势相承，遇敌制胜，变化无穷，微妙莫测。窈焉冥焉，人不得而窥者，谓之神。俗云：拳打不知，是迅雷不及掩耳。所谓不招不架，只是一下；犯了招架，就有十下。博记广学，多算而胜。

古今拳家，宋太祖有三十二势长拳，又有六步拳、猴拳、囮拳，名势各有所称，而实大同小异。至今之温家七十二行拳、三十六合锁、二十四弃探马、八闪番、十二短，此亦善之善者也。吕红八下虽刚，未及绵张短打，山东李半天之腿，鹰爪王之拿，千跌张之跌，张伯敬之打。少林寺之棍，与青田棍法相兼；杨氏枪法与巴子拳棍皆今之有名者，虽各有所传，有上而无下，有下而无上，就可取胜于人，此不过偏于一隅。若以各家拳法兼而习之，正如常山蛇阵法，击首则尾应，击尾则首应，击其身而首尾相应，此谓上下周旋，无有不胜。

大抵拳棍刀枪钗钯剑戟弓矢钩镰挨牌之类，莫不先由拳法活动身手。其拳也，为武艺之源。今绘之以势，注之以诀，以启后学。既得艺，必试敌，切不可以胜负为愧、为奇，当思何以胜之，何以败之。勉而久试，怯敌还是艺浅，善战必定艺精。古云：艺高人胆大，信不诬矣！余在舟山公署，得参戎刘草堂打拳所谓犯了招架，便是十下之谓也，此最妙，即棍中之连打、连戳一法。

4 拗單鞭黃花緊進，披挑腿左右難防，搶步上拳連劈揭，沉香勢推倒泰山。

3 探馬傳自太祖，諸勢可降可變，進攻退閃弱生強，接短拳之至善。

2 金雞獨立顛起，裝腿橫拳相兼，搶背臥牛雙倒，遭著叫苦連天。

1 懶扎衣出門架子，變下勢霎步單鞭，對敵若無膽向先，空自眼明手便。

8 丘劉勢左搬右掌，劈來脚入步速心，掀更拳法探馬均，打人一着命盡。

7 懸脚虛餌彼輕進，二換腿決不饒輕，趕上一掌滿天星，誰敢再來比並。

6 倒騎龍詐輸佯走，誘追入遂我回衝，恁伊力猛硬來攻，怎當我連珠砲勳。

5 七星拳手足相顧，挨步逼上下隄籠，饒君手快脚如風，我自有攪衝勢空。

12 拈肘勢防他弄腿，我截短須認高低，劈打推壓要皆依，切勿手脚忙急。

11 拋架子搶步披掛，補上腿那怕他識，右橫左採快如飛，架一掌不知天地。

10 埋伏勢窩弓待虎，犯圈套寸步難移，就機連發幾腿，他受打必定昏危。

9 下插勢專降快腿，得進步攙靠無別，鉤腳鎖臂不容離，上驚下取一跌。

16 伏虎勢側身弄腿，但來凑我前撐，看他立站不穩，後掃一跌分明。

15 中四平勢實推固，硬攻進快腿難來，雙手逼他單手，短打以熟爲乖。

14 搶拿勢封腳套子，左右壓一如四平，直來拳逢我投活，恁快腿不得通融。

13 一要步隨機應變，左右腿衝敏連珠，恁伊勢固手風雷，怎當我閃驚巧取。

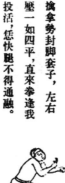

20 鬼蹴腳搶人先着，補前掃轉上紅拳，背弓顛□披揭起，穿心肘靠妙難傳。

19 井欄四平直進，剪腿膝當頭，滾穿勢搓抹一鈎，鐵樣將軍也走。

18 倒插勢不奧招架，靠腿快討他之贏，莫遲停，打如谷聲相應。

17 高四平身法活變，左右短出入如飛，逼敵人手足無措，恁我便脚踢拳鎚。

24 一條鞭橫直披砍，兩進腿當面傷人，不怕他力粗膽大，我巧好打通神。

23 神拳當面插下，進步火焰攢心，遇巧就拿就跌，倒手不得留情。

22 歇頭勢如牌換進，恁快脚遇心慌忙，低驚高取他難防，接短披紅衝上。

21 指當勢是箇丁法，他難進我好向前，踢膝滾躦上面急，回步顛短紅拳。

28 跨虎勢那移發腳，要腿去不使他知，左右跟搊一連施，失手剪刀分易。

27 騰翅側身換進，快腿走不留停，追上穿肚一腿，〔四〕妥加剪劈推紅。

26 朝陽手偏身防腿，無縫鎖逼退豪英，倒陣勢彈他一腳，好教師也喪聲名。

25 雀地龍下盤腿法，前揭起後進紅拳，他退我雖顛補，衝來短當休延。

32 旗鼓勢左右壓進，近他手橫劈雙行，絞靠跌人人識得，虎抱頭要躲無門。

31 順鸞肘靠身搃，打滾快他雞遮攔，復外滾刷回捡肚搭，一跌誰敢爭前。

30 當頭砲勢衝人怕，進步虎直撺兩拳，他退閃我又顛蹾，不跌倒他也忙然。

29 拗鸞肘出步顛剁，撅下掌摘打其心，拿鷹捉兔硬開弓，〔五〕手腳必須相應。

卷之十五

《诸器篇》
逻辑脉络及经典思想

一、篇题解析

《诸器篇》全称《布城诸器篇》，位列《纪效新书》器械和特殊战法组的第一篇。所谓布城，可以从两个方面加以理解：一是以布为城，也就是在脱离城池防御体系的野战环境下，以棉布等材料构建类似于城防的野战工事。二是布置城防，也就是像凭借城墙作战一样在野战条件下部署防御器械。不管以上哪种，最终的意义指向都是十分明确的，那便是在野战中模拟城防战，通过有效的战场建设，预置有利于己方的作战环境，以达到军争得利的目的。戚家军以节制之师著称，其节制水平的表现之一便是能够以堂堂之阵、正正之旗，行分合变化、出奇制胜之事。关于布城的作用，戚继光认为一是可以使敌无法窥我虚实，形成战场态势单向透明，未战而先使敌人夺气；二是可以延长我方与敌接战前的准备时间，进而以逸待劳、胜敌在先。所有这些努力的背后，都隐藏着戚继光对于战道的不懈追求，那便是时刻在战场上紧握战争的主动权。关于这一点，古今中外兵家概莫能外。唐太宗与自己的爱将李靖讨论兵法时，得出了"千章万句，不出乎'致人而不致于人'而已"的结论，孙子这句话的核心要义便是掌握战场主动权。后世军事思想家如毛泽东也曾讲过"你打你的，我打我的，打得赢就打，打不赢就走"，这些话语背后的核心思想仍是掌握战场主动权，能明乎此，便能深刻体会《诸器篇》的思想精义。

二、精要新解

（一）布城的要义是使敌无法窥我虚实

在南方，因为田地和水域交错，雨水湿润，所以不能使用战车。戚家军的军队如果突然遭遇敌人，又没有坚固的防线可以依靠，敌人就能轻易看出戚家军没有充足的防御准备，因此敢于全力发起进攻。一旦营阵一角崩溃，全军都会随之撤退。戚继光发现，如果采用布城（用布或类似材料搭建的临时屏障）的防御方法对战，不仅可以为戚家军提供临时的依托，还能制造假象，让敌人突然之间感到困惑，使敌人不知道戚家军建立这个屏障的意图，更不知道戚家军虚实兵力的分布。在外面，戚家军已经设置了拒马和蒺藜作为防御，再加上布城的遮挡，敌人甚至可能会误认为此为真正的城墙，因而在有利情况下也不敢轻易接近戚家军的营地。

（二）布城的优势是延长我方备战时间

戚继光指出，用布城进行防御的另一优势是延长己方军队的备战时间。如果敌人发现了布城的真实情况，戚家军其实已经做好了充分的准备，所有的火铳都已经在布城内埋伏完毕。敌人来犯时，必须首先清除戚家军的拒马和蒺藜，而在其进攻的过程中，也无法看到戚家军的内部情况，戚家军却可以通过布城观察倭寇情势。如此一来，戚家军就可以使用火枪、长矛和弓箭对倭寇进行攻击，所有这些攻击都会非常有效。即便倭寇也用火枪攻击，戚家军也可以在布城上再搭一床棉被，以防御他们的子弹。使用这样的战法，使城中即使是一层棉布所围隔的空间，也足以形成坚固的防御，就像金城汤池一样难以攻破。

（三）布城与武器相配合构成野战工事

戚继光对布城的方法和武器配备进行了详细记录：在战术安排上，采用鸳鸯阵的方式，每两队人员并列站立形成一组。这样的组合需要第一小队与第二小队保持一丈五尺的距离。为了加强防御和迷惑敌人，要使用双层布料来设置屏障，屏障的高度为四尺，长度为一丈五尺。每隔五尺设立一个支柱，总共需要四根支柱，同时需要五幅布料。在屏障的上方，用淡色画上砖石的模样，以模仿真实的城墙或堡垒，从而混淆敌人的判断。至于布城所应配备的武器装具，除了《武经总要》中描绘的器具外，戚继光还列出了《武经总要》中没有提及的，以及《武经总要》中提到但当时已经不知道如何使用的器具，其中最为引人注目的是火器的使用。

明代军事理论中关于火器装备制造与使用的广泛探讨在中国古代军事理论中是独具特色的。吴晗在《历史的镜子·明代的火器》一书中曾对火器在明朝前后的发展作过简要回顾，火药最初是从中国传往欧亚各地的，但火器在中国大量用于军事却是在15世纪，是从欧洲经东南亚和东亚各国传入的。最早出现在明代的火器由安南传入，被称为神机枪炮。1517年到广东经商的葡萄牙商人带来了新式火炮佛郎机，明军开始将之用于水战。在与倭寇的作战中，日本的鸟嘴铳开始传入中国。至明末，重型红夷炮传入中国，成为明军与骑兵作战的利器。终明之世，对火器制造与使用的探讨一直是军事理论领域的热议话题。与戚继光同时的抗倭名将俞大猷也十分重视先进武器的装备与使用，他认为"战务之要，《易》曰：'君子以除戎器，戒不虞'，夫戎器谓之除，修而聚之之义也。臣伏思，破虏良法无愈于车"（《正气堂续集》卷七《为伏陈战守要务以备采择疏》），因此他致力于改造并编配车营以御强敌。俞大猷在实战中发现，在与北方游牧民族的骑兵对抗时，车兵具有巨大的优势，车兵"能御马之践踏，而中又有铳炮之雄器，击刺之精兵，追逐之马兵，是一车而兼乎马步之长，故非马所能敌也"（《正气堂集》卷十一《大同镇兵车操法》）。正因为如此，配备了火器的车营才能有效地打击敌人，保卫自己。

三、《诸器篇》全文

夫南方田水界地雨湿，不可用车，我兵卒然遇敌，缓急无家可依，贼皆洞见，知我无拒御之备，是敢尽力向我，一遇奔溃，全军退走。其布城之法，不惟缓急可恃，且足张疑，使贼忽然举目无中生有，眼前皆是遮映造次，便不得知我立此主何意，且不得便知我布里虚实。外既立有拒马蒺藜以为御，而复有布城遮映，至有误为真城者，缓急之间便不敢轻易近我营垒。

如果贼人嘹料其情，我已备之久矣，鸟铳俱向城而伏。贼如来敌，必须先取去我蒺藜拒马，攻取之间，彼外不能视内，而我可由布城视外，便打铳戳枪射弩，无不便宜。一丝之限，足类金汤。如贼亦打铳，我则将各兵绵被再搭一床于布城上，又可御铅子矣。

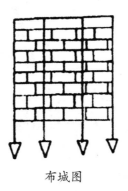

布城图

计法：每一队双立为鸳鸯阵，该平去第二小队一丈五尺，用布双层，高四尺，长一丈五尺，每五尺为一柱，共用柱四根，用布五幅，上用淡色画界砖石之形。

器具：除《武经总要》图象之所有、人人可能者不备外，今将《武经总要》所无，及《武经》之所有而今不知用者，并开于后。

右鼓架相似，三根一束，长五尺，径各一寸五分，上用屈铁头，下用铁钻。每一架立地二尺五寸，一小队相接该六架。

蒺藜：绳连，利于收起。

每一小尺一个，每一步六个，为一绳，俱用绳串入蒺藜心中而出。每一小队前面下五层，共计十五根，俱牌上挂带以行。

牌法，造牌、祀牌、符咒，各有大例日期。

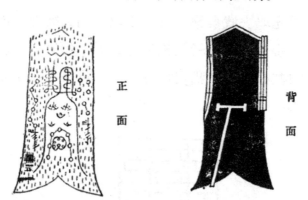

此物有数法，或用皮鞭，或用轻木而外加以竹。用钉者最利，急则掷之地下，可以当钉板阻险。其符法乃兵家厌昧之术，激我士心而疑敌者也，非真以此为恃，后人毋惑之而为所误。凡兵所带绳串蒺藜，挂于此牌，向外钉上，以行用时取下，铺地。圆藤牌虽为击杀之器，而不能立束部伍。凡赖之以束整部伍，齐进止，遮人众，壮士气，进如堵墙，退如风雨者，惟有此牌之功为大，为可用。奈只可以遮隔刀枪，而不能隔铅子，尚俟天生豪杰之才，更为之。其法：长五尺，横阔三尺。

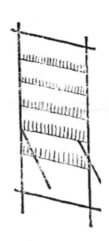

软壁

以木作架，高七尺，阔六尺，以旧绵絮被挂上，
张阵前堵铅弹。钉板可拦路。

软壁无他奇异，用人所盖绵被覆于木格上耳，固一时从便之法，然不若所制刚柔牌，四五十步之外可以遮衔铅子，屡试无失。然近至三十步，亦要打透。但铅子铳必是远放，定无一二十步可放之事。今开法于后，不立图者，秘之也。其法：以轻木为长桄，中用一档，牌身如木牌大。先用生牛皮二层钉之，皮里用好蚕绵三斤，用布装为一袋，贴牛皮之里；用分水薄绵纸，每二张松松团为一球，挨行摆之；又用蚕绵五斤，装布袋一幅，盖之四边，竹钉定固。通用灰漆四明，里面布处用油厚涂，使不入水。重可十五斤，计费五两以上。只苦于价重，而官司不能办耳。除此之外，或以铁为锋，或云用鹅毛、人发，

或用密纸，或用皮漆，或用竹木而尖其脊。余曾极其智虑，博采万口之说，尽以制造之方，所费不知几百金，而竟皆不能遮衔铅子，未有胜此法者也。

刚柔牌式

以上通用灰布漆油，最忌水入，坐卧结实。

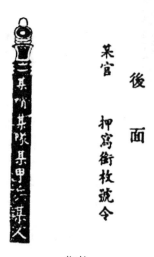

衔枚

竹签四寸长，五分阔，上书队甲兵勇，亲临官押，油饰挂颈。静炮响，各衔枚肃静。代圆枚而用，更可查考。

鬼箭

铁蒺藜，粪汁炒，染毒药，戳脚，曰鬼箭。散地以为阻路守险之用。

装带竹筒形　　　　　　　人撒竹筒形

此筒用猫竹去皮，庶不裂。长一尺，上用木盖，下用原节为底。贮蒺藜，悬之于腰。用时手提撒之，下地均匀，且速而不粘。除此，皆乖插蒺藜，不利用矣。

飘石

用一握竹，长五尺，绳系头作兜，贮石摇势，一掷而去。守城宜用。

夜伏耕戈

弩机，用浮轻箭染草乌毒药，以线引系椿于三十步，横路而下，堆草藏形，触线而机发箭中。恐害自人，须阻所行要路。

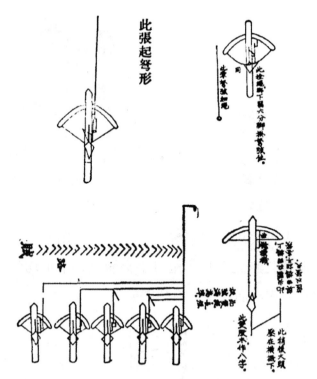

近来贼用长竹先打而行，则机发于人足之先，弩又无用。今当多用，如百弩连成数丈，其机只在向我处弩尽头下之，俟彼走进，逾弩将尽处，就长竿先发其机，则不能退出数丈矣。又当分作三四个机，渠能打发其一机，即谓尽发矣，而不意又有未发之机也，尤妙。若三五弩而摆丈余地，则无用，且未必矢矢俱准著人身，恰得正好也。

木城

用大小木为，每扇阔五尺，高堞五尺，衮木二道，赘大竹钉浮于拴上，约可一人负之而行，轻重适均。在城上，则立在堞口，防夜袭登；在兵中，可肩而下营，立成营盘。

放鸟铳法式

放铳之法，先将药预装各小竹桶内，约铳口可容几钱铅子一枚，即每桶装药几钱。药多则铅化，药少则子无力。先装药入铳，用搠杖送实，方下铅子一枚，又搠杖送下，至药际。将火门取开，用另装细火药倾入鸟铳火门内，向上振摇，药入线门，将火门闭之，以火绳安入龙头。前手托铳架中腰，后手开火门，即拿铳架后尾，人面妥架尾之上，用一只眼看后照星对前照星，前照星对所打之人，用右手大食指拨鬼向后，鬼入龙头，落在火门，药燃铳响。鸟铳之中准，在于腹长而直；火药之不夺手，在于前手拿在铳腹；照放之直，在于两手俱托执铳身而无点火之误。铅子之利在于合药之方，其神机铳用木马繁而多误，势难再发；边铳手执后尾，其重在前一手点火，眼不能照，皆不及此铳之妙而速也。

制合鸟铳药方

硝一两黄一钱四分柳炭一钱八分通共硝四十两，黄五两六钱，柳炭七两二钱，用水二钟，舂得绝细为妙。秘法：先将硝黄炭各研为末，照数兑合一处，用水二碗下在木柏，木杵舂之。不用石鬴者，恐有火也。每一柏，舂可万杵。若舂干，加水一碗又舂，以细为度。舂之半干，取日晒，打碎成豆粒大块，此药之妙，只多舂数万杵也。大端如制合好墨法相类。若添水舂至十数次者，则将一撮堆于纸上，用火燃之，药去而纸不伤，如此者不敢入铳矣。只将人手心擎药二钱，燃之而手心不热，即可入铳。但燃过有黑星白点，与手心中烧热者即不佳，又当再加水舂之，如式而止。

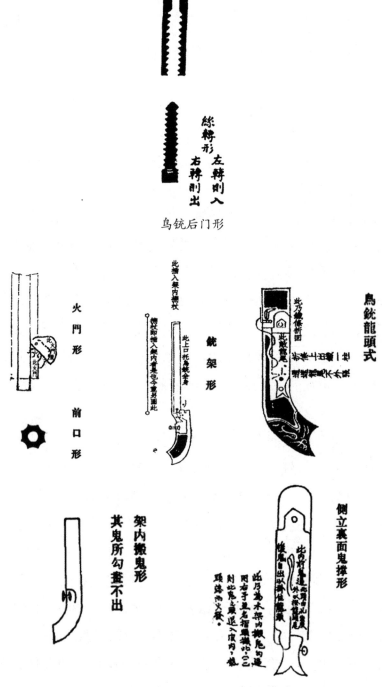

鸟铳后门形

鸟铳分形之图

造鸟铳之法，后门有螺丝转者，此铳腹，长放过后内常作湿，二三日要洗一次，用搠杖展水布一方，醮水入洗之。如铅子在内，或克火门等项，取开后门丝转，以便修整，最为易便。

行营之内，鸟铳虽速准而力小，难御大队，难守险阻，难张威武。佛狼机又太重，难于扛随。今以臆创一器，名为赛贡铳，既无下木马延迟之艰，又不坐后其铅子，犹胜佛狼机之大，其声势可比发贡，其速即可比鸟铳。每五百人之中用以五六门，以备守路截险，甚妙。

铳式

铳长三小尺，内口约容半斤铅子，药在粗腹不可过，铅子送至腹口方好。即如此，平卧地下，随其远近，加垫头高，并不用木马等类，此器之利者，亦以项长而铅子合口故也。

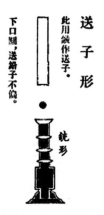

后有连子铳铳枪，皆繁巧，放铳时多误，难以屡中无虞，聊亦载之，以备兵家之一法也。

连子铳式，因《武经总要》所无，故图。

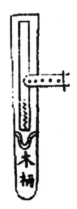

铳如鸟铳，但药尽处用一孔，上安一铁筒，入铅子数枚门定口，一个铳放去，一个子又落入。

其法：以药装入一节，节以厚褙纸钱一个，中穿药线一寸，送入铳内，又装一个药入筑实。又间以穿药线纸钱，如此，装至铅子铁管止。

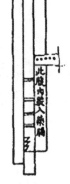

铳内装药式

子母炮

此用惊营，或夜间远远放入贼垒，少停于贼垒中。铳发，无制之兵，乌合之众，夺气之寇，势必惊惶，我得乘之，此器最妙。

子砲信妙在此

總形

內爲刻木信，以藥線繼之，外用褙紙捲緊合口。

子 母 铳

砲 母

柄

装放子母炮法

　　此炮用木信雕成螺丝转形为渠，以药线随渠缠足，下露线一节在底上，露出信之上，用褙纸信外卷紧，与子铳口合，乃将好药入瓶八分。将信送入口，即将瓶覆向下摇摇，按入其信。若仰瓶装信，则信底有药，放时药催信出，而瓶不破响，惟覆装其信，则将信务入到底，庶底下无药，药在周围，信线燃入，药乃作破子瓶。其放时，先用木马将大铳装毕，以瓶入上大口，先点瓶线燃入木信，不见，即点母炮线打去。若瓶线点早，母线太长，则瓶不出口而响矣。若点瓶线太迟，未及燃入打去，则闪风而灭矣。又有一法，共拴一线，居中点火，终是不齐，还是两点为妙。

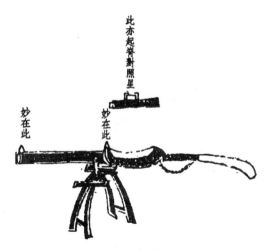

佛狼机式

　　此乃天下通有利器，今所以重图者，旧制之未尽精微也。其妙处，要母铳管长长，则直而利远。子铳在腹中，要两口对合，则火气不泄。子铳后方用半笋转入者，每放时多击出子铳数丈伤人。必用铁闩者，佳其妙处在今添出前后二照星，后柄稍从低，庶不碍托面，以目照对其准，在放铳之人，用一目眇看，后照星孔中对前照星，前照星孔中对所打之物。又子铳内

223

用木马后下铅子，苟子马俱大，则难出；出则力大，要坐后，而人力不能架之。若子小，则出口松而无力，歪斜难准。今法止用铅子，预将铅子照子铳合口微大一分制就，用时入药之后，即以子下口用凹心铁送杆打下入口一寸，即入母铳放之。此法既省下木马烦难之功，又出口最易。而且铅子合母铳之口，紧激直利，便速成功。凡铸铳之法，子铳口大则子难出，要破母铳；母铳口大而子铳口小，则出子无力，且歪，务要子母二铳之口圆径分毫不差，乃为精器也。切记切记。

火箭线眼式

夫火箭亦水陆利器，其功不在鸟铳下，但造者无法，放者无法，人鲜知此器之利也。大端造法有二，或造成用钻钻线眼，或用铁杆打成自然线眼。但钻者不如打成者妙，钻易而打成费手，故匠人多不肯用打成之法。其肯綮全系于线眼，眼正则出之直，不正则出必斜；眼太深则后门泄火，眼太浅则出而无力，定要落地。每个以五寸长言之，眼须四寸深。杆要直，而去颈二寸，称平；瓴要劲羽，长而高；褙筒用矾纸，间以油纸，则不走硝，可留二年，此物最不耐久收也。

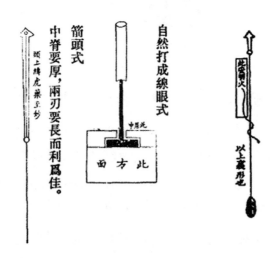

箭頭式
中脊要厚，兩刃要長而利爲佳。

自然打成線眼式
此方面
中藥此

頭上縛處藥尤妙

以上羨形也
羨藥火

炮法，《武经》虽载，而独行炮单架者甚明，鲜有人能悟之，故重开明其势，此为守城第一器也，既省火药之费，又有不乏之资。每绳长如梢之体，不必拘定若干条，但能举其梢可矣。每绳用二人扯之。

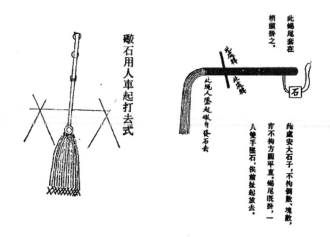

卷之十六

《旌旗篇》
逻辑脉络及经典思想

一、篇题解析

《旌旗篇》全称《旌旗金鼓图说篇》，是对此前所述金鼓旌旗等指挥手段的图示详解。因实战之需和朝廷重视，明代军事理论著述数量巨大。《中国古代兵书知见录》载有明代兵书 1025 部，其中 777 部存世，246 部存目，即便合并各种版本和注释本，仍有 400 多部兵书存世，100 多部存目。而《中国古代兵书总目》所计入的明代兵书更是有 1165 种之多。在这些兵书中，出现了很多大型军事理论类书，这类军事理论著作将中国历代军事理论加以综合性集成，按照作者设定的条目进行材料选取和分类整合，量级往往在百卷以上，因此将其称为中国古代军事理论的鸿篇巨制或百科全书毫不为过，如茅元仪（1594 年—1644 年）编撰的综合性兵书《武备志》，全书以二百四十卷约二百余万字的篇幅打破了古代兵书的历史记录。包括《武备志》在内的明代类书中有大量关于古代军事器械的图示详解，经由这些形象直观的图例，我们得以窥见古代军史中许多珍贵的实物影像。戚继光的《纪效新书》便多受这类图书的影响，其中有许多插图，使后学者可以按图索义，这也为兵法的流传创造了更为便捷的途径。《旌旗篇》直接以图说命名，恰好符合并证明了明代兵书的这一时代风尚。戚继光记录的旌旗形制多样，或别以五行方色，或绘以星宿仙灵，体现了中国古代军事文化独有的精神气派和风格面貌，其背后也包含着中国传统文化中天文、地理、哲学、历律等方面的丰富知识。

二、精要新解

（一）名将所先，旗鼓而已

戚继光认为，名将在战场上首先应当注重的就是旗鼓的运用。据戚继光在实战中的观察，东南地区的军队不懂得如何使用兵旗，也没有明确的法度，作战就像小孩子玩游戏一样随意。有的旗帜轻飘飘的，难以远观；有的则沉重难执，难以快速移动，并且各种颜色的旗帜混杂在一起，让人无法辨认。在战场上，军队的分合行动，与旗帜的指挥无关，士兵们只是用手贴近嘴唇发出哨声来传达命令，反而把旌旗当作了排队的道具，金鼓也仅仅是在宴会上演奏音乐的器具。甚至有些名望显赫的大将，其军队也像一群乌合之众，混乱不堪，完全听任士兵们随意行动，甚至一个队伍中有好几种颜色的旗帜，一阵之中有多个命令，将胜败和进退完全交给天意。这种现象令戚继光扼腕叹息。戚继光为此在《旌旗篇》中绘制了详细的古代军队旗帜并加以说明，以备后学参考。戚继光自知时代风尚随时而变，明代的旗帜样式可能会遗笑于后世兵家，甚至可能会受到批评和指责，但他还是义无反顾地为我们留下了珍贵的历史资料。

（二）以统一指挥打造节制之兵

戚继光之所以对旌旗金鼓十分重视，是因为他要将戚家军打造成一支战无不胜的节制之师。有鉴于明初以后卫所军队战斗力下降，平时老弱相杂、兵不满额，战时兵不识将、将不知兵的情况，明代军事理论家十分重视通过改革军队编制体制等方式打造节制协同之师。如正统年间鉴于明京师守军战斗力弱、协同困难之弊，一些军事理论家提出了简选精锐力量，组建"兵将相识""体统相维"的节制之师的理论。由于明初实行世兵制，武职编入军户、世代相袭，军队中渐渐出现了老少同伍、强弱相杂的局面；又因为明军实行军政与军令分开的领导体制，兵部负责武官考功和武职选授等事宜，五军都督府负责各卫所日常训练等事宜，临战由中央派将领兵作战，战后卫所兵与将领各归原部，因此造成将不知兵、兵不识将的缺陷，这一制度严重影响了明军的战斗力。北京保卫战前，保卫京师的军队约有60万人，这些军队一部分来自在京的72卫，一部分来自河南、山东、大宁、中都留守司等到北京轮番备操的班军。土木之围明军损失精锐50万人，在京的兵力为赢卒10万人，加上从全国调来的22万援军，守卫北京的兵力约24万人（《明经世文编》卷三十四《少保于公奏议》卷七《兵部为军务事疏》）。这些守卫京城的军队老弱与精壮相混杂，各部队之间号令不一。时任一线抗敌总指挥的于谦把军士分为三等，选出十万精兵进行训练。景泰二年（1451年）四月，又从10万人中精选6万人组成3营进行团操，十二月在此基础上扩展为5营10万人，一年后扩展为10营15万人，以15000人为一营，正式确立团营编制。团营改变了明军号令不一、兵将不识的问题，原京师三大营互不隶属，编制和指挥体制不统一，无战时各由总兵官带领训练，作战时临时派将协同指挥，因为号令不一，所以经常误事。团营各单元编制和号令统一，坐营都督为一营之长，领兵15000人，其下为3都指挥，各领兵5000人，每都指挥辖5把总，领兵1000人；每一把总下设2指挥，领兵500人；每一指挥下设领队官5人，领兵100人；每一领队官下设管队2人，领兵50人。每十营设一总兵官，领兵150000人。团营的指挥体制十分高效，各团营分则统于各都督，可以机动作战；合则统于总兵官，可以集中协同，而一切事要统于兵部尚书。

各营训练号令按照统一的标准执行，既有利于平时的高效训练，又有利于战时的灵活指挥，实现了训练与作战的高度一致，做到了"贼多则各营俱动，贼少或分调一二营，或调一万或三五千，随机应变"。编制和训练统一后，团营各自有固定的指挥官，克服了临时调遣派将造成的兵不识将、将不熟兵的缺陷，"管军者知军士之强弱，为兵者知将领之号令，体统相继，彼此相识，不致临期错乱，难于调遣"（《明经世文编》卷三十三《少保于公奏议》卷二《建置五团营疏》），这样体统相维的军队由于军士之间配合默契、上下之间指挥顺畅，因此在战场上能够做到协同如手足捍头目、联动如子弟卫父兄，势如率然，上下一体，战力倍增。正德年间任巡抚的王阳明也重视军队的节制。针对当时"卫所军丁，止存故籍，府县机快，半应虚文"（《王文成公全书》卷十六《选练民兵》）的情况，他改变明卫所军惯用的编制，采取了营伍、队、哨、营、阵、军的编制方式，将所属部队打造成"有制之兵"。王阳明在治军时的具体节制方法为："每二十五人编为一伍，伍有小甲；五十人为一队，队有总甲；二百人为一哨，有哨长、协哨二人；四百人为一营，营有官、有参谋二人；一千二百人为一阵，阵有偏将；二千四百人为一军，军有副将"（《王文成公全书》卷十六《兵符节制》），经重组后的军队以兵符做为指挥调动的依据，遇有战事时"发符比号而行"，这样既防止了奸伪行诈，又加强了节制协同，达到了上下相维，大小相承，如身之使臂，臂之使指的效果。

嘉靖万历年间与戚继光同时代的抗倭名将俞大猷的治军理论则首倡节制："节制二字，兵法之大要也。分数分明，步伐止齐八字，节制之条目也。七书千万言，十字该之矣。明此十字之义，于兵思过半矣"（《正气堂续集》卷四《兵略问对四条》）。他所要建立的节制之师是一支精干力量，"精兵一人可当百人之用"（《正气堂集》卷十一《兵略对》），强调质量而不贵数量。为此他采取了培养骨干，以骨干为种子扩组军队、层层节制的方法。选取骨干的标准是年轻有力：年龄20岁至30岁，气力举重200斤以上。对于骨干中的甲长，标准会更加严格：年龄25岁以下，不仅要体能出众，更要反应敏捷。骨干的培养注重平时选拔储备，一旦战事来临，则以骨干为基础进行扩军：首先选派义士30名赴地方各招25岁以下精兵9名，以为预备甲长，每名募兵者自为甲长管理所募9人，成立10人队伍，一次可组建300人规模的军队，进行专门的基础战术训练，遇到地方有小股敌军入寇，便派甲长率兵300人应之。如遇敌军大举入寇，则270名骨干士兵各升为甲长使用，每人再募9兵，原甲长则升任哨长，管束9名新甲长和81名士兵，原来300人编组的军队随即扩充为2730人，以训练有素的建军骨干为保障，用以对抗倭寇的大规模入侵。

三、《旌旗篇》全文

　　名将所先，旗鼓而已。近见东南人不知兵旗，无法制，率如儿戏。或轻难视远，或重难执驰，方色混杂，不可辨认。而临阵分合，更与旗无干，听兵用手逼唇为哨声，却以旌旗为摆队之具，金鼓为饮宴之文。至有大将名胄，而亦乌合纵横，一听兵士纷沓，一队数色，一阵数令，以胜负付之自然，以进退付之无可奈何，吁，可胜叹哉！予故不得已而绘此烦文，以取讥罪，谅之谅之。

右清道二旗，军行持众之前，以清途路；排营，则遇掌号笛，执在马路，引官哨队回营。旗杆长八尺，仍领送官哨队回营，旗杆长八尺，用木葫芦或葫芦上加以枪头亦可。方四尺，蓝色，边用红色。主前导也。

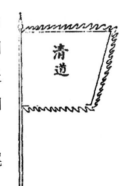

此用以引金鼓，杆高一丈二尺，缨头雉尾珠络旗，素黄色，方七尺，黑布，字大二尺。

飞虎旗。门旗，五方各二面。

此立辕门摆营，五方各照方色。杆高一丈三尺，旗方七尺，边用黄色。

豹尾旗二面。右旗所立之处，再不容一人擅闯出入，非有主将号令旗箭召放，擅入者不问官员大小人等，军法阻拿。杆用坚木，长九尺，头用利刃，旗用绢裁，折曲画豹尾形，阔幅双折，长七尺。

五方形旗五面。《礼记》所谓五方旗神，所谓左青龙，右白虎，前朱雀，后玄武，中腾蛇。慈湖王氏曰：

龙虎鸟蛇，本乎旗名。此之谓也。

此旗五面，以四面四方立表，兵之所视，以为坐起进止、左右前后周旋者也。

杆高一丈五尺，缨头珠络，旗色照方向，边以生旗之色配之，不可犯本旗之色。旗心方五尺。

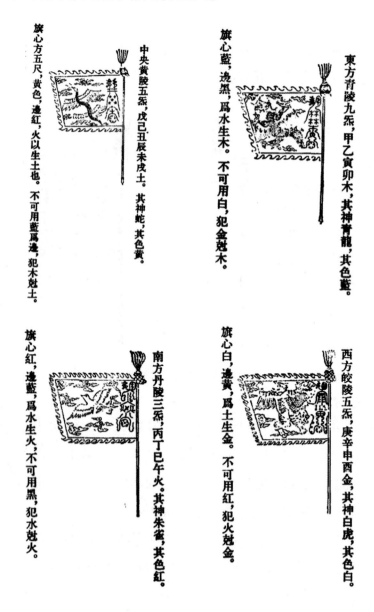

中央黄陵五炁，戊己丑辰未戌土。其神蛇，其色黄。

旗心方五尺，黄色，边红，火以生土也。不可用蓝爲边，犯木尅土。

東方青陵九炁，甲乙寅卯木，其神青龍，其色藍。

旗心藍，边黑，爲水生木。不可用白，犯金尅木。

南方丹陵三炁，丙丁巳午火。其神朱雀，其色红。

旗心红，边藍，爲水生火，不可用黑，犯水尅火。

西方皎陵五炁，庚辛申酉金，其神白虎，其色白。

旗心白，边黄，爲土生金。不可用红，犯火尅金。

北方玄陵七宿，壬癸亥子水。其神玄武，其色皂。

旗心黑，边白，爲金生水。

不可用黄，犯土尅水。

五方神旗五面

此与前大五方旗同用，各照方色彩画，边用生旗之色，不可与本旗色相犯。除边方五尺，杆高一丈五尺，缨头珠络。

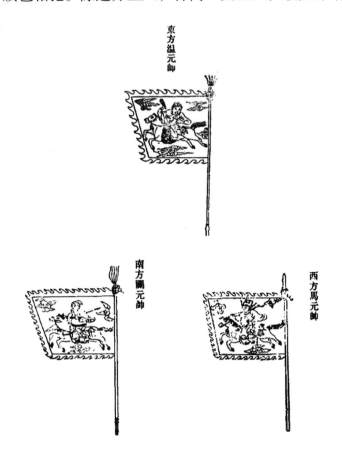

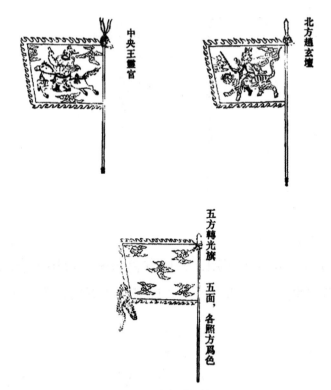

此用在将台上，行则随主将以为外表。五方之应外表，视此为进止。立伏杆高一丈五尺，边与旗幅同色，用夹绢二幅，长四尺，阔三尺，带用五色，自下相生而上，长旗身有半，旗头用雉尾缨络。

此乃出征之旗，代转光旗之用也。杆用长枪杆，旗照字色，边同本旗之色，庶纯而可远嘹。方五尺，不用彩画。黑旗上用白绢为字，余皆黑字。旗头用枪头，以便出征。轻洁色纯，不混众目。

五方高招。五面，各照五方之色，幅尾则用生气之色，与大旗之边同意。

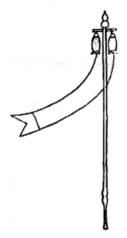

此该二副，共十面，昼则示奇兵及子营中军亲兵，夜则看灯笼，以代五方之用。杆用好坚竹，去皮，红漆，长一丈六尺。头用小枪头，金木胡芦，顶铁梁，务在轻便。照方色全幅绢长一丈二尺，灯用照方色薄油纸。

中军大纛

　　此不可用于行阵重大也。杆高一丈六尺，旗大一丈。黑绿缎为之，白绫为边，缨头饰以珠络，极其华丽。

　　二十八宿带。此带四方各门方色，并中央黄素带，俱凭坐纛上以为四方之生，但可操而不可用于临阵，以其大而重也。杆无灯，坐纛上用铁十字架以悬之。

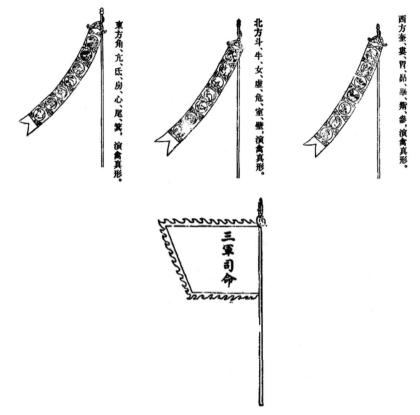

　　此主将号旗，颜色随意，不预设以泄机。杆用长枪，旗方一丈二尺。

　　此后二十八宿形旗。凡出军立方向，八门使兵由之而出，则用。又凡遇出兵之日，所轮胜宿即以此旗领军。杆长一丈六尺，顶用缨络雉尾，边幅之色俱同，各照方色。方可六尺。二十八宿真形旗各一面。

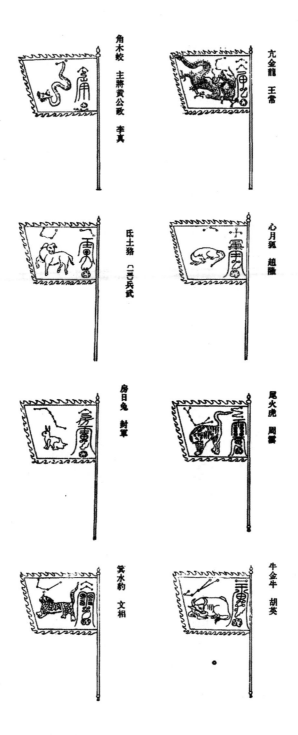

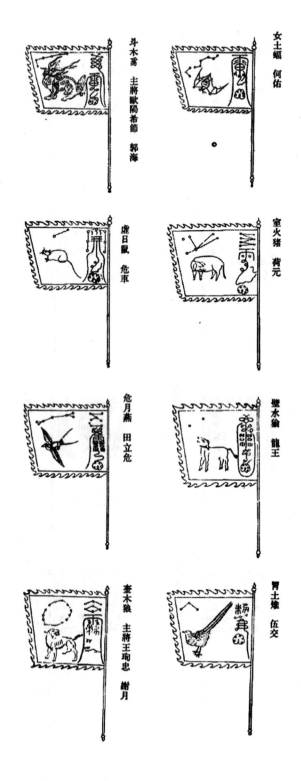

女土蝠　何佑

斗木豸　主將歐陽希節　郭海

室火豬　荷元

虛日鼠　危車

壁水貐　龍王

危月燕　田立危

胃土雉　伍交

奎木狼　主將王珣忠　謝月

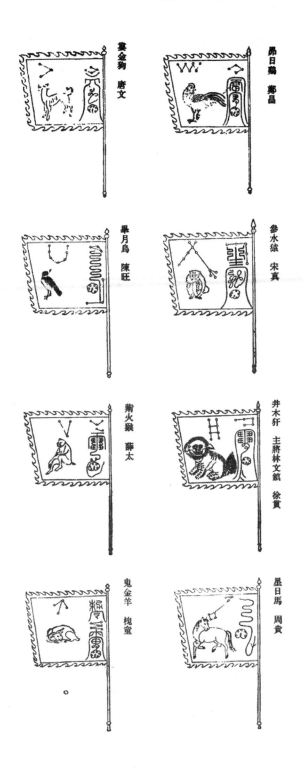

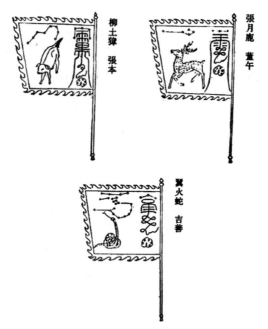

此后六丁六甲旗十二面，用法与二十八宿旗同，旗色照方向，边同大旗之色。杆长一丈三尺，旗方五尺，顶用缨头雉尾珠络。

六丁神旗六面

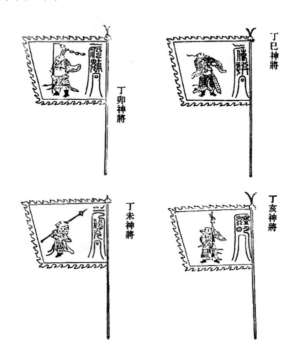

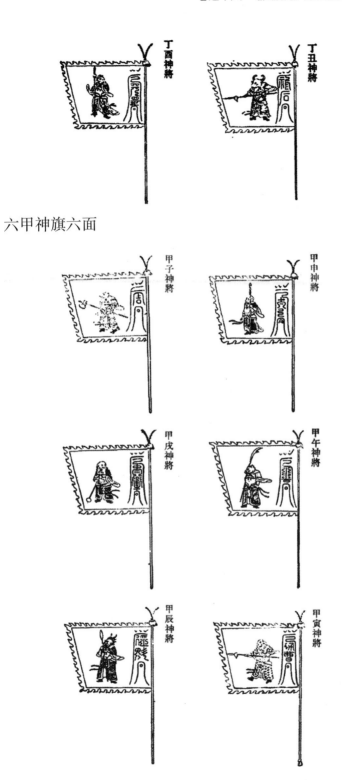

六甲神旗六面

角旗八面，高大俱同五方旗，用木红葫芦头或云枪头。行则夹五方神旗，但矮于五方一尺。其色，则东南上半幅蓝，下半幅红；南东反是。东北上半幅蓝，下半幅黑；北东反是。西北上半幅白，下半幅黑；北西反是。西南上半幅白，下半幅红；南西反是。花焰边，随本旗之色，上下各一半。

八卦正旗，高大式杆，俱照五方真形旗。上用金木葫芦头。各以八卦方向为色，四正方者色纯，四奇方者照角旗，各得一半，上画本方之卦于旗之中央。

卷之十七

《守哨篇》
逻辑脉络及经典思想

一、篇题解析

《守哨篇》主要论述了边海防的烽堠守卫和城池防卫问题。古人很早就已经重视边境安全问题，如汉代王符在《潜夫论》中即有"无边亡国"的论述。一位西方学者曾经提出中国古代的三大军事威胁：一是从公元前 4 世纪至 17 世纪，除少数历史时期外（如 7 世纪中叶和 10 世纪末期，当时唐朝和元朝军力极度强大），在北方边境前线始终存在着来自游牧民族的军事威胁。二是从 14 世纪开始，另一种威胁开始出现，这一次来自海上。明朝时日本海盗在中国沿海的袭扰活动逐渐增加，特别是在 16 世纪最为猖獗。三是另一类时常被人们忽视的威胁，即中国历史上封建王朝的内部动乱和斗争，这种动乱和斗争所引发的大规模战争经常直接导致封建王朝的垮台。为应对主要外部威胁，中国历代都重视对边境的防御，特别是戚继光所生活的明代。当 1566 年奥斯曼帝国占领了西亚的外高加索、两河流域，中东的叙利亚、巴勒斯坦以及阿拉伯半岛的麦加、麦地那和西部沿海，遮断了东西方陆上商道，为寻找通往东方的贸易路线，大航海和地理大发现时代到来，来自海上的威胁开始出现在中国的东南沿海。《守哨篇》便是此时应运而生的探讨边海防御的专门篇章。在本篇中，戚继光指出了边海防的第一要务是建构完备迅捷的预警系统，即烽堠报警系统，通过这一系统守军便能及时布置战守，捍卫边防。

二、精要新解

（一）烽堠为边防第一要务，自古名将必先斥堠

戚继光注意到烽火台建设是边防的首要军事任务，但负责

管理陆路的官员们大多不了解这一点。每当他们被考核或上任时，常将烽火台建设视为闲散的差事，甚至荒废职守，不对其进行修缮，不整理器械。士兵们贪图安逸，却没有受到应有的惩罚。当敌人侵犯时，烽火信号无法传递；船只出海时，烽火也没有及时报告情况。万一因此发生失误，他们竟甘愿接受惩罚。戚继光对此深表忧虑，认为各级官员应当自我反省，对忽视预警系统建设的行为感到震惊和警惕，绝不能继续浪费时间，重蹈覆辙。

经过调查，戚继光发现松门桃渚的烽火台原本设置得很有策略，有的设置在外海，但士兵们却利用这些位置偷闲，比如狮子望火楼等地；有的设置在内地，但遇到警情时却无法及时观察到，比如盘马、乌沙浦等地的烽火台。有鉴于此，戚继光命令：近海的烽火台，应该按照渔民的搭建方式，在上面用草苫子搭建一个棚子，里面放置守望的器具。每个烽火台每天轮流派三名士兵值守。如果遇到敌船出没，白天就升起一面大白旗，晚上就放炮点火来报告信息。烽火台的士兵接到警报后，要立即传递消息。对于外海的烽火台，要经常派人去检查。内地的安危、居民的避难、军队的预备、城池的警守，都依赖于烽火台的报告。如果有一个烽火台失职，就可能给地方带来无法估量的危害。

为了解决烽火台建设问题，戚继光召集各烽火台的军官，亲自向他们传授烽火信号的使用策略、形式和相关号令，让他们严格遵守。同时，他还列出报警的相关事宜，并制成公文牌，要求各烽火台的军官按照公文牌上的要求执行。每个烽火台都要有一部公文牌，让士兵们熟读背诵。公文牌上的器物，平时都要准备好，随时使用随时补充。遇到警情时，必须按照公文牌上的要求及时报告。如果有任何一项没有完成，或者任何一名士兵没有到位，一经查实，将按照军法严肃处理，绝不姑息。对于法令的执行，戚继光要求各烽火台的军官报告他们的备战情况，并让他们签署保证书。戚继光时常派人或者亲自乘坐小船沿途检查。对于公文牌上的内容，要求陆路官员先熟读背诵，然后亲自教授每个烽火台的士兵熟读背诵，在戚继光亲自检查背诵情况时，每错一句就打一棍，从不宽容。

（二）南兵北用将守烽堠之法用于北部边防

南方倭患渐次平息后，隆庆元年（1567 年）十月，面对北方鞑靼分路进攻山西、蓟州两地的紧张局势，明穆宗下令戚继光北调蓟州，保卫京师。戚继光在任蓟门总兵的 16 年里，修城筑堡，分路设防，成功抵御了蒙古骑兵的侵扰，据《明史》记载，在戚继光治下，"边备修饬，蓟门宴然"，"继之者，踵其成法，数十年得无事"（《明史》卷二百一十二《戚继光传》）。南方抗倭时使用的烽堠之法，在此时得到了进一步应用。戚继光曾说："古今名将，称善守边者，不过谨烽火，远斥堠，明哨探而已。"（《戚少保奏议》）当时，蓟镇与俺答、土蛮之间隔着朵颜、泰宁、福余三卫，朵颜等三卫被称作"属夷"，作为中间地带，他们与鞑靼暗里交往联系较多，戚继光便派遣大量熟悉虏情、会讲夷言的士卒广泛深入三卫，"远者千里，近者数百里"（《戚少保年谱耆编》卷九，隆庆五年），伪装成当地人打探有关俺答、土蛮内犯的动向。这些人员是明哨，他们长期在外侦察敌情，一有消息便迅速回报。为了防止明哨遇有不测，迟滞贻误情报的情况，戚继光同时还安排了大量暗哨在俺答、土蛮境内秘密埋伏，昼夜瞭望，发现敌情，点炮报警。为了能及时传递敌情警报，戚继光在蓟镇防区内设立了 569 座报警的墩台，即烽火台，并详细规定传播警报的信号与暗号，白天以放炮和旗带为号，夜间则以灯火为号，一旦有警报，三个时辰之内就可以传遍蓟州防线。在蓟镇边防兵力有限的情况下，安排用于侦察敌情和传递警报的兵力竟达7000余人。戚继光在蓟镇十六年，蒙古骑兵先后数次来犯，当敌骑尚在百里之外时，他就掌握了来敌进犯的人数、路径和地区，并迅速集结优势兵力迎击，确保了战无不胜、守而必固。在情报系统的支持下，戚继光在蜿蜒2000多里蓟镇防线上，对防御力量进行科学合理的配置，提出兵力配置应当做到"分而能合"，并根据地形险缓和路程远近，以及鞑靼进攻的几个主要方向，将蓟镇分为三大防区12路，每路管一定的防区，兵力最多的古北口路防区有18000余人，最少的山海路防区只有1900余人。守墙部队部署在第一线，主要任务是守卫边墙，机动部队部署在第二线，主要负责应援。部队梯次配备，掌握敌骑来犯动向后，预先调集援军增加边墙防守兵力，力求堵截敌骑于墙外；如敌骑欲溃墙而入，则让周边机动部队快速协同支援，并调集车步骑营等重兵，及时予以歼灭，做到防守和机动作战相结合，形成整体合力，有效缓解了兵力不足的问题。

（三）捍卫之方，惟在战守而已

戚继光认为东南地区的风汛季节海上警情难以预测，防御之道主要在于战斗与守备。他发现尽管此前已安排标下官兵进行日常操练，以便随时调发应对，但各卫所城市守备并无有效方法。每当敌人来袭，守军常常仓皇失措，有时甚至遭受突然袭击而毫无准备，更严重的是，守备措施毫无章法，无警之时白白消耗士兵的精力，到了五更时分，士兵往往因疲劳而疏忽职守。凡事预则立，戚继光针对边防之弊预先布局，做好御敌的充分准备。戚继光认为，守城的方法，主要是蓄养精力，保持充足的战斗力，同时要在敌人来袭前做好充分的预警和准备。而这种预警和准备的责任，主要在于陆路守军。然而，当时负责伏击和巡逻的官兵多数沿袭旧规，敷衍了事，致使在紧急情况下无法提供有效的帮助。因此，戚继光向他们明确传达了战略方针和号令，要求各卫所官员按照命令要求和所发的图式、号令、条款，将所辖卫所的旗军、丁舍等人，除了出海墩陆的人役不安排到垛口外，其余人员，包括监生、生员、致政、供贴、杂差及应袭以下的人员，都按照要求进行编排。可以四人一垛，三人一垛，或二人一垛，每五垛再编选一名知情识事、勤奋勇敢的人作为垛长，专门负责执守厂旗和督查。人数编排可依据整个城市的人口多少进行灵活调整，不必拘泥于原有的窝铺分配。

戚继光的战守之方在其后来在北方作战时也得到了发展和运用。明太祖朱元璋统一中国后，为防御元朝残余势力和鞑靼、瓦剌诸部侵扰，便开始对长城进行修筑。戚继光在考察蓟镇边关时发现，蓟州地区的边墙虽也修过，但又低又矮，且未建墩台，战时无法发挥阻击蒙古骑兵的功能。经过周密勘察，他向朝廷拟制呈报了修墙筑台的方案，一是加高、加固、加厚原有城墙，二是在长城沿线修筑敌台。戚继光修建的长城由城墙、敌台、墙台、烽火台、关城等几部分组成。他在边墙外削偏坡、挑壕堑、挖品坑，使敌兵人马无法靠近和攀附，又在城墙垛口下的宇墙上设置了望孔、射孔，大大加强了城墙的防卫能力。其中，大规模修建空心敌台，是明代边防工事的首创。空心敌台高5丈，四面广12丈，中间为空，分为基座、中空及顶部楼橹三层，可住百人，下层存放器械、粮食、防守设备等；四面有箭窗，以便发射火器、弓箭；上层建小楼，四周有垛口，也可以攻打敌人。隆庆三年（1569年）二月到隆庆五年（1571年）夏，戚继光在蓟镇共建敌台818座，"各路边山，但系要害之冲，可通大举者，今悉控扼无余矣"。（《四镇三关志》卷七《制疏考·蓟镇制疏·题奏·总督侍郎刘应节报空心台功疏略》）空心敌台的发明与推广，使明代墩台作战功能大为增强，改变了弘治年间砖木空墩易燃的缺陷，大大增加了长城守军的隐蔽性，成为遍布长城防御体系各个节点之作战单位，使长城从静态阻隔之主要定位转变为动态作战之主要角色，从而大大增加了长城防御体系的战术内涵。如果说砖木空墩标志着长城从"战略长城"向"战术长城"转变的开始，那么空心敌台可视为明代长城由"战略长城"向"战术长城"转变的完成。我们今天看到的八达岭长城，历经数百年风雨依旧威武雄壮，就是当年戚继光主持修建的。自从戚继光增修边墙、敌台后，蒙古部族鞑靼尽管马快刀利，彪悍勇猛，但在固若金汤的长城防线面前，也只能远远望城兴叹。

（四）从守哨窥探明代的边防理论

　　明代在与游牧民族的对抗中，在战略上取守势，在战术上以凭险筑城防制铁骑驰突，因此其军事理论中有关边防城守的内容尤其受到重视。自明成祖五征塞外"三犁其庭"（《皇明九边考》卷一《番夷总考》）开始，明军与北方游牧民族之间的拉锯战几乎从未止息。残余势力退入漠北后，继之而起的瓦剌也先俘虏英宗，鞑靼俺答扫荡京郊。隆庆和议后，西北稍安，然而鞑靼强势首领小王子在北部侵扰不断，朵颜三卫在东北窥伺边墙，直至建州女真崛起于东北并最终攻破明朝的关宁防线，边境防御和兵要地理一直是明廷上下文武群臣军事理论研究讨论的重点。时至明末，中国古代兵要地理的集大成之作《读史方舆纪要》出现。顾祖禹创作此书并不是为了记录山川景物名胜，也不是单纯地为了统合方志，而是感愤于明末朝廷上下对于"边防利病之处，兵戎措置之宜"以及"疆域之盘错，山泽之薮匿，与夫耕桑水泉之利，民情风俗之理"（《读史方舆纪要·总叙三》）不加谙习，最终导致兵败国破命运的现实。从这个着眼点出发，《读史方舆纪要》贯穿着作者经世致用的追求，山河险易和军事成败是全书申论的重点。顾祖禹在《凡例》中说："地道静而有恒，故曰方。博而职载，故曰舆""是书以古今之方舆，衷之于史，即以古今之史，质之以方舆。史其方舆之向导乎，方舆其史之图籍乎，苟无当于史，史之所载不尽合乎于方舆者，不敢滥登也。故曰《读史方舆纪要》"。本书是为了军事目的而撰写的，所以对山川险易、古今用兵、战守攻取、兴亡成败等记述得最为详细。也可以说，它是以地理形势为中心，用历史上重要的战例、兵家的观点、言论等，来分析、考证地理条件对战争的影响，同时也记述了他自己的见解，正如《凡例》所言："是书以一代之方舆，发四千余年之形势，于此判焉。其间大经大猷，创守之规，再造之绩，孰合孰分，孰强孰弱，帝王卿相之谋谟，奸雄权术之拟议，以迄师儒韦布之所论列，无不备载。或决于机先，或断于当局，或成于事后，皆可以拓心胸，益神智"。顾祖禹的创作出发点决定了《读史方舆纪要》军事地理的学术定位，因此学界历来将之视为军事地理著作，如张之洞《书目问答》中曾对此评价道："专为军事而作，意不在地理考证"，梁启超在《中国近三百年学术史》中也认为它是"极有别裁之军事地理"。《读史方舆纪要》全书一百三十卷，另附《舆图要览》四卷，共计二百八十余万字。

前九卷为历代州郡形势，"先综四千余年之大纲，敷畅贯通，易于诵习"，通过对前九章的学习，"州域之分合，形势之重轻，了然于中，然后可以条分缕析，随处贯通"（《读史方舆纪要·凡例》）。前九卷按时间顺序，记载了从先秦到明代各朝的方国、州、郡、府、县等政治区划及沿革，使读者先对全局有一个总的概念。中间一百一十四卷以明代两京十三司的区域划分为大纲，对所属府州县山、川、关、卫的地理位置、历史沿革、山川险要、攻守之地分别加以论述。在每省、府之首，分别先有一篇绪论，论述本省、本府在历代战史中的地位与作用，使读者先了解整体形势，然后再按地区具体叙述所辖各地的主要山川、关隘、桥梁、驿站和城镇的沿革，以及曾发生过的重要战斗。接下来的六卷记录河道水文的变迁，分别记述了黄河、长江、运河、汉水等各河流的源委、变迁、沿岸城镇及通航情况等。最后一卷记录各地域的历代天文星宿分野。书后所附的图籍网罗了明代自中央至于边境地区的地图并附以相关说明。这一部分，不仅记有我国边疆各地的军事要镇、卫所、关堡的位置、地形，而且还记有各地驻军的隶属关系、官长、兵力、马匹、粮饷等具体数字。全书采取经纬交错的方式组织结构，前九卷以时间为经，纵贯四千年；以空间为纬，横跨两京十三司。其后各卷以空间为经，举地理为之纲；以时间为纬，连朝代为之目。这种经纬纵横的结构使全书纲目明晰，文义互见，既避免了形式的单一，又避免了内容的重复。除了学者们对兵要地理的悉心研究，明朝一线将领也多重视军事地理特别是边防兵要，如抗倭名将俞大猷"必欲至北边一效力以了平生"（《正气堂集》卷十《与李同野又书》），他曾在俺答内犯山西时应召赴宣大效力，并于隆庆六年（1572年）上书朝廷兵部请求到北边

"展布平生"，自信"灭虏之气，当老犹壮"（《正气堂余集》卷又二《禀大司马杨》）。对于北边防守的要着，俞大猷认为应当设险以守，并进一步分析到"夫险谓之设，必用人谋、人力之造作，非若天险、地险之自然也"（《正气堂续集》卷七《为伏陈战守要务以备采择疏》），因此他主张在北方边地协同军民、屯垦以守，以免除粮税的优惠政策使边地足食足兵，列建营堡、预备军资，为防范鞑靼侵掠建立牢固的防御体系，使敌军来犯时无机可乘、无功而返。为加强边墙防御的效果，他还主张以树林为屏障阻滞鞑靼骑兵驰突，在京城要地周边广植树木，一则遏敌快速冲击，二则便于设伏拦截。

三、《守哨篇》全文

为军务事，照得卫所烽堠为边防第一要务。近来该管陆路官员多不晓此，每遇考选是任，便为闲散之局，甚至废弃职守，或台堠不修，或器械不整。如军士偷安，略无惩究。寇犯地方，则烽火之号不传；船只在海，则声息之警不报。万一失事，甘受参提。殊不知惩沸汤者吹冷虀，伤弓之鸟惊曲木，自能省此，便当寒心，岂可玩岁愒日，甘蹈如前？及查松门桃渚卫所原设烽堠，有远在外海，而军士借此偷安，如狮子望火楼等处是也；有置于内地，而遇警嘹望不及，若盘马、乌沙浦等堠是也。已曾旧有行令：堠军于近海去处，照依渔户搭盖曾架一般，上则用草苫为一厂，各置守嘹器具。每堠每日轮军三名。遇有贼船出没，昼则卓大白旗一面，夜则放炮起火，在堠军余，接警传报。如在外海远堠，每每密切差人查闸。此时地方广阔，未经核实，而奉行者十无一二。即今风汛正临海洋，贼船叵测，内地安危、居民趋避、兵机预备、城池警守，均当责在一墩之司。一墩失报，则地方贻害万万矣！为今之计，除行取各卫所管墩官军前来本职面授烽火方略形式号令，使各遵守外，所有条列报警事宜，拟合申饬通行为此牌，仰本官照牌事理，即将后开条约事件备录。每墩一本，付军读诵背熟，其条内事宜，平日务各件件备完停当，随坏随用者，随补随完。遇有警迹，务要依后条款举放传报，敢有一件不完，一军不到，查问得出，定照军法连坐，决不轻贷。先将各墩旗军备完件数，该管官具结缴来查考，以凭或时委官，或本职自坐小网船，沿途暗往亲验。其给过牌内条款，陆路官先行读背痛熟，面教各墩军名名读诵背记痛熟，限一月外，以凭本职调来，或到墩考背，生一句，打一棍，不恕。

今开墩堠该备什物：

每墩立五人睡住卧房一间，不拘草瓦。灶一口，水缸二个，锅一口，碗五个，碟十个，米一石，鳌十斤，种火一盆，种火牛马粪一担。

器械

碗口铳二个，小手铳三个，火箭九枝，大白布旗一面，草架三座。

草架法：

每架务高一丈二尺，方四面俱一丈，下二尺高用木横阁，使草柴不著地，不为雨湿所。上用稻草苫盖，如屋形。伏睹祖宗墩法举狼烟，南方狼粪既少，烟火失制，拱把之草火然不久，十里之外岂能目视？且遇阴霾昼晦，何以相嘹？故必用立此大茅屋，积草柴既多，火势大而且久，庶邻墩相望可见。其屋内不拘柴草，务相均停，一层柴一层草，填实盈满。

墩堠报警号令

每墩不拘日夜，分三人，带起火三枝，碗口铳一个，手铳三个，在于极外海边巡逻守哨。遇有贼登，昼则摇旗放铳为号，夜则放起火放铳为号，墩上即便接应。如天晴，则卓十二幅大白旗，相邻之墩卓起大旗，一路只至本府所在之处，及一路至本卫所城池而止。如若遇天日阴霾有云雾，望旗不见，则将原搭草屋举火，连草屋通听烧然一架。邻墩接放火则已，如不接放，又烧放一架。夜遇有警，看近海下墩哨军火箭号响，止烧放草屋一座。盖夜间火甚明，不必二座也。邻墩即便一体点放草屋，贼到之墩一面差一人由便路径到本卫所并陆路官处报贼多寡、登犯时日情由，听该卫照本府原发报式转报。

墩军号火走报军法

贼所登犯之地，本墩失误放火卓旗，遇贼流至邻墩之下，邻墩放火卓旗而本墩后接者，全墩军法示众。

遣下墩海边人役失误者，罪坐下墩海边之人，墩上者连坐，捆打一百。

近贼本墩放火卓旗，而全墩接应失误者，邻墩军法示众。

举火迟延，走报不时，因而误事者，军法示众。

风汛时月，墩军不拘正墩、邻墩，敢有下墩回家、及虽近墩而不在墩者，无贼至，捆打一百，割两耳；有警，军法示众，该管官捆打、穿耳，连坐。

应备前项什物军器，欠缺一件者，墩军捆打一百，割耳，仍罚月粮置办。该管官连坐捆打。

应备前项什物军器，虽不欠缺而不如法者，墩军捆打四十，扣月粮改置。该管官以分数论罪，治以军法。

查点墩堠法式

每月，本职十次，把总七次，卫所五次，各差人本府，于见驻之处，起南北分发人员点闸。如有不到者，即便绑解治罪。或本府自坐小网船，由潮不拘时日，亲阅查点。

凡差人员点堠，敢有需受分银粒米，与墩军所得之罪一体均治。虽素亲信，并不轻减。

差阅人员不亲逐墩到上，却乃在于总路拘查，或托人代查，及到墩而又点查不明者，一体捆打，沿墩示众。

差查人员到墩，先数军足五名，即看种火之处火种有无；次看火箭收拾药线可否；次看大小铳装收何如；次看十二幅大旗有无损坏；次看大旗杆坚直何如；次看烽火草屋三架柴草，有无雨湿漏坏，有无损用、致欠原数；次看水缸有无水；次看米鲞见存用过数目；次看碗碟、睡卧处所，是否在墩宿歇。

遇警之时，但经放过军器、草屋，不许过三日，即要补完，违者治以缺欠法条。

墩军守嘹之法

墩军每风汛时月，如三、四、五、六，尽数在墩，不准以取米粮破调。正、二、七、八、九、十、十一、十二月，准以一名专运薪米；每二名为一班，分为二班，每半月一更赴墩。

官府经过，止可击锣，放小手铳一个，不许擅卓大小白旗、灯笼、烽火等项，以疑邻墩。违者，以妄报声息，军法重治。

守城

为军务事，照得风汛迫临，海警叵测，捍御之方，惟在战守。已该本职见在操练标下官兵临机调发外，但查各卫所城守无法，每遇寇至，则仓惶失措，或致掩袭不备，甚者守御无法，无警之时昼夜耗人精力，及至五更，往往倦怠失事。是皆已往之咎，而事豫则立，正宜先机分布。夫守城之法，惟蓄养精力有余，而贼来贵在远知预备。其远知预备之责，又在陆路。但伏路官军，亦多因袭旧套，虚应故事，缓急之间，全无实赖，均合示授方略号令，以严责成。为此牌，仰本卫所官照牌事理，即照发去图式号令条款，将本卫所旗军丁舍人等，止除出海墩陆人役不派垛口外，其余自举监、生员、致政、供贴、杂差及应袭以下，尽数照依后开条件图式，或四名一垛，或三名一垛，或二名一垛，每五垛另编立知事勤勇一人充为垛长，专一执厂旗查督。大约以一城人丁众寡通融，不必拘泥原分窝铺。其陆路官员，亦照原曾发去方略一一遵奉施行，通将编派过旗军丁舍照式攒造书册一本，同各官依准申缴其守城号令，仍动支不拘何项官银，刊刷成书，每人一丁给与一本，以便熟习，毋得徇情遗逸，及违玩军令，自甘重典未便。

派守城规则

除舍人并编中军者，俱听策应官带领，随贼紧处分投往来，捍御对敌，不派垛口。

次派神兵，先将本城内冲要处所共几处，每处量其险要，该用佛狼机几座，大铳几个，于各多所分抽其多者拨充，其余照各所地方城身均派。

次派鸟铳，通计本城共有若干垛口，见今通有若干边鸟二铳，各照原城所分派，稀密得宜。如有所伍太多者，取加冲要之处。

次派官，将掌印官专管中军高处号令，四面皆听所督，仍兼附近中军要城一处。又将险要门台几处，派以见在卫所指挥千户之有力勤勇者。次将各掌印百户，一官一旗，分派各原经本府编过信地楼铺，各相接界。如一百户署数印，则本官止在本伍楼铺，余则以旗甲一名分守各铺，本官仍往来兼管。凡有力千户与指挥同派，无用指挥与千户同派。

次将在城生员、致仕省吏，照所分派楼铺。

次将各所伍信地，一城共有若干垛口，凡上团、下团上下余丁，杂差、供贴、守城等军余丁，通计共有若干，每垛口一个，约合几人。计算已明，然后挨所挨照本府所编信地，一军一余或多许，均附。一军一余之外，凑合派垛，编成字号。如一所垛口已尽，而军余有余，则挨于下伍相邻垛口。如垛口未尽，而一所军余已尽，即以相邻所伍军余兼搭接派。惟据军余，照人均派，不拘所分定额，以致厚薄疏密失宜。

每五垛为一厂，内选年壮胆勇者一名，立为垛长。

派定先演三日，候本职亲临演之。如派拨不明、不均、不公，定将掌印官军法处治，当时夺其管事，罚以重差。

守城该备器具厂屋

每垛口五个，立草厂一间，下用板铺，勿使泥湿伤人。上用苦盖，四面皆堪遮蔽风雨。遇至楼铺者，即听以楼铺充之，不必另立。每厂竹竿一根，长一丈三尺，上用布旗一面，叠方二幅，颜色照城方向。

每垛口有几丁，每丁用一尺高有底通节粗竹筒一个，埋在垛口里面。各军所执器械，或短枪，或斩马刀，或鸟铳，或弓矢，插于竹筒内立之。

垛口二个，其派过该守本垛之人，不拘几丁，共出灯笼一盏，其应卓灯绳、杆、灯底坠石、雨罩，俱照图式。

每厂垛长出灯笼一盏，卓于草厂横竿上，并楼铺旗竿上，以照城里面。此厂完同验。

每垛下要石子五六斤重，以至一斤半重者，高圆三尺一堆。大圆石可五六十斤者，五块。此文到，即该预备完足。欠一寸者，罚粮一月；无粮罚挑濠一丈。

有铁架烧松节者，从便。每一架准灯一盏。此预备。

每垛竹木梆一个，每铺百户备大小鼓二面，锣一面。但城内有鼓者，皆许借用。此待贼至方用，贼去即听交还。打坏，以守铺军粮扣赔新鼓。无贼时，不许指此诓骗。如无借处，即便预将守城纪录老小军丁内扣粮速办，限文到十日内。此有警备用，今先备候，本职亲到验之。

每铺遇警，种火一盆，俱守铺人丁备。此临守城日时备也。

每一厂，大水缸一个，贮清水。此临时备。

各色火器俱要预备齐整，责令派到铺边垛口之人管列在铺，听候不时之用。此预拨在铺。

各神兵照派过垛口所在，每一架处搭高厂一个，将佛狼机等铳在其下，遇警火草时时点候，铅子铳心装盖停当，药线装收干燥，其一应木马、铅子、石子、铳送等项，俱照本府旧日为紧急军务事头行内数目，件件完足，听不时查点。如遇敌用过，敌退，准从容五日之外补足。如敌尚在，限一时之内补足。过期，军法重处。此预备点查，各预收派到临近铺内贮阁，候临警取用。

守城鸟铳手，每人药一斤，装管五十三个，铅子五十三个，火绳每根三丈。此该点查，临警带上城。

中军惟看城外伏路及墩堠原定昼夜烟火旗炮起火号令。但见前项有警号令，掌印官即便将中军高处，昼则放火炮三个，卓起大白旗，在城大小官军、旗舍举监生员、致仕人等，尽照派过垛口，即时各执器械厂旗上垛乘城，照依号令。

夜则放炮三个，卓起双灯笼二盏，在城前项人等一照白昼事例上城。遇夜，中军发擂，楼铺一齐发擂；中军打更，遇夜铺处处打更。一处断绝更鼓，依临阵军法连坐本管官旗。

守城号令

凡遇有警，但看城上中军内，昼则放火炮三个，卓起大旗，各人照派信地垛口火速上城；夜则听中军高处放大铳三个，卓灯二盏，各人照派信地垛口上城。凡上城时，即将器械插于竹简内，垛长将旗插于草厂边。照垛不拘一垛几人，俱向外立定，视贼来，远则佛狼机，近则鸟铳，再近打石子等类，难以预料。如贼退，或探贼未来尽，如探贼归巢，其巢在十里之外，看中军高处放炮落旗，每垛留一人城上看嘹，余俱下城休息，听中军前令上城。

凡遇夜，则五垛之人，不拘通有几丁，看中军高处放炮，举双灯，通上城，照垛向外立听中军放炮落灯。每一厂内之人，先轮一垛者，或二名，或三名，支一更，余俱入厂安睡。一更尽，吹长声喇叭转更，又一垛者轮出敲梆守更。守过者进厂同睡，不许脱衣。如此，五更五轮轮完天明。若遇夜间，忽听中军高处炮响，卓起双灯，是看贼来攻城，各厂内不该支更人丁，尽数起出向垛口备战。一处有贼，擂鼓敲锣，满城铺俱擂鼓敲锣。一铺锣鼓止，挨铺通止。如贼已退，候中军高处放炮落灯，各丁又俱进厂睡，轮该守垛，照旧支更。

人丁虽不令俱在垛下立到天明，所以休息人力，务使精神有余，免致每夜到四更人倦失更，被贼掩袭入。又不许一人因而乘机私归家内安睡；既许开厂内轮睡，又不许说话依旧，厂内困倦了，及至轮该执更，却值渴睡。

守城军法

凡一厂内一人不至，或夜归私家，连坐垛长，各打二十棍；本犯割耳；同垛同厂连坐。遇贼攻打城池之时而不到者，本犯军法示众，垛长割耳，同垛、同厂捆打。

凡旗厂器械、矢石、火铳、三鼓之类一件不完者，本犯捆打，坐连同垛同厂。五垛以上，本官俱捆打。卫城五铺以上，所城二铺以上，掌印官旗、本管官捆打。临贼攻城之时以致缺少、及放及分不如法者，本犯军法示众，照前连坐者，皆割耳。

回头者割耳。

擅行动者割耳。

见贼大言喧哗者，或被伤高叫惊走者，遵照临阵退缩军法示众。

夜惊者，治其所由，同厂、同垛、本管官旗连坐。

中军高处接应在外并墩堠号令迟法者，掌印官重治嘹堠司号之人，军法示众。

在外伏路墩堠误事致贼猝至者，究其伏路官军以法。

各铺内遇守城时，或致种火断灭；与凡传敲锣鼓，或起或止不明，俱罪该管百户。如一百户而兼数印，不得分身者，罪其旗甲，百户从轻发落。

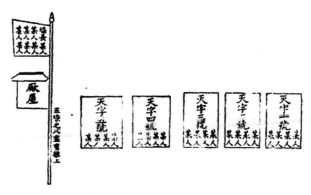

天字五号止，即接地字一、二、三、四、五号，又接玄黄字号，俱仿此式，刊版填造书册。

各城内建立中军号令。

应备什物

先于本城高处可以四面暸视之地，立桅竿一根，粗径一尺，长五丈；上用棕绳一条，粗大耐久者；又用布十二幅，旗一面；即于旗竿下或就楼铺，或另立房屋一所，预备灯笼四盏，亮好油烛一百二十枝；大将军炮一个，碗口响炮四口，即以原派管神兵守之。其随铳应该小马、火药、火绳、送子等件，俱照神兵头行备足。仍将好军十名，专管种火一盆，日夜分班四暸城外陆路号火铳炮。拨吹鼓手一副八名，专执此处号令，不拘何事，不许差扯。

号令

平时无警之日，每早天明吹打一通，守城人下城；每晚吹打一通，守城人上城。

凡遇有警，每夜，日入山不见，便放大炮三口，卓起双灯。城内人丁闻炮看灯，即便上城守夜。俟定更炮响起更时，双灯放落，各处支更守城人照守城项下条约施行。所拨十人，分更向四面嘹看城外伏路人动静。

凡伏路人在于城外，不拘昼夜，但放起火三枝，炮响三个，是有贼来偷城。中军嘹见，如是白昼，则放炮三口，卓起大旗，城内人丁尽数火速上城守御，一照守城号令条约。贼去落旗，人丁休息。若夜间嘹见城外不拘何面伏路人放起火炮响，则卓起双灯二盏，放大炮三口，厂内人丁尽数出向垛口，以备攻打。贼退后落灯，各人丁仍还厂内休息。

军法

凡伏路人已举火号，而中军接应迟延毫刻，或炮松不致大响，以致在厂之人听闻不明，及灯笼不亮者，致贼突到城下，攻城登雉，掌号鼓手、嘹望人役以军法示众，决不贷生；掌印官捆打一百，割耳。

凡平时各应备器具什物不完者，应备之人军法施行，掌印官连坐。

伏路

发人伏路，凡风汛时月，每城陆路官将伏路人役照城外要口四面共有几处，每处拨三人，每人管二更，俱于每日午时，赴陆路官处领起火六枝、手铳四口，各照派过信地方向出城，离三二里之远守伏。每至次日午时，有人交代，方许回家。若遇有贼在近，每路每方加拨五名，每人止执一更。

应备什物

每陆路军每一名自办三眼手铳一把，好起火六枝，火绳随时办用，每人灯笼一盏，小黄旗一面，雨具一副。

发伏路号令

凡白昼遇有贼至，即放手铳三个，起火三枝，摇展黄旗，驰回。中军高处照给过号令接应，城内人丁又照中军号令上城守御。

凡夜遇贼至，伏路人先觉，即放手铳三个，起火三枝，一面奔告城下。中军高处嘹见，照给过号令举动，厂内人乘城备战。

伏路军法

凡伏路人出伏迟期，及备该随身前项火药不如法，药绳、药线湿落不堪，雨具不整，及在外之人不候交代而辄回家者，通以军法捆打一百，割耳。如有误事，军法示众，陆路官连坐。

卷之十八

《水兵篇》
逻辑脉络及经典思想

一、篇题解析

《水兵篇》全称《治水兵篇》，顾名思义，论述的是水战的治军用兵之道。发生于鲁襄公二十四年（公元前549年）的楚灭吴之战是目前史料中可见的最早的一次水战，它标志着我国的水兵至少已有2000多年的历史。戚继光在《水兵篇》中主要结合自己在东南用兵与倭寇作战的经历，阐述了明代水军特别是戚家军在水上作战时的战法和经验。戚继光的论述重点主要包括以下两个方面：一是战船选择要各尽其用。戚继光当时主要有三种战船可以选择，分别为吨位最大的福船、吨位适中的海沧船和吨位较小的苍船。三种战船各有优势和劣势，如果是远海作战，则福船最为适宜，因为它吃水深，可借风速疾进，势大力沉，只凭撞击便可将倭船击沉海底。但优势在一定条件下便会变成劣势，如在近海作战时，福船便有行动不便甚至搁浅的危险，因而近海更适宜使用海沧船和苍船。二是士兵训练要水陆并操。戚继光训练水军的方法是组建水寨，水操陆操交替练习而不偏废。有人曾对戚继光在陆上训练水军的做法提出质疑，戚继光给出了令人信服的答案：一则陆上操练有成法可循，便于提高水兵战力；二则如敌军弃舟登陆，水军也必然要随之陆战。戚继光的这一思想代表了明代海防水陆相维的主流趋势，事实证明水陆并操的方法是行之有效的。此外，戚继光还强调了水军的器械配备要数目精确，服务于战斗需要；水军在作战时要善于观察和判断敌情，同时注意航行时的系泊安全。

二、精要新解

（一）三船利钝各不相同

在论述水军作战的法度时，戚继光详细论述了作战装备的情况，也就是当时戚家军常用的三种战船福船、海沧船和苍船各自的特点。戚继光论述道，福船高大得就像一座城堡，人力是无法驱动的，它完全依赖于风力来航行。而倭寇的船只历来矮小，就像当时中国的小苍船一样。因此，当福船乘风而下时，就像一辆大车碾压螳螂，是以船只的力量而非人力来战斗的，所以每次都能取得胜利。但假设倭寇的船只也如福船一样大，那么就不确定戚家军是否还有必胜的策略了。福船吃水深度可达到一丈一二尺（古代长度单位，合现代 3.3~4 米），这让它非常适合在大洋中航行。如果不在大洋中，福船就可能会因为吃水过深而经常在浅水中搁浅，没有风时也无法使用。所以当倭寇的船只进入近海，沿着浅水地带行驶时，福船就显得无用武之地了。戚家军因此又设计了海沧船来应对这种情况。海沧船比福船稍微小一些，吃水深度七八尺，即使风力较小也能移动，但其力量和功效都无法与福船相比。如果倭寇的船只较大且与戚家军的船只并驾齐驱，那么戚家军的水兵必须具有极大的勇气和决心与其进行殊死战斗，否则很难战胜敌人。福船和海沧船都只能撞击并击沉倭寇的船只，却无法捞取他们的首级，因此戚家军又设计了苍船。苍船是最小的船只，在当时沿海的太平县地区，渔民们经常使用它来捕鱼。苍船较小，高度低于五尺，即使加上木制的棚架，也不过五尺高。如果倭寇的船只与苍船大小相当，那么双方势均力敌，苍船无法冲撞犁开倭寇的船只。如果直接逼近倭寇的船只，两船相连，用短兵器进行战斗，对戚家军来说并非明智之举，甚至可能会误事。但如果倭寇的船只很小，一旦进入近海，大福船和海沧船便无法进入，那么就必须用苍船去追捕他们。苍船吃水六七尺，与倭寇的船只相当，在水潮中捞取首级时，可以迅速摇动前行，非常方便。戚继光认为，在这三种船只中，苍船是最适合在近海作战的。后来戚家军还对其进行了改进，制成了艟乔船，它比苍船稍大，比海沧船稍小，而且没有立壁，最为适中。无论倭寇的船只高大或矮小，艟乔船都可以发挥作用。

戚继光指出，三种船各有优势，在实战中应当和其他船只配合使用。总体来说，如果天气状况良好，风力强劲，风势顺利，那么海沧船就不如福船，苍船又不如海沧船；但如果风力较小，风势不利，那么福船就不如海沧船，海沧船又不如苍船。除上述船只外还有开浪船和网船等，但它们都只适合用作哨探，而不适合进行战斗。开浪船因其船头尖而得名，吃水深度三四尺，配有四个桨和一个橹，形状如飞，内部可以容纳三五十人，无论风浪顺逆都能行驶。八桨船更为迅速，左右共有十六个桨，船尾一个橹，但坐卧处不太宽敞。网船的形状像织梭，内部可以容纳两人，前后各用两人撑船，用罩子罩住，即使风浪大也可以将其拖到岸上，而且不会倾覆，吃水深度只有七八寸。这种船可以在里港窄河中使用，每次出动可达数百艘，每艘船上使用二三人操作鸟铳，像蜜蜂和蚂蚁一样聚集，沿着浅滩沿途打击敌人，非常有效。

（二）水上相敌与系泊须谨慎

戚继光根据实战经验，提出了水战相敌和系泊安全的问题。戚继光认为，如果敌军小舟频繁往来，就是在商议策略；如其行动迟缓且频频回头观望，是对我方产生疑虑；如其想要前进却又退后，是在试探我方虚实；如其已经撤退却又突然进攻，是打算发动袭击；如其鼓声震天但箭矢和石头却不发射，是兵器不足；如其撤退时又频频回头，是打算再次进攻；如其一开始急进后来又放缓，是在整顿准备；如其急促击鼓却不发起进攻，是对我方有所畏惧；如其停泊后扬起风帆，是打算发动出其不意的攻击；如其撤退时速度不快，是在策划新的行动；如其夜晚火光通明且呼喊嘈杂，是害怕我方袭击他们；如其扔出缆绳并立即起身，是想要选择对自己有利的时机或地点行动；如其火光数次亮起却无声响，是在准备器械；如其夜晚停泊时靠近泥滩，是想要前往他们熟悉的地方；如其急促收紧缆绳但不发出呼喊，是急于逃离；如其急促收紧缆绳并顺着水流方向，沿途悬挂灯笼，是夜间逃逸且溃败的迹象；如有长时间不动的小舟，则很可能是诱饵；如其鼓声无规律或韵律，则可能是伪造的声响；如其靠近岸边和村落却不登陆抢劫，是胆怯的表现；如其不久就陷入困境并请求和谈或投降，则可能是诈降策略。关于系泊安全，戚继光指出船只出海巡逻，追赶敌船时，当天色将暗，潮水将退时，不可贪恋行程一味向前，必须考虑夜间停泊的地方是否安全，是否有风浪夜袭。遇到龙潭或神庙时，不可随意放铳、吹打和大声呐喊，以防惊动神灵导致起风作浪。早晚应观察日月星辰、云彩和飞鸟等自然现象，以预测天气变化。在天色未完全黑下来之前，就应该找到安全的港湾停泊，并爬上高处四望，以防隔山有敌船已先一步停泊而我方毫无防备。

（三）水陆兼操与明代的海防

戚继光认为，海船与江中的船只不同，在战斗时，海船主要依靠风力和帆樯的助力。只有那些船只便利、帆桨快速的船只，才能凭借其优势以强大的动力间隔性地撞击敌船。海上的风浪和潮汐，使海上操船作战与内地江湖中整齐摇橹的情况差别很大。如果不具备在海上进行操练的条件，又不在陆地上进行练习，就等于不教而战，则无异于让士兵白白牺牲。如果水军迫使敌人登上山地，我方将领也必然要放弃船只，与敌人在陆地上作战，因此水陆兼操方为治水军的正确方法。水兵的技艺和勇气通常都不如陆军士兵，如果水兵也进行如同陆军士兵一样的严格训练和选拔，然后再登上战船，那么其在水战中无疑将如虎添翼。应当说，戚继光水陆并重的治军思想，在明代的海防思想中是十分具有代表性的。

戚继光认为"水陆兼司，陆战尤切"（《纪效新书》卷首《任临观请创立兵营公移》）。这里所说的陆战实际上是以海上、海岸充分消耗敌军为前提的，在对倭寇进行层层阻击削弱后，集中力量陆上歼敌，是明军在抗倭实践中常用的战法。总的来看，明代海防军事理论主张海陆纵深防御，即营造远海、近海、海滨、陆上多梯次作战空间相互衔接的作战态势，建立海洋、海岛、海岸、城郊、城下层层防御的海防体系。在作战力量上，强调水陆相兼、区域配合、军民协同，在作战方法上，强调攻守结合、远近相资、奇正并用。海上、海岸、陆上组成层层衔接、环环相扣的整体防御体系，防区因此获得了拓展，经过层层截击和海陆夹击，入侵的倭寇即便进入内地，战力也会遭受极大削减，从而为内陆作战创造了以众击寡、以实击虚的条件。第一道防线是御敌于海上，如胡宗宪认为："防海之制谓之海防，则必宜防之于海"（《筹海图编》卷十二《御海洋》），应针对"倭奴长技利于陆，我兵长技利于水"的敌我强弱虚实态势，以大战船扼要、强火力截击，以逸待劳，歼敌于海上，将倭寇屏蔽于沿海地区之外。具体计划可以概括为：海域巡哨多层控权、占据海岛军民协防。在沿海各省内部划分海域进行防御，各省卫所水寨军官定期进行海上巡哨会哨。如福建铜山、浯屿、南日、小埕、烽火门五水寨都拥有战船，除春秋两季汛期巡哨防守所辖海域外，还要自南向北经全省航线巡弋，由铜山一直会哨小埕。各省之间也要进行会哨，以使沿海防线形成严密的闭环，"哨道联络，势如常山，会捕合并，阵如鱼丽"（《筹海图编》卷十二《勤会哨》）。除流动巡哨外，在一些防守的关键节点即重要海域还要设置多线定点防御，如分守浙江嘉湖、宁绍、台金严、温处的四参将和驻守金乡、松门、昌国、定海、临观、海宁等卫的六把总及所辖兵力分为三道海上设防，由远及近层层阻击消灭敌军。明军根据抗倭经验发现，纵掠东南的倭寇总是先据沿海小岛以为补给后方，然后才能有所得逞，一旦后方失守便会进退失据，遭到歼灭性打击。因此有识之士提出采取夺岛控要、断敌后路的方式对倭寇进行打击，使其"来不得停泊，去不得接济"（《筹海图编》卷四《福建事宜》）。在使用正规军守岛抗倭的基础上，以沿海渔民为辅助力量，发挥渔民水性好、海域熟的优势，建立民间抗倭力量配合官军作战，达到军民协同、敌无可遁的效果。关于御倭于近海还是远海，当时的军事理论家们观点不同，主张御倭远海者提出在远离大陆的海域实施作战，将进入防区的倭寇即行剿灭。但在实践中远海作战补给困难，因而一部分人主张御倭于近海，而侦察敌情于远海，"哨贼于远洋而不常厥居，击贼于近洋而勿使近岸"（《筹海图编》卷十二《御海洋》）。第二道防线是御敌于海岸。在海上由于作战空间过于宽大而无法尽歼敌军，对于突破第一道防线的倭寇，明军采取了依托海岸，趁敌立足不稳时进行打击的战法，"固海岸为不易之定策"(《筹海图编》卷十二《御海洋》)。为了能够保证内陆关锁不被倭寇攻破，当时的军事理论家主张修筑坚固的海岸防御工事，在倭寇入侵的必由之路设置营寨、驻扎精兵，各营及内地与海岸间加强协同、相互援应，随敌分合，及时策应，集中兵力歼灭来敌。同时针对敌军登陆未稳、面陆背海的时机，采取海陆夹击，"贼船潜入海口，则水兵星罗于其外，陆兵云布于其内。其将至也，击其困惫；既至也，击其先登；既登也，击其无备"(《筹海图编》卷十二《固海岸》)，将敌消灭于第一与第二道海防线间。第三道防线是陆上防线。当倭寇突破海上、海岸两道防线完成登陆向我纵深进攻时，则应在陆上城镇布防，全力防守城郊城下，以保证最后一道防线不失。海防中陆上防御的本质是重点防御，因为按照当时的理论，守城是不得已之举，"出海会哨，毋使入港者，得上策；循塘距守，毋使登岸者，得中策；出水列阵，毋使近城者，得下策；不得已，而至守城，则无策矣"(《筹海图编》卷六《直隶事宜》)，因此首先要任将帅、驻重兵、设援军，确保处于战略要冲、得一点足以制一面的重点城镇的安全。在重点稳固的前提下，陆上城镇防御要攻守结合、内外配合，在保证防务坚实、军民一心的基础上，通过坚壁清野、夜战奇袭等手段，消耗敌军、策应援军，使倭寇惊恐疲惫、腹背受敌，最终达到退敌或歼敌于城下的目的。

三、《水兵篇》全文

兵船束伍法

每福船一只，捕盗一名，舵工二名，缭手二名，扳招一名，上斗一名，碇手二名。上用甲长五名，每甲兵十名。

第一甲佛朗机。甲长专管放佛朗机，城近管放火砖、烟罐等器。

第二甲鸟铳，甲长专管放鸟铳，贼近攻打。

第三甲标枪杂艺，甲长贼远照营船支摇橹，贼近发枪刀石药等项。

第四甲标枪杂艺，甲长贼远照营船支摇橹，贼近发枪刀石药等项。

第五甲火弩，甲长以一半打弩，以一半放火箭，贼近从便攻打。

以上如与贼逼近船边，一时遇巧，不拘何人用何器，但能奋勇当锋，用火药火器成功，用刀枪战杀有功，各为首者，俱以破格奇功论。

每甲长一名，管兵十名。甲长小旗一面，照方色。

今以见在船分之，福船二只，海沧船一只，艟乔船二只，为一哨，立一哨官。左右二哨官为一营，立一领兵官。以松门关分右后二营，海门关分前左二营，各以指挥一员统领。其船上大旗，则俱用黑布，仍用白布做一大字在旗，通写作台字，各照方色制以号带。甲长旗各照号带方色。

福船大旗式

号带颜色：前营红带，左营蓝带，中军黄带，右营白带，后营黑带。

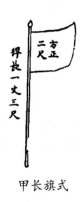

甲长旗式

前营红，左营蓝，右营白，后营黑，中营黄

每船五方旗一副

前营：红旗红边一面，蓝旗红边一面，白旗红边一面，黑旗红边一面，黄旗红边一面。

左营：红旗蓝边一面，蓝旗蓝边一面，白旗蓝边一面，黑旗蓝边一面，黄旗蓝边一面。

右营：红旗白边一面，蓝旗白边一面，白旗白边一面，黑旗白边一面，黄旗白边一面。

后营：红旗黑边一面，蓝旗黑边一面，白旗黑边一面，黑旗黑边一面，黄旗黑边一面。

中军：红旗黄边一面，蓝旗黄边一面，白旗黄边一面，黑旗黄边一面，黄旗黄边一面。

兵夫列船式

平时在船四面摆五甲，总合为一大哨；于船四面，各甲各器长短相间，分方面外而立。如遇打贼，随贼所在之面并力动手，无贼之面亦留每面二人防看。其船头用铳一架。第一甲拨兵四名，专管船头闸板下；第二甲拨兵四名，专管两水仓门。

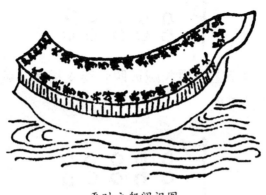

平时立船阅视图

每海沧船一只，捕盗一名，舵工二名，缭手一名，碇手二名，扳招一名。甲长四名，兵夫四十名，旗帜方色俱随本哨福船相同，但尺寸不同，另开于旗图之中。

第一甲佛朗机、鸟铳，甲长专管放机铳，贼近管放火炮、砖烟、火药等器。

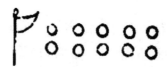

第二甲标枪杂艺，甲长贼远照管船支摇橹，贼近营使枪刀打石、倾放火药等项。

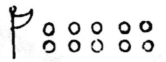

第三甲标枪杂艺，甲长贼远照管船支摇橹，贼近营使枪刀打石、倾放火药等项。

第四甲火箭，甲长以一半打弩，一半火箭，贼近各色军火器俱要便宜攻打。

以上如与贼逼近船边，一时遇巧，不拘何人用何器，但能奋勇当锋，用火药火器成功，用枪刀战杀有功者，俱以破格奇功论。

每甲长一名，管兵十名。甲长小旗一面，方色同大船。

兵夫列船式

平时在船四面摆四甲，总合为一大哨；于船四面，各甲各器长短相间，分方面外而立。如遇打贼，随贼所在之面并力动手；无贼之面，亦留每面二人防看。其船头用铳一架。第一甲拨兵四名，专管船头闸板下；第二甲拨兵四名，专管两水仓门。

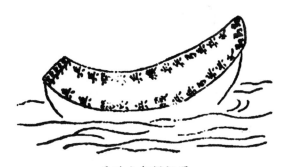

平时立船阅视图

艟乔一只，即大苍山船也，捕盗一名，舵工一名，碇手一名，缭手一名，甲长三名，兵夫三十名，旗帜方色俱随本哨福船相同，但尺寸不同，另开于旗图之中。

第一甲佛朗机、鸟铳，甲长专管放机铳，贼近管放火炮、烟药等器。

第二甲标枪杂艺，甲长贼远照管船支摇橹，贼近各色军器俱听持用，专备攻战。

第三甲火箭，甲长以一半弩手，一半炎箭，贼远照管船支摇橹，贼近各色军器俱应持用，专备攻打。

兵夫列船式

平时在船四面摆三甲，总合为一大哨；于船四面，各甲各器长短相间，分方面外而立。如遇打贼，随所在之面并力动手；无贼之面，亦留每面二人防看。

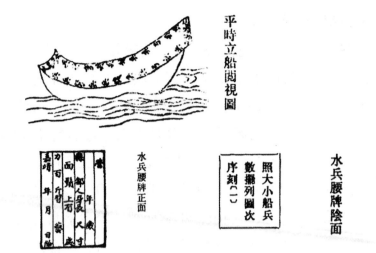

平居号令禁约

福船应备器械数目：

大发贡一门，大佛狼机六座，碗口铳三个，喷筒六十个，鸟嘴铳十把，烟罐一百个，弩箭五百枝，药弩十张，粗火药四百斤，鸟铳火药一百斤，弩药一瓶，大小铅弹三百斤，火箭三百枝，火砖一百块，火炮二十个，钩镰十把，砍刀十把，过船钉枪二十根，标枪一百枝，藤牌二十面，宁波弓五张，铁箭三百枝，灰罐一百个，大旗一面，大篷一扇，小篷一扇，大橹二张，舵二门，碇四门，大索六根，小索四根，扳舵索一根，缭后手索二根，碇缴四根，绞碇索四根，铁锅四口，花碗八十个，铁锹四把，铁锯四把，铁钻四把，铁凿四把，铁斧四把，薄刀二把，铜锣一面，大更鼓一面，小鼓四面，大桅旗一顶，正方旗五顶，水桶四担，灯笼十盏，木梆铁铎一副，备用大小松杉木十株，火绳六十根，绳十根，铁蒺藜一千个。

捕盗自备用：

钉四十斤，油五十斤，麻六十斤，灰三担。

各兵自备用蔑盔一顶，随身钉枪一根，腰刀一把。

海沧船应备器械数目：

大佛狼机四座，碗口铳三个，鸟嘴铳六把，喷筒五十个，烟罐八十个，火炮十个，火砖五十块，火箭二百枝，粗火药二百斤，鸟铳火药六十斤，药弩六张，弩箭一百枝，弩药一瓶，大小铅弹二百斤，钩镰六把，砍刀六把，过船钉枪十根，标枪八十枝，藤牌十二面，宁波弓二张，铁箭二百枝，灰罐五十个，大旗一面，大篷一扇，小篷一扇，大橹二根，舵二门，碇三门，挽篙十根，大索四根，小索四根，缭后手索二根，扳舵索一根，碇缴四根，绞碇索四根，铁锅二口，水桶二担，花碗五十个，铁锹二把，铁锯二把，铁钻二把，铁斧二把，薄刀一把，铁凿二把，更鼓一面，小鼓二面，铜锣一面，五方旗五面，灯笼四盏，木梆铁铎一副，备用大小松杉木五株，火绳三十六根，绳五根，铁蒺藜八百个，捕盗自备用钉三十斤，油四十斤，麻四十斤，灰二担。

各兵自备用篾盔一顶，腰刀一把，随身钉枪一根。

苍山船应备器械数目：

大佛狼机二座，碗口铳三个，鸟嘴铳四把，喷筒四十个，烟罐六十个，火砖二十块，火箭一百枝，粗火药一百五十斤，鸟铳火药四十斤，药弩四张，弩箭一百枝，弩药一瓶，大小铅弹一百六十斤，钩镰四把，砍刀四把，过船钉枪八根，标枪四十枝，灰罐三十个，大旗一面，大篷一扇，小篷一扇，遮阳篷八扇，大橹一枝，边橹八枝，舵二门，碇二门，竹篙二十根，大索四根，小索二根，扳舵索一根，缭后手索二根，碇缴二根，绞碇索一根，篾缆一根，铁锅二口，铁锯一把，花碗四十个，铁钻一把，铁斧一把，铁凿一把，薄刀一把，铜锣一面，更鼓一面，小鼓一面，五方旗五面，灯笼四盏，木梆铁铎一副，火绳三十六根，备用杉松木五株，绳五根。

捕盗自备用：

钉三十斤，油三十斤，麻三十斤，灰二担。各兵自备用：篾盔一顶，腰刀一把，随身钉枪一根。

平日各照派定武艺，时常检点船上器具，每日一次看验损坏。火药遇天晴，五日一晒，收阁干燥避火之处；枪刀铁器，半月一磨，遮蔽风雨。一件收磨不如法，扣罚工食，甲长连坐。

每船斧口石、大擂石务足若干，八分放在船底，二分放在船面，用过即补，不补者扣工食。

每甲兵，六名如有在逃一名，将甲长捆打收监；甲下兵夫，以五名收监，以五名赍文分投捉拿。获日，即以本犯应得工食充赏。限三月，拿不回，将差过之兵各打四十监禁；又差在监一半去拿。如此轮拿，一年不获，全甲兵夫俱革其一年工食，通扣在船修念船只。凡差出拿逃兵者，工食即日扣收在官，拿获有功之日，给与。其逃兵自首免罪拿到者，春汛时月，发船之期，依临阵在逃法示众。每甲俱有逃兵，连坐捕盗；每船俱有逃兵，连坐哨官；各哨俱有逃兵，连坐领兵官。依次连坐，即行觉举者免罪。

兵逃，甲长即时禀捕盗，捕盗呈哨官，转呈把总、呈府注册，拘该甲兵夫，给文行拿。

每月初一、十五补兵，即于廿九、十四日，该管捕盗募兵到船，送付哨官，带到领兵官验呈，把总类验，本府验中，给与腰牌，发总呈道收册，发船驾操。

各船捕盗遇夜出，哨脚船、三板船俱要收藏稳便，不许拖带，恐遇风急潮滚顿流者，一船兵役取水不便。误失者，管船兵夫一面治以军法，一面扣月粮赔造。

在港，每日清晨，中军船定营吹打三通，放炮三个，升太平旗，左右前后四营依序安摆，各擂鼓鸣金，亦升太平旗。

捕舵兵夫上岸买办柴米，及神福船具，俱赴中军船给筹票，刻限时日回销。敢有不行禀明，私自擅离，及该管小甲互相容隐、知而不举者，一体连治军法。

各船领兵、指挥、哨官、捕舵兵夫，风汛时月，不许偷安，假托事故，在岸宿歇，虚窃钱粮，致误事机者，不分贵贱，一体军法重治。如有警，掌行号已毕，而未到，船已起碇而方来，俱系畏避，即发保候，无功者斩。

各船捕舵小甲兵夫，各照安名分长幼尊卑，务念同舟共命，如父子兄弟相处，不许嗜酒，在船争打。违令喧哗，俱以军法连坐，然后另行发官问理曲直。

兵与甲长，凡事务相推让，惟甲长是听。甲长平时见捕盗，一跪一揖；遇中军发放，跪听号令。

捕盗见哨官，平时皆一撒、一跪、一揖；遇在中军，或临敌，以军法施行。

哨官见领兵官，一跪一揖；临敌、临操，军法施行。

领兵官戎装见把总，两跪一揖；平时许以冠带，临操临阵戎装听令，小则径自捆打。

哨官见把总，两跪一揖；临操叩头。捕盗见把总，叩头。捕盗见领兵官，平时两跪一揖，临操叩头跪见。

各船官捕兵役，各备蓑衣、箬笠一副，以便遇雨应用，毋得抗违。

或者曰：兵船当在船上操，岂有取兵下陆地而操水战之理耶？继光曰：海舟比江中不同，战贼时，惟用风力帆樯之功，但有舟利帆速者，随便劲上以间船之力耳！海中风涛潮汐，非内地江湖摇橹整次之比也。舟中既不能操矣，而不取于陆以习之，不几于弃之耶？或又曰：取之操于水寨是矣，而又何以陆操？继光曰：水陆之分，可恨正在此。逼贼登山，将不舍舟步战乎哉？或者曰：然！

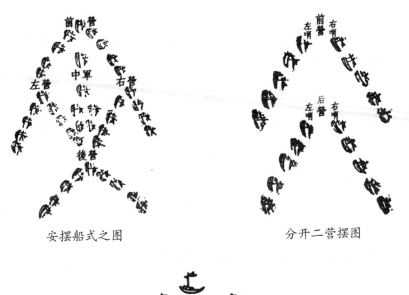

安摆船式之图　　　　　　　分开二营摆图

一营摆图

　　以上摆船之说，大端海涛汹涌，港有湾曲阔狭、当风隐风之不同，随港形深浅，难拘一定之势。此言处宽迥水善之形耳，设使狭如羊肠，则又当单只一字顺下，不可拘方也。

　　每日日落时分，听中军船上吹打三通，放炮三个，各船一体鸣金、擂鼓、落旗。

夜暮以朦胧为期，中军船发擂三通，起更。各船齐击竹梆，打更者打鼓一次，梆响一遍。每更用兵二名，一名船头远视，一名船尾高嘹。遇有船过，即便鸣锣，各船齐备。倘水上有黑块夜浮者，恐贼人踏水偷碇，支更兵夫速以石打，一面高叫本船捕兵同看。若是别物流入，则已；若是贼人，即便鸣锣打铳，各船一体防备。违令支更兵夫，重治割耳，因而失事者斩首。

常时水寨操习

每隔夜，把总官先揸该操大旗一面于中军船上，示兵知之。次日早，掌号官先于船上五更吹长声喇叭一荡，各兵起收拾，做饭。约中军船炊熟，吹第二荡喇叭，各兵食饭。吹第三荡喇叭，各官捕带兵先登岸，赴水寨摆立，照图。

俟水寨演熟部伍，然后照前操法以操兵船，俟泊处关港潮平，依法操于舟。如其关港狭曲风潮，不可操大舟者，以小船摘甲长每甲摘兵一半，用小船三板操其形状之略。

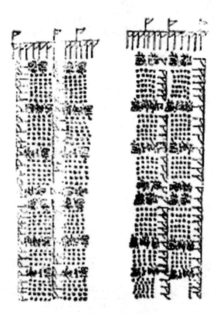

摆立图

本总摆清道，建五方旗鼓，进场坐定，中军官禀放炮升旗，又禀放静炮三个，即放炮三个，诸营一时肃静。禀掌号笛官旗听发放，掌号笛官、捕甲各执旗由两边路到台下立定，金响号笛止。其立定之法，每一船捕盗在前，甲长旗挨次在后。中军官呼官旗过来，齐应一声，先甲长，次捕盗，次官，跪听发放。掌号官发放云：官旗听著！耳听金鼓，眼视旌旗，驾船如马，见贼争先，同舟共命，奏凯还师。依次分付起立。舵工跪过，禀称舵工听发放。发放云：舵工听著！一舟之功，全赖尔辈，稍有歪斜，不能直射贼舟者，军法示众。舵工起。此后如有别事发放，逐一讲明，起立。中军分付官旗下地方，各应一声，鸣金大吹打，各照原路回信地。各领兵官照依台上规矩，于各营掌号发放毕，听各捕盗将本船甲兵尽数俱令跪听。其先发放扳招手曰：船若著浅，治尔之罪。次发放缭手曰：使风不正，治尔之罪。次发放舵工曰：船去不能直射贼舟，治尔之罪。发放毕，各营肃静。

下营，中军掌长声喇叭三荡，吹字罗，各兵起身。

再吹字罗，中军旗帜摆出，当中立定，点鼓，各船捕兵依前画港内列船式样，由中照前图摆出，仍为每甲一行。每船各甲平行，俱在场之当中。一行立毕，金响鼓止。一面预于场之尽首，立左右二的，左右相去一百步；其的高六尺，阔三尺，每的下立高桅一根，三丈粗不拘。又立近的二座于左右的之中，相去二十四步；高三尺，阔一尺。看中军点何色旗，其该营兵即听吹天鹅声喇叭，擂鼓，各兵呐喊，一船一船挨次近的。一船之兵约去五十步，即照前图内阅视摆船图相间摆开，为一长圈，趋的之中，先鸟铳、狼机射手照远的打放，火箭向高照远桅放之。其佛狼机预先立三架在彼，临时止用，各船机兵到即打放，不必抬行。将鸟铳一遍、狼机各一个、火箭一枝、弓箭三发，其鸟铳兵即向近的打石，佛狼机手每人包火药五两向近的掷火燃之，各色火器各放一件。其标枪手打标，弩手放弩，俱中近的为则，各照方面攻打。石矢各三发，鼓少间，一船兵即于大前面抄旁而回。又擂鼓呐喊，又一船到的，照前行之，又过旁抄回。如此俱完，则前一船兵复又如环轮转，再近的。金响鼓止锣响，即各于脚下上息，乃将前四的四桅俱取立居中，一字立之。中军掌字锣，各起身；擂鼓，吹天鹅声，呐喊，各兵四面向中攻打一番，鸟铳不用铳子，火箭高放，火药标石不必施，以其四围远攻，使贼不敢出露身体于船之上，我可径造而擒之，此远势，非逼近势也。如临敌，则自有一船逼近，用标石火药掷倾。近攻不可预习。如此一阵，金鸣鼓止，摔钹响，各收成每甲一行，每船为一方，立定。再摔钹响，收照原出在港图次立定。放炮三个，鸣金，大吹打，挨次照初出摆营序列回还原扎信地立定。鸣锣，坐地休息，各官赴台下禀操。毕，中军禀比较，先列佛狼机六座，立一百步的一面，竖起红旗。各船佛狼机手通赴台下，立听唱名打放，每人三铳，中一者量赏，中二者平赏，中三者超格重赏；不中者打罚，如此较陆兵格眼。次立八十步的一面，竖起红高招，各船鸟铳俱集台下，照佛狼机试打、赏罚。次立六十步的一面，竖起黄旗，各弩手、射手、火箭手通赴台下，每人亦三发，亦照铳手行赏罚。次立二十步的一面，竖起蓝旗，各船标枪、打石手俱赴台下，每人三发，亦照铳手行赏罚。次立白旗，各船刀手、钩镰手、枪手俱赴台下，先每名单看，使舞手法、身法、步法；次斩马刀与长枪较；次叉钯、钩镰与长枪较，看其遮当何如，但能任枪诱哄，执立不动，目不瞬视，候到见肉分枪，就使不能遮架，亦为第一等；若一见枪来，远近迎架，头摇身倾，手动足乱，即为生疏，且其人无胆，或治或革，惟公道行之，是为下等。俱演毕，放炮落旗，散操。各船三板俱来岸下，候兵登船归宗。

每演此一遍，则演陆操一遍，不拘二项，但操一遍歇一日。水操每月一、五、九、十三、十七、二十一、二十五、二十九日，陆操每月三、七、十一、十五、十九、二十三、二十七日。其陆操照依本府陆兵新书，内止操自一队起以至一官者止，不操方营与前一半，盖水兵有水操，太劳故也。其武艺各照所执比较，一如官旗调集台下之法。

变水兵为陆兵小队操束伍图

放火砖、火炮、火球之法，须火线燃之将入，方可掷下，不然，掷而灭。就不灭，贼可反手，正当发时，反为所害。

火箭只著棚帆当中一点打去，常高中，则不可救，低则易救。

弩弓不可远，远则无益，徒费矢竭力。

标枪非两船相逼，不可用，往下打更难准。

打石，著人头面方打，不可空往船上掷之。

贼船如近我船，便倾下火药一二桶，少则无用，连桶则恐滚掷水中，须倾桶倒下，一面用一、二人用铁锨执炭火数锨随药掷下，火多，则必有燃药者。或用粗碗一个，种火一碗，用灰盖之，放于桶口；掷药之时，碗内火同药倾，及船一磕，而火药相粘，必发，难救。此第一全胜捷径妙法，智者不能施其巧，勇者不能用其力也。

发船号令

隔日，先行牌谕各捕兵将，以出洋若干日该备鲞米水数目，令备完，限时点查，欠者捆打，罚工食。凡中军吹长声喇叭一通，立起黄旗一面，各哨船出洋。哨贼如报有警，本总即升船厅，听炮三个，大吹打毕，先吹孛罗一荡，各船一面起碇，掌号笛官、捕旗甲俱坐三板赴中军船下两边，照营列定。掌号官禀称：官旗到，齐听发放。船上叫：官旗进来。水仓门、报门俱赴船面。掌号官叫：官旗过来！以下俱照常时在于水寨操练规矩发放。毕，各官捕回船，亦照寨操一体发放。毕，中军船摆鼓，升行旗，吹第二荡叭罗响，各船起篷；第三荡叭罗，依次开船。夜洋行使，首尾相接，雁行而进，不许太相远离。宗哨一船违令，捕盗之罪；二船违令，哨官之罪；四船违令，领兵官之罪。中军畏缩，把总之罪，其舵工、缭手皆加倍重治。遇有船漏、风水不便者，核实免罪。

遇夜洋行船

各船以灯火为号，中军船放起火三枝，放炮三个，悬灯一盏，各船以营为辨，前营船悬灯二盏，平列；左营悬灯二盏，各桅一盏；右营大小桅各悬灯二盏，平列；后营悬灯二盏，一高一低。看灯听铳收宗，船到将近，船上捕盗先自呼名识认。

遇夜泊船，听中军船招宗喇叭响，各船依序随宗安插，不许私求稳便远泊。因而疏虞，斩首示众，哨官连坐。

守夜号令，俱同在港号令，但每夜加鸟铳手二名，点火执铳，遇疑即便对放。

各船遇夜有急，看中军旗五方高竖灯五盏，是欲设疑，以见船多之意，每船后尾上立灯左右一盏，前桅上加灯二盏。

临敌号令军法

中军船战声喇叭响，各鸣锣，齐擂战鼓，天鹅声响，大声呐喊，奋勇剿杀。获有功级，各送领兵指挥验实，类送中军纪验解报。退缩后至者，斩。其捕盗船行迟曲而后到者，斩。其捕盗舵工遇浅者，斩。其扳招手，船虽先到而不直射贼船，傍边擦过者，斩。其舵工缭手使风不正者，斩。其舵工缭手如已使逼贼舟，相并不能成功，致贼舟复走者，斩。其捕盗各甲长有能挨报某兵不用心、某兵不用心者，其不用心之兵斩首，甲长止于捆打。

敌人虑我官兵追战，将船内器物遗弃水中，兵夫敢有捞拾而不追贼者，许本船捕甲割耳示众，故纵者连坐斩首。

凡已打败贼舟一只，而余舟不行分投追打别贼，共相攒来争捞首级，致贼遁走者，各船获级俱止归先打一船之功，余船捕盗捆打一百，割耳。其一船虽已逼到贼舟，而未即打败，余舟接应会同用力者，不在此例。

各船遇敌，敢有畏势，扬帆远望，逗遛不进者，捕盗舵工俱就阵斩首示众。

各船放铳，须将火药收藏安便，免至火星爆入，贻患匪细。倘有失误，铳手、管药兵夫一体军法施行。

各船打败倭寇，所捞获财物包裹，听船捕盗从公分给，以多半付动手首功之人，余皆均处。敢有官捕头目勒分，甚至夹打追侵，公然放肆者，许各兵径于回日赴宫告首，决打重治，加倍追付各兵，头目依律治罪。其军器则要报官解验，不许各兵隐藏。

与贼船对泊，船碇缴上用猫竹擘开包裹缴上，以防敌人夜窃之患。违令，碇手捆打。

各船遇警，听中军船天鹅声喇叭响，各船鸣金鼓一通，捕兵大声呐喊，以壮军威。违令，治以军法。

各船遇警，捕舵兵夫不许解衣而卧。违令，察出，治以军法。

报警至急，起碇不前，即使用大猫竹一段，计长一二丈，缚于碇缴浮水，以便班师各自认取。违误，定手割耳示众。

各船捕舵兵夫，过泊船山澳，无故不许上山闲游，恐遇警，一时下船不便，致有误事。若要取水，轮直兵夫赴中军船告禀明白，方许取水。违令上山，人拿治不恕。

松海岛屿外洋哨船发火号令

健跳者，北至金齿门，南至渔西。其信地，则青珠山、茶盘山、青门、黄茅览。

桃渚者，北至牛头门，南至圣塘门。其信地，则獭鳗山、白达山、米筛门。

海门者，北至担门，南至三山。其信地，则担门山、三山头。

松门者，北至深门，南至鹿头。其信地，则麓头山、狮狖尖、道士冠山、大高城山、鹿头山。

隘顽者，北至鸡脐，南至派爿洋。其信地，则沙角山、灵门山。

楚门者，北至邳山，南至茅山。其信地，则久爿山、老宫前山。

往来巡哨，遇有警急，各在信地登各相近山上，先行举放烟火。所在兵船瞭见火光烟焰，就行开帆，望火前进哨剿。联近烽堠，即时按放传报南北大兵防截。其哨船仍探贼船向往踪迹，亲报领哨官，以便进上。如火报不爽，兵船逗遛误事，罪坐该营领哨官员。若哨船不尽信地，止于一处探望，或在渔樵船只人内取信，或到山放火，而原积柴草不足，火小不能燎远，致失传报误事者，该直哨船军甲俱以军法斩首。

福船说

夫福船高大如城，非人力可驱，全仗风势；倭舟自来矮小，如我之小苍船，故福船乘风下压，如车碾螳螂，斗船力而不斗人力，是以每每取胜。设使贼船亦如我福船大，则吾未见其必济之策也。但吃水一丈一二尺，惟利大洋，不然多胶于浅，无风不可使，是以贼舟一入里海，沿浅而行，则福舟为尤用矣，故又有海沧之设。

海沧说

夫海沧稍小福船耳，吃水七八尺，风小亦可动，但其力功皆非福船比。设贼舟大而相并我舟，非人力十分胆勇死斗，不可胜之。然二项船皆只可犁沈贼舟，而不能捞取首级，故又有苍船之设。

苍船说

夫苍船最小，旧时太平县地方捕鱼者多用之，海洋中遇贼战胜，遂以著名。殊不知彼时各渔人为命负极之势，亦如贼之入我地是也；今应官役，便知爱命。然此船小，而上高不过五尺，就加以木打棚架，亦不过五尺，贼舟与之相等，既势均，不能冲犁。若使径逼贼舟，两艘相联，以短兵斗力，我兵决非长策，多见误事。但若贼舟甚小，一入里海，其我大福、海沧不能入，必用苍船以追之。此船吃水六七尺，与贼舟等耳，其捞取首级水潮中，可以摇驰而快便。三色之中，又此为利近者。改制为艟乔，比苍船稍大，比海沧更小，而无立壁，最为得其中制。遇倭舟或小或矮，皆可施功。但水兵人技皆次于陆兵，设使将水兵教练遴选亦如陆兵，而后登之舟中，则比陆战加一舟险，其功倍于陆兵必矣，司寄者何惮而不为哉！

三船利钝说

大端天若风动势顺，则沧不如福，苍不如沧；若风小势逆，则福不如沧，沧不如苍。其开浪、网船之类皆可备哨探而不可战者，开浪以其头尖，故名，吃水三四尺，四桨一橹，其形如飞，内可容三五十人，不拘风潮顺逆者也。又不如八桨船，左右十六桨，后一橹，更为飞迅，但坐卧处不冠冕耳。网船形似织梭，内容二人，前后用二人，以罩罩之，风波大又可拖之涂上，且不能覆，吃水七八寸耳。此可走报或用之里港窄河，动以百数，每只内用鸟铳二三人，蜂集蚁附，沿浅沿途而打之，甚妙。如贼追逼，就可弃走，一舟不过一金之费耳。

相寇情

小舟数往来者，谋议也。迟而审顾者，疑我也。欲进而复退者，探我也。既退而卒进者，袭我也。鼓噪而矢石不下者，兵器少也。却而顾者，欲复来也。先急而后缓者，整备也。促鼓而不战者，惧我也。泊而扬帆者，欲出不意也。既退而不速者，谋也。火夜明而呼噪者，恐我袭彼也。掷缆而即起者，欲择其利也。火数明而无声者，备器也。夜泊而趋于泥者，乡道欲往也。促缆而不呼者，急欲逝也。促缆及流、悬灯于途者，夜逸而溃也。久而不动者，偶人也。鼓而无韵者，伪响也。近岸连村而不登劫者，怯也。不久困请和投降者，诈也。

谨行泊

我舟在洋出哨，追赶贼船，天欲昏黄，潮时将尽，不可贪程一意前往，须防今夜自安泊处，恐无收舣风至之虞。遇龙潭神庙，不可放铳吹打呐喊，或有惊动起风作浪之失。早晚占看日月星云气色飞鸟，预知风雨。未到晚黑，便收岙岩，高登四嘹，恐隔山先泊贼船，而我不防也。

浙东潮候

初一、初二、十三、十四，寅申长，巳亥平。

初三、初四、十五、十六，卯酉长，子午平。

初五、初六、十七、十八，辰戌长，丑未平。

初七、初八、十九、二十，巳亥长，寅申平。

初九、初十、廿一、廿二，子午长，卯酉平。

十一、十二、廿三、廿四，丑未长，辰戌平。

廿五、廿六，寅申长，巳亥平。

廿七、廿八，卯酉长，子午平。

廿九、三十，辰戌长，丑未平。

朝生为潮，夕生为汐。晦朔弦望，潮汐应焉，故潮平于地下之中而会于月，潮生于寅则汐于申，潮生于巳则汐于亥，阴阳消长，不失其时，故曰潮信。

定太阳出没以应潮信时刻长短

正九出乙入庚方，二八出兔入鸡场。三七发甲入辛地，四六出寅入犬藏。五月生艮归乾上，仲冬出巽入坤方。惟有十月与十二，出寅入申仔细详。

定寅时

正九五更四点彻，二八五更二点歇。三七平光起寅时，四六日出寅无别。五月日高三丈地，十月十二四更二。仲冬才到四更初，此是寅时须切记。

行船观日月星云占风涛

日晕则雨，月晕主风。何方有阙，即此方风来也。

日没胭脂红，无雨也有风。须看返照日没之前，胭脂红在日没之后，记之记之。

星光闪烁不定，主有风。

夏秋之交，大风，及有海沙云起，谓之风潮，名曰飓风，此乃飓四方之风。有此风，必有霖淫大飓同作。

凡风单日起，单日止；双日起，双日止。

凡风，起早晚和，须防明日再多。

有暴恶之风，尽日而没。

防夜起之风，必毒。

凡东风急，风急云起愈急，必雨起，雨最难得晴。

凡春风，易于传报，一日南风，必还一日北风，虽早有此风，向晚必静。

防南风尾，北风头。南风愈吹愈急，北风吹起便大。

春南夏北，有风必雨。

云若炮车形，起主大风。

云起下散四野，满目如烟如雾，名曰风花，主风起。

云若鱼鳞，不雨也风颠。

凡雨阵，自西北起者，必云黑如泼墨，又必起作眉梁阵，主先大风雨，后雨急，易晴。

水际生靛青，主有风雨。

秋天云阴，若无风则无雨。

海燕忽成群而来，主风雨。乌肚雨，白肚风。

海猪乱起，主大风。

夜间听九逍遥鸟叫，卜风雨。一声风，二声雨，三声四声断风雨。

虾笼张得韦鱼，主风水。

水蛇蟠在芦青高处，主水高若干，涨若干。若头望下，水即至，望上稍慢。

月尽无雨，则来月初必有大风雨。俗云：廿五六若无雨，初三四莫行船。春有廿四番花信风，梅花风打头，楝花风打末。

逐月风忌

正月忌七八日风，乃北风也。

二月忌初二北风。

三月忌清明北风。

五月忌雪至风，以正月下雪日为始算，至五月乃一百二十日之内，主此风。

六月十二日忌彭祖风，在前后三四日。

七八月若有三日南风，必有北风报之。

九月九日前后三四日内，忌九朝风。

十月忌初五风，在前后三四日内。

十一月冬至风。

腊月廿三四扫尘风。

战船器用说

夫水战于舟，火攻为第一筹固然也。其火器之属，种目最多，然可以应急用者甚少，何则？两船相近，立见胜负，其诸器或有宜于用，而制度繁巧、一时仓忙不能如式掷放，致屡发而无用；或精巧宜用，而势不能遍及一舟；或重赘而不能发及贼船；最不宜者是见行火器，安药线在口，如若候点入口，则发在我手，若方燃即掷，则掷下又为贼所救；又有所谓灰瓶者，内用石灰，盖舟上惟利滑，使人不能立脚，一说用鸡鸭卵掷下，或掷滑泥者尤可，今乃用灰瓶，是又涩贼之足而使之立牢也。不可，不可！今屡试屡摘，合以众情共爱而数用无异者，止有二种，一远一近，至矣足矣！愈淫巧繁多，愈无实用，记之记之！

旧用火药倾下贼舟，此固长策，然又别用火器，或炭火再倾掷，使之发药，每每或连桶掷入水中，或被贼乘药桶及伊舟，以水沃湿，亦皆未中肯綮，可以必发，故复重出此说，因以见此法之万分至妙也。所谓二种者，远则只用飞天喷筒，近则只用埋火药桶，至易至便，万用无差。除此之外，所谓火箭、神机、火砖、喷筒之类，皆远不及此。苟具此一种，则他种又皆不必用也。

用粗碗一个，先将炭火三四块，用温灰培于碗内不见，平放在药面，以盖盖之。

此火药半桶，铺火砖四个，蒺藜一百个，切不可满，若满则内实，而掷下药不泛火以出碗也。

右约贼船在远，先将炭火烧红，盆盛一处，约贼舟相近百十步，以火入粗碗灰培；再俟贼近三二十步，以碗平放在药桶内盖了；俟两舟相逼，将桶平平掷下至贼船，被磕动，碗内炭火跌泛而出，与药相埋，即发，时刻不失，较之别器克线不燃及线湿放早之病，皆可无矣。

船碇。走风捉飓，事急追贼，车关人力起碇迟误，备此临急解系缴尾泛之，以便回取。

此用桐木，烧黑外一寸，甚妙。

满天烟喷筒

截粗径二寸竹，布箍，用硝磺、砒霜、斑毛、刚子、冈沙、胆矾、皂角、铜绿、川椒、半夏、燕粪、烟煤、石灰、斗兰草、草乌、水蓼、大蒜，得法分两制度，磁沙、玉田沙炒毒，系枪竿头，顺风燃火，则流泪喷涕，闭气禁口，守城用，战船只用飞天喷筒烧帆为第一妙器，此又不足用也。此乃各处见用于兵船者尔。

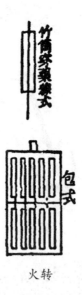

火转

用地鼠纸筒炮，各安药线，每五个排为一层，上下二节，各二层，以薄篾横束，合洒火药、松脂、硫黄、毒烟，用粗纸包裹成砖形，外用绵纸包糊，以油涂密。另于头上开口下竹筒，以药线自竹筒穿入。

火妖

纸薄拳大，内荡松脂，入毒火，外煮松脂、柏油、黄蜡，燃火抛打烟焰，蒺藜戳脚，利水战、守城俯击短战。

飞天喷筒

硝磺、樟脑、松脂、雄黄、砒霜，以分两法制打成饼，修合筒口。饼两边取渠一道，用药线拴之。下火药一层，下饼一个。用送入推紧，可高十数丈，远三四十步，径粘帆上如胶，立见帆燃，莫救。此极妙极妙万方效策。

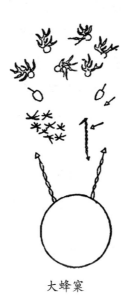

大蜂窠

范大炮纸糊百层，间布十层，内藏小炮，半入毒半入火；又间小炮，入灰煤地鼠，头带火。磁沙炒毒，铁蒺藜粪汁毒，炒包松脂、硫黄毒，人发角屑等件。此一火器，战守攻取水陆不可无者，夺心眩目，惊胆伤人。制宜精妙，此尤兵船第一火器。

火器之法，制度甚多，其实大同小异，皆不甚利。若用，只此数种，尽其妙矣，故不繁载。至如弓射箭头用火之类，又不如火箭。除水陆通用者，先附陆兵技艺之后，凡陆所不用，只可用于水者，故备于此。

以上药线，各处制者俱用一二尺长浮于外，每点掷之际，一掷闪风，其药线便灭。或掷至别船，如贼见其尚长而拔之，或反掷我舟。余今用子母铳药线法，凡火器一件，其药线之处，用细竹管一个直插于腹内至底，药线安于竹腹之内。待外点火，燃线已入竹管之内，不见方才掷下，则线在竹内燃至竹底，方透火器。掷下之时，则药线在竹内燃，并无闪灭之事。且掷于贼舟，只见凝然一物，并不知点燃何处。就掷在水内，则线燃于腹，火气冲于口，水为气所迎，亦不能入，虽在水底，尤能燃放而后已。此极妙极验，万无一失者。其法附陆兵器艺之后，子母铳信是也。如要速燃，则不必缠盘，但只入竹管腹内亦可。

空竹管随器长短，不可露出。口留节。竹孔透线，在火器之内。

空竹管随器长短不可露出

留节

作孔透線在火器之腹

附　录

《明史·戚继光传》

　　戚继光，字元敬，世登州卫指挥佥事。父景通，历官都指挥，署大宁都司，入为神机坐营，有操行。继光幼倜傥负奇气。家贫，好读书，通经史大义。嘉靖中嗣职，用荐擢署都指挥佥事，备倭山东。改佥浙江都司，充参将，分部宁、绍、台三郡。

　　三十六年，倭犯乐清、瑞安、临海，继光援不及，以道阻不罪。寻会俞大猷兵，围汪直余党于岑港。久不克，坐免官，戴罪办贼。已而倭遁，他倭复焚掠台州。给事中罗嘉宾等劾继光无功，且通番。方按问，旋以平汪直功复官，改守台、金、严三郡。

　　继光至浙时，见卫所军不习战，而金华、义乌俗称慓悍，请召募三千人，教以击刺法，长短兵迭用，由是继光一军特精。又以南方多薮泽，不利驰逐，乃因地形制阵法，审步伐便利，一切战舰、火器、兵械精求而更置之。"戚家军"名闻天下。

　　四十年，倭大掠桃渚、圻头。继光急趋宁海，扼桃渚，败之龙山，追至雁门岭。贼遁去，乘虚袭台州。继光手歼其魁，蹙余贼瓜陵江尽死。而圻头倭复趋台州，继光邀击之仙居，道无脱者。先后九战皆捷，俘馘一千有奇，焚溺死者无算。总兵官卢铠、参将牛天锡又破贼宁波、温州。浙东平，继光进秩三等。闽、广贼流入江西。总督胡宗宪檄继光援。击破之上坊巢，贼奔建宁。继光还浙江。

明年，倭大举犯福建。自温州来者，合福宁、连江诸倭攻陷寿宁、政和、宁德。自广东南澳来者，合福清、长乐诸倭攻陷玄钟所，延及龙严、松溪、大田、古田、莆田。是时宁德已屡陷。距城十里有横屿，四面皆水路险隘，贼结大营其中。官军不敢击，相守逾年。其新至者营牛田，而酋长营兴化，东南互为声援。闽中连告急，宗宪复檄继光剿之。先击横屿贼。人持草一束，填壕进。大破其巢，斩首二千六百。乘胜至福清，捣败牛田贼，覆其巢，余贼走兴化。急追之，夜四鼓抵贼栅。连克六十营，斩首千数百级。平明入城，兴化人始知，牛酒劳不绝。继光乃旋师。抵福清，遇倭自东营澳登陆，击斩二百人。而刘显亦屡破贼。闽宿寇几尽。于是继光至福州饮至，勒石平远台。

及继光还浙后，新倭至者日益众，围兴化城匝月。会显遣卒八人赍书城中，衣刺"天兵"二字。贼杀而衣其衣，绐守将得入，夜斩关延贼。副使翁时器、参将毕高走免，通判奚世亮摄府事，遇害，焚掠一空。留两月，破平海卫，据之。初，兴化告急，时帝已命俞大猷为福建总兵官，继光副之。及城陷，刘显军少，壁城下不敢击。大猷亦不欲攻，需大军合以困之。四十二年四月，继光将浙兵至。于是巡抚谭纶令将中军，显左，大猷右，合攻贼于平海。继光先登，左右军继之，斩级二千二百，还被掠者三千人。纶上功，继光首，显、大猷次之。帝为告谢郊庙，大行叙赉。继光先以横屿功，进署都督佥事，及是进都督同知，世廕千户，遂代大猷为总兵官。

　　明年二月，倭余党复纠新倭万余，围仙游三日。继光击败之城下，又追败之王仓坪，斩首数百级，余多坠崖谷死，存者数千奔据漳浦蔡丕岭。继光分五哨，身持短兵缘崖上，俘斩数百人，余贼遂掠渔舟出海去。久之，倭自浙犯福宁，继光督参将李超等击败之。乘胜追永宁贼，斩馘三百有奇。寻与大猷击走吴平于南澳，遂击平余孽之未下者。

　　继光为将号令严，赏罚信，士无敢不用命。与大猷均为名将。操行不如，而果毅过之。大猷老将务持重，继光则飙发电举，屡摧大寇，名更出大猷上。

　　隆庆初，给事中吴时来以蓟门多警，请召大猷、继光专训边卒。部议独用继光，乃召为神机营副将。会谭纶督师辽、蓟，乃集步兵三万，征浙兵三千，请专属继光训练。帝可之。二年五月命以都督同知总理蓟州、昌平、保定三镇练兵事，总兵官以下悉受节制。至镇，上疏言：

　　蓟门之兵，虽多亦少。其原有七营军不习戎事，而好末技，壮者役将门，老弱仅充伍，一也。边塞逶迤，绝鲜邮置，使客络绎，日事将迎，参游为驿使，营垒皆传舍，二也。寇至，则调遣无法，远道赴期，卒毙马僵，三也。守塞之卒约束不明，行伍不整，四也。临阵马军不用马，而反用步，五也。家丁盛而军心离，六也。乘障卒不择冲缓，备多力分，七也。七害不除，边备曷修？

　　而又有士卒不练之失六，虽练无益之弊四。何谓不练？夫边所借惟兵，兵所借惟将；今恩威号令不足服其心，分数形名不足齐其力，缓急难使，一也。有火器不能用，二也。弃土著不练，三也。诸镇入卫之兵，嫌非统属，漫无纪律，四也。班军民兵数盈四万，人各一心，五也。练兵之要在先练将。今注意武科，多方保举似矣，但此选将之事，非练将之道，六也。何谓虽练无益？今一营之卒，为砲手者常十也。不知兵法五兵迭用，当长以卫短，短以救长，一也。三军之士各专其艺，金鼓旗帜，何所不蓄？今皆置不用，二也。弓矢之力不强于寇，而欲借以制胜，三也。教练之法，自有正门。美观则不实用，实用则不美观，而今悉无其实，四也。

臣又闻兵形象水，水因地而制流，兵因地而制胜。蓟之地有三。平原广陌，内地百里以南之形也。半险半易，近边之形也。山谷仄隘，林薄翳翳，边外之形也。寇入平原，利车战。在近边，利马战。在边外，利步战。三者迭用，乃可制胜。今边兵惟习马耳，未娴山战、林战、谷战之道也，惟浙兵能之。愿更予臣浙东杀手、砲手各三千，再募西北壮士，足马军五枝，步军十枝，专听臣训练，军中所需，随宜取给，臣不胜至愿。

又言："臣官为创设，诸将视为缀疣，臣安从展布？"

章下兵部，言蓟镇既有总兵，又设总理，事权分，诸将多观望，宜召还总兵郭琥，专任继光。乃命继光为总兵官，镇守蓟州、永平、山海诸处，而浙兵止弗调。录破吴平功，进右都督。寇入青山口，拒却之。

自嘉靖以来，边墙虽修，墩台未建。继光巡行塞上，议建敌台。略言："蓟镇边垣，延袤二千里，一瑕则百坚皆瑕。比来岁修岁圮，徒费无益。请跨墙为台，睥睨四达。台高五丈，虚中为三层，台宿百人，铠仗糗粮具备。令戍卒画地受工，先建千二百座。然边卒木强，律以军法将不堪，请募浙人为一军，用倡勇敢。"督抚上其议，许之。浙兵三千至，陈郊外。天大雨，自朝至日昃，植立不动。边军大骇，自是始知军令。五年秋，台功成。精坚雄壮，二千里声势联接。诏予世廕，赉银币。

继光乃议立车营。车一辆用四人推挽，战则结方阵，而马步军处其中。又制拒马器，体轻便利，遏寇骑冲突。寇至，火器先发，稍近则步军持拒马器排列而前，间以长枪、筤筅。寇奔，则骑军逐北。又置辎重营随其后，而以南兵为选锋，入卫兵主策应，本镇兵专戍守。节制精明，器械犀利，蓟门军容遂为诸边冠。

当是时，俺答已通贡，宣、大以西，烽火寂然。独小王子后土蛮徙居插汉地，控弦十余万，常为蓟门忧。而朵颜董狐狸及其兄子长昂交通土蛮，时叛时服。万历元年春，二寇谋入犯。驰喜峰口，索赏不得，则肆杀掠，猎傍塞，以诱官军。继光掩击，几获狐狸。其夏，复犯桃林，不得志去。长昂亦犯界岭。官军斩获多，边吏讽之降，狐狸乃款关请贡。廷议给以岁赏。明年春，长昂复窥诸口不得入，则与狐狸共逼长秃令入寇。继光逐得之以归。长秃者，狐狸之弟，长昂叔父也。于是二寇率部长亲族三百人，叩关请死罪，狐狸服素衣叩头乞赦长秃。继光及总督刘应节等议，遣副将史宸、罗端诣喜峰口受其降。皆罗拜，献还所掠边人，攒刀设誓。乃释长秃，许通贡如故。终继光在镇，二寇不敢犯蓟门。

寻以守边劳，进左都督。已，增建敌台，分所部十二区为三协，协置副将一人，分练士马。炒蛮入犯，汤克宽战死，继光被劾，不罪。久之，炒蛮偕妻大嬖只袭掠边卒，官军追破之。土蛮犯辽东，继光急赴，偕辽东军拒退之。继光已加太子太保，录功加少保。

自顺义受封，朝廷以八事课边臣：曰积钱谷、修险隘、练兵马、整器械、开屯田、理盐法、收塞马、散叛党。三岁则遣大臣阅视，而殿最之。继光用是频膺赉。南北名将马芳、俞大猷前卒，独继光与辽东李成梁在。然蓟门守甚固，敌无由入，尽转而之辽，故成梁擅战功。

自嘉靖庚戌俺答犯京师，边防独重蓟。增兵益饷，骚动天下。复置昌平镇，设大将，与蓟相唇齿。犹时躏内地，总督王忬、杨选并坐失律诛。十七年间，易大将十人，率以罪去。继光在镇十六年，边备修饬，蓟门宴然。继之者，踵其成法，数十年得无事。亦赖当国大臣徐阶、高拱、张居正先后倚任之。居正尤事与商确，欲为继光难者，辄徙之去。诸督抚大臣如谭纶、刘应节、梁梦龙辈咸与善，动无掣肘，故继光益发舒。

居正殁半岁，给事中张鼎思言继光不宜于北，当国者遽改之广东。继光悒悒不得志，强一赴，逾年即谢病。给事中张希皋等复劾之，竟罢归。居三年，御史傅光宅疏荐，反夺俸。继光亦遂卒。

继光更历南北，并著声。在南方战功特盛，北则专主守。所著《纪效新书》《练兵纪实》，谈兵者遵用焉。